Kirche und Gesellschaft

Veröffentlichungen der
Rudolf-Bultmann-Gesellschaft für
Hermeneutische Theologie e. V.

Kirche und Gesellschaft

Kommunikation – Institution – Organisation

Herausgegeben von Christof Landmesser
und Enno Edzard Popkes

EVANGELISCHE VERLAGSANSTALT
Leipzig

Bibliographische Information der Deutschen Nationalbibliothek
Die Deutsche Nationalbibliothek verzeichnet diese Publikation in der Deutschen Nationalbibliographie; detaillierte bibliographische Daten sind im Internet über http://dnb.dnb.de abrufbar.

Printed in Germany · H 7997

Das Buch wurde auf alterungsbeständigem Papier gedruckt.

Cover: Kai-Michael Gustmann, Leipzig
Satz: Swantje Rinker, Kiel
Druck und Binden: Hubert & Co., Göttingen

ISBN 978-3-374-04322-4
www.eva-leipzig.de

Vorwort

Dieser Sammelband dokumentiert die Erträge der 17. Jahrestagung der Rudolf-Bultmann-Gesellschaft für Hermeneutische Theologie e. V., die vom 24. Februar bis zum 26. Februar 2015 im Haus der Kirche – Evangelische Akademie Baden (Bad Herrenalb) stattgefunden hat. Sie widmete sich unter dem Leitgedanken »Kirche und Gesellschaft: Kommunikation – Institution – Organisation« der Frage, welche Stellung die evangelische Kirche in der Gesellschaft hat und wie diese angesichts sich wandelnder soziologischer und religiöser Rahmenbedingungen stets neu zu reflektieren ist.

Allen Personen, die an der Durchführung der Tagung beteiligt waren und die Erstellung des Sammelbandes ermöglicht haben, danken wir. Dies gilt im Besonderen für die Referentinnen und Referenten, aber auch für alle Teilnehmerinnen und Teilnehmer, die sich an den facettenreichen Diskursen beteiligt haben. Die gedruckten Texte nehmen daher auch wichtige Akzente unserer Gespräche auf. Ebenso danken wir den Mitarbeiterinnen und Mitarbeitern der Evangelischen Akademie Baden, die uns erstmalig den Raum für unsere Tagung zur Verfügung gestellt und deren Durchführung in hervorragender Weise ermöglicht haben.

Wir bedanken uns ferner bei Swantje Rinker (Kiel), die die Druckvorlage des Bandes in souveräner Weise angefertigt hat. Ebenso danken wir den Mitarbeiterinnen und Mitarbeiter der Evangelischen Verlagsanstalt Leipzig für eine hervorragende editorische Betreuung, insbesondere der Verlagsleiterin, Frau Dr. Annette Weidhas.

Tübingen und Kiel im Oktober 2015
Christof Landmesser
Enno Edzard Popkes

Inhalt

Einleitung 9
Christof Landmesser und Enno Edzard Popkes

Kirchenmitgliedschaft als soziale Praxis 13
Die V. EKD-Kirchenmitgliedschaftsuntersuchung in kirchentheoretischer Perspektive
Birgit Weyel

Produktive Irritation 27
Zum angemessenen Umgang mit betriebswirtschaftlichen Handlungsempfehlungen im Kontext kirchlicher Veränderungsprozesse
Christoph Meyns

Gemeinschaft der Glaubenden in moderner Zeit 41
Die evangelische Kirche in Zeiten der Säkularisierung, Individualisierung und religiösen Pluralisierung
Hans-Peter Großhans

Von der gottesdienstlichen Versammlung zur Vision einer allgemeinen Kirche 59
Ekklesiologische Diskurse in den paulinischen Schriften
Christine Gerber

Der Ort der Kirche in der Gesellschaft 89
Optionen und Aporien aus sozialwissenschaftlicher und praktisch-theologischer Sicht
Claudia Schulz

HAT DIE KIRCHE EINEN ÖFFENTLICHKEITSAUFTRAG? 107
Evangelische Kirche und Politik seit 1945
Claudia Lepp

AN CHRISTI STATT – STELLVERTRETUNG ALS DEUTUNGSKATEGORIE DER EKKLESIOLOGIE 131
Doris Hiller

AUTORENVERZEICHNIS 147

Einleitung

Die christliche Kirche in Deutschland bewegt sich in einem gesellschaftlichen Kontext, der durch signifikante kulturelle und religiöse Wandlungen geprägt ist. Einerseits scheint das Interesse an der christlichen Glaubensbotschaft und an kirchlichen Angeboten konstant abzunehmen. Andererseits begegnen verschiedene religiöse Orientierungen, welche ein Bedürfnis nach neuen Formen von Spiritualität dokumentieren. Solche Wandlungen fordern dazu heraus, die Kommunikation des Evangeliums zu reflektieren. In dieser Situation unterscheiden sich die Herausforderungen der evangelischen Landeskirchen in Deutschland wiederum markant von denjenigen der römisch-katholischen Kirche, weil letztere sich in die Organisationsform einer Weltkirche eingeordnet sieht. Die jüngste Kirchenmitgliedschaftsuntersuchung (KMU) der Evangelischen Kirche in Deutschland (EKD) macht die komplexe und vielschichtige Selbstwahrnehmung evangelischer Christinnen und Christen deutlich. Bis in die Kirchengemeinden hinein lässt sich das spannungsvolle Verhältnis von hohem Engagement und Gleichgültigkeit beobachten. Wie kann eine stabile Beteiligung am Leben der Kirche erreicht werden? Die Kirche in der gegenwärtigen Gesellschaft hat ihre zentrale Kommunikationsaufgabe in der Verkündigung des Evangeliums. Diese muss sie in hermeneutischer Verantwortung wahrnehmen. Die Kirche muss sich aber auch ausdrücklich als Institution begreifen, die innerhalb unserer Gesellschaft handelt und wahrgenommen wird. Sie ist als eine Organisation verfasst, in der etwa die Fragen nach einer angemessenen Kirchenleitung von hoher Bedeutung sind. Bei der Aufgabe der Kommunikation können gerade an dieser Stelle durchaus Spannungen auftreten. Wie kann die christliche Kirche ihre Aufgaben in der Gesellschaft unter den Bedingungen unserer Gegenwart neu verstehen und bestimmen? Sind ihre institutionellen und organisatorischen Strukturen zu überdenken?

Diese komplexen Fragen wurden auf der 17. Jahrestagung der Rudolf-Bultmann-Gesellschaft für Hermeneutische Theologie e. V. bedacht und diskutiert. Die Wahrnehmungen der Vortragenden aus unterschiedlichen Zugangsperspektiven der Theologie und der Sozialwissenschaften erwiesen sich als ebenso erforderlich wie die Kenntnisnahme der pluralen Erfahrungen aus den Vollzügen kirchlicher Praxis und des Lebens der Teilnehmenden in der Kirche überhaupt. Die Erträge dieser Diskurse werden durch den vorliegenden Sammelband dokumentiert.

Zunächst analysiert Birgit Weyel (Tübingen) in kirchentheoretischer Perspektive die fünfte Kirchenmitgliedschaftsuntersuchung der Evangelischen Kirche in Deutschland, welche in den Jahren 2014 und 2015 veröffentlicht wurde (S. 13–26). Dabei wird auch zur Geltung gebracht, wie sich an Vergleichen mit früheren Kirchenmitgliedschaftsuntersuchungen signifikant die Veränderungen der gesellschaftlichen Stellung und Herausforderungen der Kirche erkennen lassen. Ein besonderes Anliegen der Studie von Birgit Weyel besteht dabei darin, Kirchenmitgliedschaft als soziale Praxis zu profilieren.

Auf diese praktisch-theologische Zugangsperspektive folgt ein Beitrag, welcher die konkreten Erfahrungen der kirchenleitenden Praxis zur Geltung bringt (S. 27–40). Christoph Meyns, Bischof der Evangelisch-Lutherischen Landeskirche in Braunschweig, widmet sich unter dem Leitmotto »Produktive Irritation« der Frage, in welcher Weise die Herausforderungen einer kirchenleitenden Verantwortung durch die Einbeziehung genuin betriebswirtschaftlicher Expertisen besser bewältigt werden können. Dabei wird jedoch auch zur Geltung gebracht, wo sich diesbezüglich Grenzen erkennen lassen, die im Zeichen eines christlich-sozialen Ethos nicht überschritten werden dürfen.

Eine systematisch-theologische Zugangsperspektive eröffnet der Beitrag »Gemeinschaft der Glaubenden in moderner Zeit« von Hans-Peter Großhans (Münster) (S. 41–58). Dabei werden die eingangs angesprochenen Phänomene einer Säkularisierung, Individualisierung und religiösen Pluralisierung mit einem Aspekt in Beziehung gesetzt, der für jede Form evangelischer Theologie und Kirchenpraxis von grundlegender Bedeutung sein sollte, nämlich mit dem Schriftverständnis. In diesem Zusammenhang wird einerseits herausgearbeitet, inwieweit Wandlungen des Schriftverständnisses wie in einem Brennglas die Wandlungen wissenschaftstheoretischer und sozialgeschichtlicher Paradigmen widerspiegeln. Andererseits wird jedoch auch abgewogen, welche Charakteristika eines evangelischen Schriftverständnisses als wesentliche Identitätsmerkmale nicht in Frage gestellt werden sollten.

Nachdem durch den Dogmatiker Hans-Peter Großhans bereits die themenspezifische Bedeutung des biblischen Kanons in den Blick genommen wurde, folgt mit dem Beitrag von Christine Gerber eine genuin biblisch-exegetische Perspektive (S. 59–88). Die Hamburger Neutestamentlerin widmet sich der Frage, wie sich in den paulinischen Schriften direkt und indirekt die Anfänge ekklesiologischer Reflexionen und Strukturbildungen beobachten lassen. Dabei wird auch herausgearbeitet, in welcher Weise sich bei frühchristlichen Gemeinschaftsbildungen Kontinuitäten und Divergenzen zu den Gegebenheiten der jeweiligen jüdischen und griechisch-römischen Umwelt erkennen lassen.

Nach dieser Betrachtung der Frühzeit christlicher Kirchenbildungen fragt der Beitrag von Claudia Schulz (Ludwigsburg) wiederum nach dem gegenwärtigen Ort der Kirche in der Gesellschaft (S. 89–106). Dabei werden die bereits durch den Beitrag von Birgit Weyel vorliegenden praktisch-theologischen Erwägungen durch sozialwissenschaftliche Überlegungen ergänzt.

Vor diesem Hintergrund richtet Claudia Lepp (München) die Aufmerksamkeit auf eine Frage, an der sich immer wieder massive theologische und kirchenpolitische Streitigkeiten entzünden konnten, nämlich auf die Frage, in welcher Weise die Kirche einen »Öffentlichkeitsauftrag« hat (S. 107–130). Um aktuelle Gegebenheiten angemessen verstehen zu können, werden exemplarisch die Entwicklungen seit dem Zweiten Weltkrieg fokussiert. Dabei wird zur Geltung gebracht, in welcher Weise die themenspezifischen Stellungnahmen die gesellschaftlichen Wandlungen und Herausforderungen dokumentieren, mit denen die christlichen Kirchen in jenen Jahren konfrontiert waren. Vor diesem Hintergrund können die eingangs benannten zeitgenössischen Herausforderungen der sich wandelnden soziologischen und religiösen Rahmenbedingungen angemessener erfasst werden.

Die Vortragstexte werden ergänzt durch den Beitrag »An Christi Statt – Stellvertretung als Deutungskategorie der Ekklesiologie« von Doris Hiller (S. 131–146). Grundlage des vorliegenden Textes ist der gleichnamige Habilitationsvortrag vor der Evangelisch-Theologischen Fakultät der Ruhr-Universität Bochum, welcher bereits im Jahr 2010 gehalten wurde. Zu jener Zeit war die Verfasserin Pfarrerin in zwei Landgemeinden in der Evangelischen Landeskirche in Baden und beteiligte sich an kirchenbezirklichen Reformprozessen zur Öffnung kirchlicher Räume. Da sie heute am Petersstift, dem Predigerseminar der Evangelischen Landeskirche in Baden, und am Theologischen Studienhaus Heidelberg tätig ist, bewegt sie sich genau zwischen jenen Ebenen einer theologischen Reflexion und einer kirchenleitenden Verantwortlichkeit, die auf der 17. Jahrestagung der Rudolf-Bultmann-Gesellschaft für Hermeneutische Theologie e. V. bedacht und diskutiert wurden. Aus diesem Grund soll auch diese Studie für die weiteren Diskussionen zur Verfügung gestellt werden, zu denen der vorliegende Sammelband anregen möchte.

Christof Landmesser und Enno Edzard Popkes

Kirchenmitgliedschaft als soziale Praxis

Die V. EKD-Kirchenmitgliedschaftsuntersuchung in kirchentheoretischer Perspektive

Birgit Weyel

0. Einleitung

Seit 40 Jahren werden die Kirchenmitgliedschaftsuntersuchungen der EKD im Rhythmus von 10 Jahren regelmäßig durchgeführt. Sie sind wesentlich veranlasst durch gesellschaftliche Veränderungsprozesse, die von Beginn an, seit der I. KMU von 1972, als destabilisierende Entwicklungen für die Evangelische Kirche in Deutschland wahrgenommen worden sind. Krisenhafte Bewertungen laufen von Beginn an mit. Das zeigen insbesondere die Titel der ersten beiden KMUs: ›Wie stabil ist die Kirche?‹ (1972) und ›Was wird aus der Kirche?‹ (1982). Auch die Publikation der jüngsten KMU V (2012) ist eng mit Krisensemantiken verknüpft. So ist im Zusammenhang der Pressekonferenz der EKD am 6. März 2014 von Erosionen zu hören und zu lesen, von »Abschmelzungsprozessen«[1] und einer wachsenden Indifferenz unter den evangelischen Kirchenmitgliedern. In der medialen Resonanz sind diese Krisensemantiken weiter apokalyptisch verstärkt worden. So titelte ›Die Welt‹ (7. März 2014): »Deutsche verlieren ihren Glauben an Gott«; die ›Süddeutsche Zeitung‹ kommentierte: »Eine Herde aus Gleichgültigen« (ebenfalls am 7. März). Man müsse, so der Ratsvorsitzende Nikolaus Schneider in einer epd-Meldung[2], die Ergebnisse der jüngsten Umfrage unter Kirchenmitgliedern ernst nehmen. »Ernst nehmen« bedeutet in diesem Zusammenhang augenscheinlich: Die Lage sei ernst und es müssen daraus auch Konsequenzen für das kirchliche Handeln gezogen werden.

Es liegt mir im Folgenden weder daran, mich am Modellbau eines Katastrophenszenarios zu beteiligen, noch einzelne Befunde der KMU V schönzureden. Vielmehr sehe ich die dringende Notwendigkeit, die Beschreibung und

---

[1] http://www.ekd.de/EKD-Texte/92150.html (Zugriffsdatum: 2.06.2015).

[2] http://www.ekd.de/EKD-Texte/news_2014_03_06_1_v_kmu_rv.html (Zugriffsdatum: 16.05.2015).

Analyse der Situation der Evangelischen Kirchen in Deutschland zu versachlichen. Eine Sofortmaßnahme wäre der Verzicht auf implizite und explizite Bewertungen. Als probates Mittel zur Versachlichung bietet sich die Wissenschaft mit ihrem Rationalisierungspotential an. Im Blick auf die Kirchentheorie sind dies theologische und soziologische, näherhin ekklesiologische und sozialitätstheoretische Reflexionsperspektiven, die allerdings miteinander zu vermitteln sind. Denn, so mein Ansatzpunkt, beide müssen stimmig aufeinander bezogen werden. Die Wahrnehmung und Interpretation von Empirie ist selbst immer schon theoriegeleitet. Soziologische Begriffe und die sie umgebenden Theorien haben stets reichhaltige Implikationen, deren Anwendung und Übertragbarkeit auf das Feld der Religion im Allgemeinen und der evangelischen Landeskirchen in Deutschland im Besonderen sorgfältig bedacht sein wollen.

Im Folgenden sollen die wichtigsten gesellschaftlichen Transformationsprozesse, die zu veränderten Rahmenbedingungen der Volkskirche führen bzw. geführt haben, nachgezeichnet und danach gefragt werden, ob, und wenn ja in welchem Sinne, von Volkskirche als Konzeptbegriff die Rede sein kann (1. Volkskirche im Wandel. Gesellschaftliche Transformationsprozesse), dann werden soziologische und theologische Perspektiven auf die Kirche als Organisation geworfen (2. Kirche als Organisation. Perspektiven auf die Kirchenmitglieder zwischen Engagement und Indifferenz), um schließlich ein Verständnis von Kirchenmitgliedschaft als sozialer Praxis zu skizzieren (3. Kirchenmitgliedschaft als soziale Praxis. Religiöse Kommunikation im Kontext sozialer Beziehungen). Auf zentrale Ansätze und Ergebnisse der KMUs, insbesondere der V. KMU, beziehe ich mich dabei durchgängig.

1. Volkskirche im Wandel. Gesellschaftliche Transformationsprozesse

Die I. KMU war wesentlich veranlasst durch Kirchenaustrittswellen Ende der 1960er Jahre. Diese fielen, übersieht man das 20. Jahrhundert als Ganzes, immerhin deutlich geringer aus als die Austritte zur Zeit der Weimarer Republik (um 1920 anlässlich des Endes des landesherrlichen Kirchenregiments) und zur Zeit des Nationalsozialismus (um 1940).[3] Dennoch erschütterten die Austritte seit Ende der 1960er Jahren die gefühlte Stabilität der jungen bundesrepublikanischen Volkskirchen in hohem Maße. Um die damalige Situation und die Dynamik des gesellschaftlichen Wandels, den wir bis heute beobachten, nachvollziehen zu können, sollen einige Zahlen genannt werden.

---

[3] Johannes Hanselmann (Hg.), Was wird aus der Kirche? Ergebnisse der 2. EKD-Umfrage über Kirchenmitgliedschaft, Gütersloh 1995, Tabelle S. 36.

1956 waren auf dem Gebiet der alten Bundesrepublik 96% der Gesamtbevölkerung Mitglieder in einer der beiden christlichen Kirchen, nur eine kleine Gruppe von 4% hatte eine andere oder keine Religion. Die evangelische Kirche stellte gegenüber der katholischen Kirche eine leichte Mehrheit mit 50,1% Protestanten gegenüber 45,9% Katholiken.[4] Diese religiös *homogenen Verhältnisse* standen mit dem Selbstverständnis der christlichen Kirchen als *Volkskirche* im Sinne von *Kirche des Volkes der Bunderepublik Deutschland (West)* in enger Verbindung. Sie haben sich in dem verhältnismäßig überschaubaren Zeitraum von 55 Jahren mit großer Dynamik gewandelt. 2012 stellten evangelische und katholische Kirchenmitglieder 59,2% der Bevölkerung. Die katholische Kirche bildet nunmehr gegenüber der evangelischen Kirche eine leichte Mehrheit von 30,2% Katholiken im Verhältnis zu 29% Protestanten.[5] Das restliche Drittel der Bevölkerung verteilt sich auf Konfessionslose, 5% Muslime, weitere christliche Gemeinschaften wie Freikirchen, die Orthodoxen Kirchen (1,3 Mill. Mitglieder), die jüdische Gemeinde (deutschlandweit 100.500 Mitglieder)[6] und sonstige religiöse und weltanschauliche Gruppen. Diese Entwicklung lässt sich mit dem Begriff der *religiösen Pluralisierung* beschreiben. In Hinsicht auf *Pluralisierung* ist zu konstatieren, dass zwei Drittel der deutschen Bevölkerung die Mitgliedschaft in einer der beiden christlichen Volkskirchen pflegen und in Hinsicht auf *religiöse* Pluralisierung bleibt auch festzuhalten, dass die Konfessionslosigkeit Anteil an der weltanschaulichen Pluralisierung hat. Im Hintergrund dieser Entwicklungen stehen Traditionsabbrüche, insbesondere in Ostdeutschland, die nach 1989 auf die religiösen Mehrheitsverhältnisse in Gesamtdeutschland zurückwirken sowie Migrationswellen aus Ländern mit überwiegend katholischem und islamischem Glauben. Ein wesentlicher Faktor ist die Demographie mit ihren lebensweltlichen Bedingungsfaktoren, zu denen ein verändertes Rollenverständnis von Mann und Frau gehört. Nach wie vor spielen Kirchenaustritte eine Rolle, die teilweise durch Kircheneintritte ausgeglichen werden können, aber signifikant ansteigen, wenn sich steuerliche Veränderungen ergeben, zuletzt 2014

---

[4] STATISTISCHES AMT DER LANDESHAUPTSTADT STUTTGART U.A. (Hg.), Die Entwicklung der Kirchenmitglieder in Deutschland. Statistische Anmerkungen zu Umfang und Ursachen des Mitgliederrückgangs in den beiden christlichen Volkskirchen, in: STATISTISCHES BUNDESAMT (Hg.), Wirtschaft und Statistik 6 (2010), 576–589: 577; 589, URL: https://www.destatis.de/DE/Publikationen/WirtschaftStatistik/Gastbeitraege/EntwicklungKirchenmitglieder.pdf?__blob=publicationFile (Zugriffsdatum: 16.05.2015).

[5] KIRCHENAMT DER EKD (Hg.), Evangelische Kirche in Deutschland. Zahlen und Fakten zum kirchlichen Leben, Hannover 2012, 4, URL: https://www.ekd.de/download/broschuere_2012.pdf (Zugriffsdatum: 16.05.2015).

[6] http://www.zentralratdjuden.de/de/topic/5.mitglieder.html (Zugriffsdatum: 15.05.2015).

im Zusammenhang der Einführung des neuen Einzugsverfahrens für Kirchensteuer auf Kapitalerträge.

Unbedingt zu beachten ist, dass eine gesamtdeutsche Statistik keinen Aufschluss über einzelne Regionen Deutschlands bietet. Tatsächlich gibt es bedeutende religionskulturelle Unterschiede zwischen einzelnen Bundesländern, Regionen und Landeskirchen. Während in Sachsen-Anhalt 17,4% und in Brandenburg 20,1% der Bevölkerung Mitglieder der beiden christlichen Kirchen sind, sind es im Saarland 82% und in Bayern 73,9%. Sowohl das Verhältnis zwischen der Zahl der kirchlich gebundenen Christen und der Gesamtbevölkerung schwankt erheblich als auch das Verhältnis von evangelischen und katholischen Christen. Diese regionale Unterschiedlichkeit gerät regelmäßig aus dem Blick, wenn es um die Entwicklung übergreifender Perspektiven geht.

Vor dem Hintergrund der skizzierten zahlenmäßigen Verhältnisse und Entwicklungen wird man gewiss behaupten können, dass in manchen Regionen die volkskirchlichen Strukturen der evangelischen Kirchen, die auf einem flächendeckenden System parochialer Gemeinden beruhen, ausdünnen. Kristian Fechtner spricht diagnostisch von der späten Zeit einer im Übergang befindlichen Volkskirche.[7] Generell aber wird man kaum davon sprechen können, dass etwa das Ende der Volkskirche gekommen sei. Auch fällt es schwer, einzusehen, warum das Christentum sich in einer Diasporasituation befinden solle.[8] Eine solche Perspektive dürfte nur im Blick auf eher klein umrissene spezifische Regionen in Sachsen-Anhalt und Brandenburg zu formulieren sein. Tatsächlich verdanken sich solche Einschätzungen zumeist linear gedachten Säkularisierungstheorien, die zurückliegende Entwicklungen in die Zukunft hinein verlängern und ihre Vitalität aus der Grundannahme beziehen, dass Religion und Kirche im Prozess der Modernisierung an sozialer und individueller Bedeutung verlieren.[9] Über zukünftige Entwicklungen wird man aber keine seriösen Aussagen treffen können. Man sollte nicht vage Zukunftsprognosen als Masterfolie zur Interpretation der gegenwärtigen Situation der Kirche verwenden. Das wäre mit einer Verkennung der gegenwärtigen Empirie und einer konzeptionellen Selbstmarginalisierung verbunden.

---

[7] Vgl. Kristian Fechtner, Späte Zeit der Volkskirche, in: Christian Albrecht (Hg.), Kirche, Themen der Theologie 1, UTB 3435, Tübingen 2011, 197–218: 207.

[8] So Ulrich Körtner in seinem Kommentar, in: Heinrich Bedford-Strohm/Volker Jung (Hg.), Vernetzte Vielfalt. Kirche zwischen Säkularisierung und Individualisierung. Die 5. EKD-Erhebung zur Kirchenmitgliedschaft, Gütersloh 2015 (im Erscheinen, 329–336: 334): »In der modernen pluralistischen Gesellschaft findet sich das Christentum in einer Diasporasituation vor.«

[9] Vgl. Stefan Huber, Religions- und kirchensoziologische Perspektiven, in: Ralph Kunz/Thomas Schlag (Hg.), Handbuch für Kirchen- und Gemeindeentwicklung, Neukirchen 2014, 73–80: 73.

Die gesellschaftlichen Verhältnisse haben sich gewandelt. Blickt man aber auf die evangelische Kirche, so zeigt sich auch eine große Kontinuität. Ein wichtiger Faktor sind solche Fragen der KMUs, die auf die Verbundenheit der Mitglieder mit ihrer Kirche zielen. Die Längsschnittuntersuchungen zur KMU V zeigen, dass die Verbundenheitswerte der evangelischen Kirchenmitglieder seit 1972 stabil geblieben sind; selbst dann, wenn man einmal nur die als prekär angesehene Gruppe der Jugendlichen (im Alter von 20–29 Jahre) analysiert. Die Diagnose, die Gert Pickel in seinem Kapitel zu Jugendlichen und jungen Erwachsenen immerhin mit einem Fragezeichen versehen hat, wird man so nicht bejahen können. Pickel titelt: »Seniorenkirche statt Volkskirche?«[10] Fällt der Blick auf den Zeitreihenvergleich, zeigt sich, dass die Zahl der Hochverbundenen in dieser Alterskohorte deutlich angestiegen ist, während die Gruppe der wenig Verbundenen gegenüber 1982 und mit 1% Abweichung auch gegenüber 1972 gleich groß geblieben ist. Von einem, wie Pickel – mit fatalen medialen Folgen – schreibt, »Abbruch« wird man wohl nur sprechen können, wenn man allein die Daten von 2002 zugrunde legt. Ein Prozess der Säkularisierung dürfte aus dieser Zeitreihe nicht zu rekonstruieren sein.

Ich plädiere dafür, den Begriff der Volkskirche *nicht* zu verabschieden. Denn mit dem Konzept der Volkskirche verbindet sich seit Schleiermacher das »Anliegen, Kirche von ihren Mitgliedern her zu strukturieren und in ihr der Pluralität gelebter Kirchlichkeit Raum zu geben.«[11] Volkskirche ist nicht etwa ein deskriptiver Begriff, der die religiösen Bindungen der Bevölkerungsmehrheit, etwa des ›ganzen Volkes‹, abbildet, sondern Volkskirche ist ein Konzeptbegriff, der den gesellschaftsöffentlichen Auftrag der Kirche betont, die Kirche als eine gesellschaftliche Institution versteht, nun allerdings in einer mehr und mehr religiös pluralisierten Gesellschaft. Die Herausforderungen, die die Pluralisierung mit sich bringt, sind allerdings in das eigene Selbstverständnis als Volkskirche zu integrieren. Von daher ergeben sich handlungstheoretische Perspektiven, die am Öffentlichkeitsauftrag von Kirche, die Verkündigung des Evangeliums *publice* zu gestalten, zu orientieren sind. Der Öffentlichkeitsauftrag der Kirche ist allerdings in den vergangenen 10 Jahren im Wesentlichen im Medium einer enggeführten Organisationssoziologie seitens der EKD und einzelner Landeskirchen entwickelt worden.

---

[10] Gert Pickel, Jugendliche und junge Erwachsene, in: EKD (Hg.), Engagement und Indifferenz. Kirchenmitgliedschaft als soziale Praxis, Hannover 2014, 70.

[11] Fechtner, Volkskirche (s. Anm. 7), 203.

2. KIRCHE ALS ORGANISATION. PERSPEKTIVEN AUF DIE KIRCHENMITGLIEDER ZWISCHEN ENGAGEMENT UND INDIFFERENZ

Die kirchliche Organisation mit ihren territorial verfassten Gemeinden, die im Vollsinne Kirche sind, ist aus historischen Gründen vom institutionellen Charakter der Kirche bestimmt. Evangelische Christen gehören durch ihren Wohnsitz zu dieser oder jener Kirchengemeinde, in denen ein Pfarrer/eine Pfarrerin qua Amt zuständig ist, und in denen die Verkündigung des Evangeliums und die Austeilung der Sakramente bereitgestellt werden.

Das EKD-Impulspapier ›Kirche der Freiheit‹ (2006), das auf die KMU IV mit ihrem Forschungsansatz der Lebensstile und Milieus reagiert, ist dagegen zum Symbol einer starken *Organisationswerdung* der Kirche geworden, die in Spannung zum Institutionenkonzept tritt, indem sie die tragenden Latenzen einer öffentlichen Kirche in Frage zu stellen droht. Das Impulspapier orientiert kirchenleitendes Handeln an organisationssoziologischen Paradigmen im engeren Sinne, wie Qualitätsmanagement und Personalführung – mithin betriebswirtschaftlichen Instrumenten[12], die angesichts der Rückgänge an Mitgliederzahlen und personellen Ressourcen nahe zu liegen scheinen. Die ›Kommunikation des Evangelium‹[13] soll durch milieuspezifische Gottesdienste, einer breiten und adressatenorientiert beworbenen Palette von Gemeindeangeboten mit dem Ziel der Steigerung von Teilnehmerzahlen und der Erschließung neuer Zielgruppen effektiver gestaltet werden. ›Kirche der Freiheit‹ appelliert darüber hinaus an die Leser und Leserinnen des Impulspapiers, Pfarrerinnen und Pfarrer, ehrenamtliche und hauptamtliche Mitarbeiterinnen und Mitarbeiter einen – wie es mehrfach heißt – »Mentalitätswechsel«[14] zu vollziehen, der Reformwillen und Aufbruchsstimmung in den

---

[12] Vgl. dazu ausführlich den Beitrag von Christoph Meyns in diesem Band.

[13] Zu diesem Leitbegriff der Kirchentheorie vgl. WILFRIED ENGEMANN, »Kommunikation des Evangeliums« als Grundprinzip der religiösen Praxis des Christentums? Prämissen, Implikationen und Konsequenzen für das Verständnis von der Aufgabe der praktischen Theologie, in: BIRGIT WEYEL/PETER BUBMANN (Hg.), Kirchentheorie. Praktisch-Theologische Perspektiven auf die Kirche, VWGTh 41, Leipzig 2014, 15–39.

[14] KIRCHENAMT DER EKD (Hg.), Kirche der Freiheit, Perspektiven für die evangelische Kirche im 21. Jahrhundert. Ein Impulspapier des Rates der EKD, Hannover 2006, URL: http://kirche-im-aufbruch.ekd.de/downloads/kirche-der-freiheit.pdf (Zugriffsdatum: 16.05.2015). Der Begriff Mentalität/Mentalitätswechsel findet sich 19 Mal in dem gesamten Papier.

Gemeinden freisetze. Theologische Kritik ist bereits vielfach geübt worden.[15] Ich möchte in diesem Zusammenhang die folgenden Aspekte unterstreichen.

1. Die Aufgabe der evangelischen Kirche ist strikt funktional von der Evangeliumsverkündigung her bestimmt. Ein Selbsterhalt der Kirche als Organisation dagegen lässt sich keineswegs begründen. Es droht die Gefahr, dass die Ambiguität von sichtbarer und unsichtbarer Kirche vereindeutigt wird zugunsten eines missionarischen Wirtschaftsunternehmens, das ein Produkt an möglichst viele Menschen adressiert.

2. Die Kirchenmitglieder rücken in die Perspektive von Konsumenten, die mit Mitteln der Marktforschung – Stichwort: Sinus-Milieus – betrachtet werden. Kirche als Organisation und Christenmenschen rücken in der Rollenlogik von Angebot und Nachfrage auseinander. Ausgeblendet bleibt hier, dass Kirche *congregatio sanctorum* ist, und die Gemeinde selbst im Rahmen ihres *Priestertums aller getauften Christen* reiche Verantwortung für ihr kirchliches Leben trägt. Das kirchliche Leben umfasst gottesdienstliche und vielfältige andere öffentliche und private Gelegenheiten.

Das Selbstverständnis von Kirche als Unternehmen orientiert kirchliche Organisation an einem ökonomischen Organisationsbegriff, der aus der Perspektive von Wirtschaftsunternehmen entworfen ist, »die sich unter Konkurrenz- und Leistungsdruck sehen.«[16] Im Hintergrund stehen Rational-Choice-Theorien, die von einem religiösen Markt ausgehen. Es ist darauf hingewiesen worden, dass dieser Ansatz die Kirche und ihre Mitglieder in eine Defizitperspektive rückt, die einer »Diskrepanz zwischen Erwartung und Wirklichkeit«[17] geschuldet ist. Die durch gelegentliche Teilnahme am Gottesdienst institutionell abgestützte Kirchenmitgliedschaft wird mehr und mehr an einem Engagementbegriff gemessen, der seinen ursprünglichen Sitz im Leben in der Theorie des Ehrenamts bzw. Freiwilligenengagements hat. Nicht allein das passive *Hören auf das Wort* (Röm 10,7), dessen Wirken einer empirischen Kirche gänzlich unverfügbar ist, konstituiert Kirche, sondern ein am bürgerlichen Vereinsleben orientiertes Engagement, das die Norm einer tatkräftigen Übernahme eines Ehrenamts mit sich führt und als Gegenbegriff die Indifferenz konstruiert.

Die KMU V trägt vor dem Hintergrund der hier skizzierten Entwicklungen einer starken wirtschaftlichen Organisationswerdung von Kirche den Titel

---

[15] Isolde Karle hat vom »Reformstress« der Kirche gesprochen. Dieser Sammelband setzt sich insgesamt mit dem Impulspapier auseinander: Isolde Karle (Hg.), Kirchenreform. Interdisziplinäre Perspektiven, APrTH 41, Leipzig 2009.

[16] Jan Hermelink, Kirchliche Organisation und das Jenseits des Glaubens. Eine praktisch-theologische Theorie der evangelischen Kirche, Gütersloh 2011, 90.

[17] Niklas Luhmann, zitiert bei Karle, Kirchenreform (s. Anm. 15), 7.

›Engagement und Indifferenz‹[18]. Dieser Titel nimmt einige Ergebnisse der Erhebung zu den Mitgliedschaftsmotiven auf, die man neutraler als eine in sich vielfältige Wahrnehmung von Kirchenmitgliedschaft beschreiben kann. Der Titel signalisiert gleichwohl eine Polarisierung unter den Kirchenmitgliedern, die Thies Gundlach folgendermaßen beschreibt:

> »Die V. KMU zeigt auf, dass die Individualisierung und ihre Schwester, die Schwächung der Institution, auch in der evangelischen Kirche angekommen sind. Belege dafür sind das eklektische Verhältnis im Blick auf das christliche Lehrgebäude und die zunehmend situative Teilnahme an den Angeboten der Institution. [...] Jene Individualisierung führt so gesehen zu einer Polarisierung der Kirchenverbundenheit zwischen Engagement und Indifferenz. Die ›Extreme‹ werden gestärkt, man ist entweder stark engagiert oder vorwiegend biografisch-situativ dabei. D. h. aber, dass die milde, gemäßigte Form der evangelischen Frömmigkeit und Kirchenverbundenheit – die sogenannte Mehrheits-Religion, auf die unsere Kirche weithin ausgelegt ist – im Schwinden ist. Entsprechend spreizen sich die Erwartungen an die Kirche immer deutlicher: Die einen wollen klar erkennbare, religiös-profilierte Gemeinschaftskonturen, die anderen punktuell-situative, individuell zugewandte und qualitativ verlässliche Betreuung. Nehmen die sich gegenseitig exkludierenden Erwartungen unterschiedlicher Gruppen an die Kirche zu? Gerät kirchenleitendes Handeln immer stärker in eine Zwickmühle unvereinbarer Polaritäten?«[19]

Die im Schlusssatz zugespitzte Dramatik ist aus meiner Sicht nur vor dem Hintergrund der organisationstheoretischen Perspektivierung zu verstehen. Tatsächlich wird die hier von Gundlach konstatierte Polarisierung innerhalb der Kirche im Wesentlichen rhetorisch konstruiert. Kirchenmitgliedschaft ist stets in sich vielfältig gewesen und die Teilnahme am kirchlichen Leben biographischen und lebensweltlichen Zyklen unterworfen sowie selbstverständlich von individuellen Unterschieden geprägt. Darin liegt ja gerade eine Stärke der Volkskirche, dass sie in sich plural ist. Man denke etwa an die elastisch gemachte Volkskirche bei Ernst Troeltsch, deren Spezifik gegenüber anderen religiösen Organisationsformen gerade darin besteht, dass sie unterschiedliche Sozialitätsformen in sich zu integrieren versteht.[20] Neu ist allein der entwertende Blick auf volkskirchliches Leben seitens einer unternehmerischen Kirchenorganisation; und dieser Blick betrifft insbesondere die konstruierten Formen von Mitgliedschaftsverhalten, die auf ein Betreuungsbedürfnis reduziert werden, die man allerdings auch durchaus als traditionell-institutionelle Form verstehen könnte.

---

[18] EKD (Hg.), Engagement und Indifferenz. Kirchenmitgliedschaft als soziale Praxis, Hannover 2014.

[19] Thies Gundlach, Handlungsherausforderungen, in: EKD (Hg.), Engagement (s. Anm. 18), 130f.

[20] Ernst Troeltsch, Die Soziallehren der christlichen Kirchen und Gruppen, Tübingen 1912.

Die Ergebnisse der KMU V stützen die Polarisierungsthese, die sich vor allem einer markttheoretischen Interpretation verdankt, nicht. Es sind vor allem solche Ergebnisse, die die Konfessionslosen betreffen und die in der Broschüre – und dann auch in deren Rezeption – mit dem Stichwort »Indifferenz« in Zusammenhang gebracht werden.[21] Einmal geht es um die Frage nach Gründen für einen *Austritt aus der Kirche*. Gefragt sind hier Konfessionslose, die selbst ausgetreten sind, und die wenigen Kirchenmitglieder, die einen Austritt in Erwägung ziehen. Während in früheren KMUs stets die Einsparung der Kirchensteuer an der Spitze stand, haben in der KMU V insbesondere die folgenden Items die höchste Zustimmung in dieser Gruppe bekommen: »Mir ist die Kirche gleichgültig«, »Ich kann mit dem Glauben nichts anfangen«, »Ich brauche keine Religion für mein Leben«.

Ein weiterer Befund der KMU V ist der, dass die *Konfessionslosen* mehrheitlich als Grund für ihre Konfessionslosigkeit zu Protokoll gegeben haben, dass sie sich eben als nicht religiös verstünden. Sie seien der Kirche gegenüber auch keineswegs kritisch oder gar feindlich gesinnt. In diesem Sinne – so könnte man sagen – sind sie gegenüber Glauben und Kirche indifferent. Freilich ist dieses Ergebnis wesentlich so zu interpretieren, dass im Kontext gesellschaftlicher Pluralisierung auch die Konfessionslosigkeit an Selbstverständlichkeit gewonnen hat. Vielfach ist sie ererbt und verdankt sich nicht mehr überwiegend einem selbst zu vollziehenden Austritt. Schließlich wird in der Broschüre der Begriff der »religiösen Indifferenz« auch für die Jugendlichen im Alter von 14–21 verwendet, die tatsächlich im Vergleich zu älteren Befragten angeben, weniger häufig zu beten und sich weniger häufig über religiöse Themen zu unterhalten.[22] Dabei handelt es sich allerdings wahrscheinlich um altersspezifische und weniger um kohortentypische Effekte. Engagement und Indifferenz sind aus meiner Sicht keine prägnanten empirisch basierten Ergebnisse der KMU V und die damit verbundene Organisationslogik scheint mir auch theologisch nicht tragfähig zu sein. Vielversprechender ist dagegen das im Untertitel der Broschüre angedeutete Konzept einer Kirchenmitgliedschaft als sozialer Praxis.

---

[21] Vgl. dazu ausführlich Eberhard Hauschildt/Jan Hermelink/Birgit Weyel, Keine Herde von Gleichgültigen. Einige Ergebnisse der 5. Kirchenmitgliedschaftsuntersuchung wurden missverstanden, in: Zeitzeichen 15 (2014) 6, 12–15.

[22] Pickel, Jugendliche (s. Anm. 10), 65.

3. Kirchenmitgliedschaft als soziale Praxis. Religiöse Kommunikation im Kontext sozialer Beziehungen

Kirchenmitgliedschaft lässt sich besser verstehen und beschreiben, wenn man sie als eine *eigentümliche soziale Praxis* bezeichnet, die nicht primär als Reaktion auf inhaltliche oder organisatorische Vorgaben der Kirche, sondern aus den lebensweltlichen Kontexten der Einzelnen und ihren sozialen Beziehungen selbst zu verstehen ist. Kirchenmitgliedschaft als Gegenstand einer Theorie sozialer Praxis zu untersuchen, ist »eine Weise, empirisch im Feld den Ereignissen, ihren Kontexten und Vernetzungen [...] zu folgen.«[23] Ziel ist es, im Blick auf Kirchenmitgliedschaft Theoriemodelle zu entwerfen, die nicht den Anspruch erheben, Wirklichkeit in einem empirisch-naiven Sinne abzubilden, sondern die ihren methodischen Zugang stets präsent halten, d. h. »trotz aller Nähe zur Empirie – kein empirisch-realistisches, sondern vielmehr ein methodologisch-analytisches Verständnis sozialer Praktiken«[24] zu entwickeln. Das Konzept der sozialen Praktik trägt dazu bei, Kirchenmitgliedschaft als Phänomen besser zu kontextualisieren. Denn das Verhältnis der Mitglieder zu den inhaltlichen Überzeugungen und zur Praxis der Kirche wird im Kontext ihrer gesamten Lebensführung und ihrer Welt- und Selbstdeutung gestaltet. Daher ist es sinnvoll, nach Interaktionen zu fragen, die sich auf einer ›Zwischenebene‹ zwischen den Individuen und der Institution in typischen Kommunikationsmustern und Sozialitätsformen vollziehen und auf diese Weise Einstellungen und kirchliche Teilnahme prägen. Der Ansatz bei den Lebensstilen der KMU IV ging einen Schritt in diese Richtung. Das Konzept der sozialen Praktiken geht einen Schritt weiter, indem es sich »auf kulturell geprägte Formen menschlichen Zusammenlebens, ›Ordnungen menschlicher Koexistenz‹, ein ›Ensemble von Praktiken und Orientierungen‹, aber auch deren institutionelle Manifestationen und Materialisierungen«[25] bezieht. Das Potential liegt darin, Strukturen und Rollenmodelle sichtbar zu machen, die zwischenmenschliche Interaktionen und Organisation in Kontakt bringen. Die Frage nach sozialen Praktiken zielt auf überindividuelle Sinnmuster, die alternative Wahrnehmungen von individuellen Motivlagen einerseits und Erwartungen der Organisation andererseits überwinden können. Das Konzept

[23] Robert Schmidt, Soziologie der Praktiken. Konzeptionelle Studien und empirische Analysen, stw 2030, Berlin 2012, 30 Anm. 5.

[24] A.a.O., 32.

[25] Vgl. dazu Rahel Jaeggi, Kritik von Lebensformen, stw 1987, Berlin 2014, 20f. Vgl. dazu auch Martin Laube, Religion als Praxis zur Fortschreibung des christentumssoteriologischen Rahmens der EKD-Mitgliedschaftsstudien, in: Bedford-Strohm/Jung (Hg.), Vielfalt (s. Anm. 8), 35–49.

knüpft an kulturwissenschaftliche Konzepte zur Konstitution und Weitergabe von religiösem Wissen an und entwirft Wahrnehmungsinstrumente und Interpretationsansätze, die aus der Relationalen Soziologie stammen. Diese erscheinen gerade deshalb vielversprechend für Kirchenmitgliedschaft, als sie nicht bei der Organisation ansetzen, die Kirche nicht als ein Unternehmen mit starken zentralen Steuerungsmöglichkeiten verstehen, sondern bei den Kirchenmitgliedern und ihrer religiösen Praxis, die durch institutionelle Kontexte abgestützt wird, sich aber nicht in religiösen Praxen erschöpft, die im Raum der Organisation Kirche stattfinden. An einem Beispiel aus der KMU V möchte ich empirische Ergebnisse und kirchentheoretische Perspektiven dieses Ansatzes illustrieren. Dabei beziehe ich mich auf den zweiten methodischen Teil der KMU V, die Gesamtnetzwerkerhebung, von der erste Ergebnisse veröffentlicht sind.[26]

Wir haben in einer durchschnittstypischen Kirchengemeinde, die als Fallbeispiel fungiert, alle Evangelischen nach ihren Alteri-Beziehungen befragt.[27] Anhand von Fragen, die wir Namengeneratoren nennen, wurden alle evangelischen Kirchenmitglieder an einem Ort in einer Kirchengemeinde nach sozialen Beziehungen mit anderen Menschen befragt, die am Ort oder auch andernorts leben. Darüber hinaus wurden sie auch gefragt, bei welchen Gelegenheiten diese Beziehungen konstituiert werden. Nicht nur wurde Ego nach Alter befragt, sondern – das ist die methodische Pointe – auch die Alteri, sofern sie am Ort wohnen und evangelische Kirchenmitglieder sind, wurden befragt, so dass die Wechselseitigkeit der Beziehungen zutage tritt. Im Hintergrund steht hier ein soziologisches Modell, das man etwa bereits bei Georg Simmel[28] oder Marcel Mauss[29] studieren kann, das davon ausgeht, dass persönliche Interaktionen wesentlich auf Reziprozität hin angelegt sind und sich aus ihnen Gesellschaften, auch moderne und hochkomplexe Gesellschaften, institutionell aufbauen.

---

[26] Christian Stegbauer/Franz Grubauer/Birgit Weyel, Gemeinde in netzwerkanalytischer Perspektive. Drei Beispielauswertungen, in: Bedford-Strohm/Jung (Hg.), Vielfalt (s. Anm. 8), 400–434.

[27] 1396 Befragte (=64% Ausschöpfung von 100% = 2937 Zielpersonen) mit 4410 Alteri-Beziehungen.

[28] Vgl. dazu seine Soziologie der Kreise (Ders., Über sociale Differenzierung, Leipzig 1890).

[29] Marcel Mauss zum Gabenaustausch: »Alles, was das eigentliche gesellschaftliche Leben der Gesellschaften ausmacht, die den unseren vorausgegangen sind – einschließlich der Gesellschaften der Urgeschichte –, ist darin verwoben. In diesen (wie wir sie nennen möchten) ›Totalen‹ gesellschaftlichen Phänomenen kommen alle Arten von Institutionen gleichzeitig und mit einem Schlag zum Ausdruck: religiöse, rechtliche und moralische [...].« (In: Ders., Die Gabe. Form und Funktion des Austauschs in archaischen Gesellschaften, stw 743, Frankfurt a.M. 1990, 17).

Die Namensgeneratoren lauten:

- Welche der folgenden Andachten oder Gottesdienste besuchen Sie? Mit wem?
- Mit wem haben Sie sich im Laufe des letzten Jahres über den Sinn des Lebens ausgetauscht? Bei welchen Gelegenheiten? Wie religiös war der Austausch?
- Womit von dem Folgenden (Liste kirchlicher Gelegenheiten) kommen Sie regelmäßig in Kontakt?
- Gibt es andere Vereine oder Gruppen, in denen Sie aktiv sind?
- Welche der Personen steht Ihnen besonders nahe? (Bisher genannte Alteri)
- Gibt es darüber hinaus Personen, die Ihnen besonders nahe stehen?

Während die ersten drei Fragen auf religiöse Kommunikation zielen (z. B. Gottesdienstbesuche und den Austausch über existentielle Lebensfragen), zielen die letzten drei Fragen auf sonstige soziale Aktivitäten am Ort sowie auf ein Beziehungsnetzwerk besonders nahestehender Personen. Wichtig zu wissen ist, dass selbstverständlich mehrere Namen genannt werden dürfen.

Die Erhebung eines Gesamtnetzwerkes aller Evangelischen an einem Ort ergibt ein Bild, das die Positionen einzelner Akteure im Gesamtnetzwerk anzeigt, den Vernetzungsgrad der Gemeinde insgesamt sowie die Wechselseitigkeit und Reziprozität der Beziehungen aufweist und darüber hinaus ein Strukturgebilde der von uns abgefragten religiösen Aktivitäten ergibt. *Es entsteht eine Strukturbeschreibung religiöser Kommunikationen und Praxen im Kontext sozialer Beziehungen.*

Die theologische Idee, diesen Ansatz der sozialen Praxis für eine Kirchenmitgliedschaftsuntersuchung zu verwenden, ist die, dass das *Priestertum aller Gläubigen* in vielfältigen sozialen Beziehungen gelebt wird und daher die religiösen Praxen der getauften Christen auch empirisch sichtbar gemacht werden können. Die Methodologie der politischen Meinungsforschung und der Konsumforschung geht an diesen theologischen Sichtweisen auf Kirchenmitgliedschaft vorbei. Der christliche Glaube bleibt selbstverständlich einem – um es zugespitzt zu sagen – empirischen *Zugriff* entzogen, aber wenn man nach gemeinsamen Gottesdienstbesuchen und dem Austausch über Religion fragt, bekommt man zumindest erfahrungsbezogene Anteile religiöser Praxis in den Blick.

Die Auswertung bietet vielfältige Möglichkeiten. Ich möchte nur zwei Beobachtungen vorstellen:

1. Es zeigt sich, dass religiöse Kommunikation sehr häufig zu Hause stattfindet (603 Verbindungen), aber auch in der Freizeit (130) und erst an dritter

Stelle bei kirchlichen Gelegenheiten (100). An vierter Stelle stehen Arbeit und Schule (49).[30] Religiöse Kommunikation durchzieht Arbeit und Freizeit, private und öffentliche Räume. Religion ist nicht nur auf das Funktionssystem Kirche beschränkt. Aus theologischer Sicht könnte man sagen, Kirche ist nicht nur da, wo die Kirche als Organisation in Erscheinung tritt, sondern da, wo zwei oder drei zu Hause oder in der Freizeit über Religion im Gespräch sind. Und umgekehrt: Religiöse Kommunikation muss nicht zwingend bei kirchlichen Gelegenheiten zustande kommen. Es kann um vielfältige Themen gehen, aber man kann nicht pauschal das Zustandekommen religiöser Kommunikation den kirchlichen Gelegenheiten zuschreiben. Vielleicht werden Sie einwenden, dass religiöse Kommunikation sehr vage ist und weitere theologische Anforderungen zu stellen sind: Ihre Christlichkeit, ihre Evangeliumsgemäßheit. Das ist richtig und hier ist der empirischen Nachfrage eine deutliche Grenze gesetzt, die als solche unhintergehbar ist. Aber hier muss man umgekehrt auch an Gottesdienste zurückfragen, dass nicht selbstverständlich davon ausgegangen werden kann, dass in jeder protestantischen Predigt das Evangelium verkündigt wird.

2. Setzt man das Teilnetzwerk Gottesdienstbesuch und das Teilnetzwerk Kommunikation über den Sinn des Lebens in Beziehung, dann zeigt sich: Diejenigen, die häufiger in den Gottesdienst gehen, sprechen mit mehr anderen über den Sinn des Lebens. Sie werden auch von mehr anderen als Gesprächspartner für den Sinn des Lebens genannt. Zudem ergeben sich viele symmetrische Beziehungen, die nicht nur in einer zentralen Komponente zu finden sind, sondern sie scheinen auch in sehr kleinteiligen Beziehungen auf. Oft sind es nur zwei Personen, die miteinander kommunizieren. Nicht selten ist dann einer der Gesprächspartner eine Person, die häufig in den Gottesdienst geht.

Die befragten Personen geben eher an, mit solchen Leuten zu sprechen, die häufiger als sie selbst in die Kirche gehen (226 von 716 Ties = 32%). Offenbar erinnern sich Personen, die seltener in die Kirche gehen, eher an die Gespräche mit denjenigen, die öfter als sie selbst Gottesdienste besuchen. Häufigere Kirchgänger hinterlassen bei den Befragten einen stärkeren Eindruck. Erinnerlich ist das Gespräch wahrscheinlich dann, wenn es für eine Seite bedeutender als für die andere Seite ist. Was ›Bedeutung‹ heißt, können wir hier nicht aufklären, so könnte es sein, dass den in der Wahrnehmung der Befragten häufigeren Gottesdienstbesuchern eine Art Expertenstatus für Gespräche über den Sinn des Lebens zugeschrieben wird. Wenn diese Interpretation richtig ist, dann kommt den Kirchgängern eine wichtige Rolle zu, die

---

[30] Gesamt=882. Stegbauer u.a., Perspektive (s. Anm. 26), Tabelle zu den Verbindungen und die zugehörigen Gelegenheiten des Austausches über den Sinn des Lebens nach Religiosität, 417.

bisher noch nicht so deutlich wahrgenommen wurde. Sie werden als Ansprechpartner für den Sinn des Lebens angesehen und sind somit über den eigenen Kreis von Gleichgesinnten hinaus wirksam.

4. Fazit zur Diskussion

Mit diesen wenigen Auswertungsbeispielen kann zumindest beispielhaft gezeigt werden, dass Kirchenmitgliedschaft als soziale Praxis den Horizont für die Wahrnehmung vielfältiger Formen von Kirche öffnet. Religion ist auch da, wo wir sie nicht vermutet hätten. Religiöse Praxis wird durch die Organisation Kirche wesentlich abgestützt, aber sie ist nicht nur da, wo Menschen an Angeboten der Organisation Kirche teilnehmen und sich engagieren. Die Ausstrahlungskraft von Gottesdiensten über die Gruppe der Gottesdienstbesucher hinaus ist bisher wenig beachtet worden. Die getauften Christen stehen als religiöse Akteure bei vielfältigen Gelegenheiten in Kontakt mit anderen. Kirchliche und säkulare Institutionen stehen über religiöse Akteure in einem beständigen Kulturaustausch. Diese Ergebnisse, die sich der Perspektive auf Kirchenmitgliedschaft als sozialer Praxis, der Methodik und den Theoriepotentialen der Relationalen Soziologie verdanken, zeigen die Bedeutung zwischenmenschlicher Interaktionen für die Kirchentheorie auf. Kirche als Institution wird damit nicht einfach obsolet, aber ihre Funktion für die religiöse Kommunikation in sozialen Beziehungen ist im Wesentlichen eine dienende.

Kirchenleitung wäre dann aber maßgeblich darauf verwiesen, in den dezentralen Strukturen der Kirchengemeinde das *publice docere* zu gewährleisten. Vor dem Hintergrund der religiösen Pluralisierung in unserer Gesellschaft stellt sich die alte hermeneutische Frage wieder, wie sich der christliche Glaube plausibel machen lässt und – um mit Bultmann zu schließen – »zu zeigen, welche Lebenskräfte in der Schrift lebendig sind, wie sie uns ergreifen, uns Leben schenken und in unserer Gegenwart wirken können.«[31]

---

[31] Rudolf Bultmann, Theologische Wissenschaft und Kirchliche Praxis, in: Oldenburgisches Kirchenblatt 19 (22.10.1913) 22, 123–127 und 19 (5.11.1913) 23, 133–135: 126.

Produktive Irritation

Zum angemessenen Umgang mit betriebswirtschaftlichen Handlungsempfehlungen im Kontext kirchlicher Veränderungsprozesse

Christoph Meyns

1. Aktuelle Herausforderungen

Bis 1990 waren Leitungsgremien und Führungskräfte im Raum der verfassten Kirche in Westdeutschland neben den alltäglichen Geschäften vorwiegend mit dem Ausbau der Arbeit beschäftigt. Ein parallel zur wirtschaftlichen Gesamtentwicklung steigendes Kirchensteueraufkommen ermöglichte den Neubau von Kirchen, Kapellen und Gemeindehäusern sowie die Errichtung neuer Arbeitsfelder mit einer entsprechenden Ausweitung von Personalstellen und Verwaltungskapazitäten.

Diese Ära des Wachstums ist vorbei. Zwischen 1992 und 2005 verloren die Gliedkirchen der EKD inflationsbereinigt 31,5% ihrer Kirchensteuereinnahmen. Im letzten Jahr lag das Aufkommen trotz zwischenzeitlicher Erholung noch 17% unter dem von 1992.[1] Dabei gingen die Einnahmen der Landeskirchen im Süden der Bundesrepublik weit weniger stark zurück als der im Norden und Westen Deutschlands. Am schwierigsten stellt sich die finanzielle Situation der Landeskirchen in den ostdeutschen Bundesländern dar. Die Ursachen für diese Entwicklung sind neben den konjunkturellen Abschwüngen nach der Wiedervereinigung und der Bankenkrise vor allem steuerpolitischer Natur. Die Einführung des Solidaritätszuschlags 1990 und seine Wiedereinführung 1995 lösten wie frühere Ergänzungsabgaben eine Welle von Kirchenaustritten aus.[2] Vor allem aber führte die Einkommensteuerreform

---

[1] Quelle: EKD-Statistik. Die Preisbereinigung orientiert sich am Verbraucherpreisindex des Statistischen Bundesamtes.

[2] Die erstmalige Einführung einer Ergänzungsabgabe als Annexsteuer auf die Einkommen- und Körperschaftsteuer 1968 führte zur ersten großen Kirchenaustrittswelle nach dem Zweiten Weltkrieg. Das Gleiche geschah bei der Einführung der Konjunkturabgabe 1970/71 und der Einführung des Stabilitätszuschlags 1973. Mit Abschaffung der Ergänzungsabgaben ab Mitte der 1970er Jahre sank auch die Zahl der Kirchenaustritte. Geschätzt sind von den rund 5,7 Mio. Menschen, die die evangelische Kirche

ab 1999 zu enormen Einnahmeeinbrüchen. Erst die teilweise Erhöhung des Spitzensteuersatzes 2007 stabilisierte die Finanzlage der Kirchen.

In der Folge standen kirchliche Körperschaften seit Anfang der 1990er Jahre wiederholt vor der Aufgabe, ihre Ausgaben den sinkenden Einnahmen anpassen zu müssen. Mitte der 1990er Jahre und in einer zweiten Phase verstärkt 2004/2005 kam es zu Kürzungsprozessen von erheblichem Umfang. So gingen etwa in der Nordelbischen Ev.-Luth. Kirche (NEK) zwischen 1993 und 2005 rund 10% der Pfarrstellen, ein Drittel der Kirchenmusikerstellen und die Hälfte der Personalstellen anderer Berufsgruppen verloren.[3] Hinzu kam der Verkauf von Gebäuden und die Zusammenlegung übergemeindlicher Einrichtungen.

Nur Einsparungen zu realisieren, genügte in den meisten Fällen indes nicht. Die vorhandenen finanziellen Mittel, die davon bezahlten Personalstellen, Gebäude und Sachmittel, die Organisations-, Leitungs- und Verwaltungsstrukturen, die dadurch ermöglichten Leistungen, die darauf ausgerichteten beruflichen Anforderungen und die damit verbundenen inhaltlichen Anliegen, Ziele und Ideale bilden einen Gesamtzusammenhang. Mit dem Rückgang des Kirchensteueraufkommens kamen alle diese Dimensionen auf einmal in Bewegung und mussten neu aufeinander bezogen werden. Geschah das nicht, gerieten Mitarbeiter in eine Situation der Dauerüberforderung mit entsprechenden Folgen für Arbeitszufriedenheit, Gesundheit und die Bereitschaft zum ehrenamtlichen Engagement.

Dieser Notwendigkeit folgend arbeiten viele kirchliche Körperschaften inzwischen auf der Basis von Regionalisierungs- und Kooperationsvereinbarungen verstärkt miteinander zusammen. Darüber hinaus kam es ab 1999 zu einer Welle von Fusionen von Kirchengemeinden, Kirchenkreisen, übergemeindlichen Einrichtungen, Verwaltungsämtern und Landeskirchen. So entschieden sich auf dem Gebiet der NEK zwischen 1990 und 2009 rund 12% aller Kirchengemeinden, ihre Selbstständigkeit aufzugeben. Die Zahl der Kirchenkreise wurde von siebenundzwanzig auf elf reduziert. Die NEK fusionierte 2012 mit der Ev.-Luth. Landeskirche Mecklenburgs und der Pommerschen Evangelischen Kirche zur Ev.-Luth. Kirche in Norddeutschland. Ähnliche Entwicklungen lassen sich in allen Landeskirchen und auf der Ebene der gesamtdeutschen kirchlichen Zusammenschlüsse beobachten.

Mit Personalstellen, Abläufen und Strukturen gerieten auch Inhalte auf den Prüfstand. Sichtbar wird dies an der Fülle von Leitbild- und Strategiepa-

---

zwischen 1953 und 2013 im Saldo durch Austritt verloren hat, mit 3,7 Mio. etwa 65% im Zusammenhang von Steuererhöhungen ausgetreten.

[3] Vgl. Kirchenleitung der Nordelbischen Ev.-Luth. Kirche (Hg.), Kirche in Veränderung, Kiel 21.04.2009, URL: http://www.reform-nordelbien.de/fix/files//%20Doku%20 Internetversion.pdf (Zugriffsdatum: 15.03.2010).

pieren, die in den letzten fünfzehn Jahren erschienen[4] und von denen das Impulspapier der EKD ›Kirche der Freiheit‹ die meiste öffentliche Aufmerksamkeit erzeugte.[5]

Mit den sachlichen Themen verbinden sich solche psychodynamischer Natur.[6] Rückbauprozesse führen zu einem Bedeutungsverlust von Körperschaften, Arbeitsfeldern, Orten und beruflichen Karrieren. Haupt-, neben- und ehrenamtliche Mitarbeiterinnen und Mitarbeiter müssen sich in neue Rollenanforderungen einfinden, die Machtbalance verschiebt sich. Das alles löst Unsicherheit, Angst, Trauer und Wut aus. Krankenstand und Personalfluktuation steigen an.[7]

2. Betriebswirtschaftliche Lösungsansätze

Im Zusammenhang dieser Entwicklung begannen kirchliche Leitungsinstanzen seit Ende der 1990er Jahre verstärkt, betriebswirtschaftliche Analyse- und Handlungsansätze aufzugreifen. Im Wesentlichen fanden dabei Verfahren aus drei Teildisziplinen der Betriebswirtschaftslehre Verwendung: Planungs-,

---

[4] Beispiele für landeskirchliche Strategiepapiere: Evangelische Kirche in Hessen und Nassau (Hg.), Auftrag und Gestalt. Vom Sparzwang zur Besserung der Kirche. Theologische Leitvorstellungen für Ressourcenkonzentration und Strukturveränderung. Eine Studie des Leitenden Geistlichen Amtes der Evangelischen Kirche in Hessen und Nassau, Frankfurt a.M. 1995; Wolfgang Bock u.a., Reformspielräume in der Kirche. Ortsgemeinde und Regionalstrukturen am Beispiel der Evangelisch-Lutherischen Landeskirche in Braunschweig, Heidelberg 1997; Kirchenleitung der Evangelischen Kirche von Westfalen (Hg.), Kirche mit Zukunft, Bielefeld 1.05.2000, URL: http://www.reformprozess.de/fileadmin/sites/reformprozess/dokumente_reformprozere/kirche_mit_zukunft.pdf (Zugriffsdatum: 15.03.2010); Kirchenleitung der Nordelbischen Ev.-Luth. Kirche (Hg.), Leitsätze zum Kirchenbild, Kiel 1.03.2004, URL: http://www.reform-nordelbien.de/fix/files/kd.1126000500/Leits%E4tze%20zum%20Kirchenbild.4.pdf (Zugriffsdatum: 13.07.2010); Kirchenleitung der Evangelischen Kirche Berlin-Brandenburg-schlesische Oberlausitz (Hg.), Salz der Erde, Berlin 15.03.2010, URL: http://www.ekbo.de/Dateien/EKBO_Perspektivprogramm.pdf (Zugriffsdatum: 15.03.2010). Eine vergleichende Analyse bietet Jens Beckmann, Wohin steuert die Kirche? Die evangelischen Landeskirchen zwischen Ekklesiologie und Ökonomie, Stuttgart 2007.

[5] Vgl. Kirchenamt der EKD (Hg.), Kirche der Freiheit. Perspektiven für die evangelische Kirche im 21. Jahrhundert. Ein Impulspapier der EKD, Hannover 2006.

[6] Vgl. Bernhard Janta, Was verändert die Veränderung: Ein Navigationssystem für Transformationsprozesse, in: Mathias Lohmer (Hg.), Psychodynamische Organisationsberatung. Konflikte und Potentiale in Veränderungsprozessen, Stuttgart 2000, 198–215.

[7] Vgl. Erich Latniak, Von der Schmerzhaftigkeit »organisationalen Lernens«, in: Institut Arbeit und Technik (Hg.), Jahrbuch 1996/1997, Gelsenkirchen 1997, 120–133.

Kontroll-, Organisations- und Personalführungsansätze aus der Managementlehre, absatzpolitische Instrumente aus der Marketinglehre und Teile des betrieblichen Rechnungswesens. Daneben griffen Landeskirchen auf Konzepte für den Einsatz entsprechender Methoden im Bereich der öffentlichen Verwaltung (New Public Management) zurück.[8]

Mit diesem Rückgriff auf Ansätze aus der Privatwirtschaft verbinden sich zwei Anliegen. Einige Körperschaften wollen auf diese Weise die Wirtschaftlichkeit (Effizienz) des kirchlichen Handelns verbessern. Dazu nutzen sie z. B. kaufmännische Buchführungsmethoden, um Kostentransparenz zu fördern. Die so erhobenen Informationen fließen ein in Entscheidungen über Personalstellenkürzungen, den Verkauf von Gebäuden oder Reorganisationsmaßnahmen. Aufgaben und Ziele von Kirchengemeinden, übergemeindlichen Diensten und Verwaltungsämtern bleiben davon unberührt.

Darüber hinausgehende Projekte beabsichtigen eine Steigerung der Wirksamkeit (Effektivität)[9], bemessen an Maßstäben wie der Anzahl von Gottesdienstbesuchern, Teilnehmern, Kasualien oder Kirchenaustritten. Die Ursache für die geringe Beteiligung am kirchlichen Leben, die abnehmenden Mitgliederzahlen, die sinkenden Einnahmen und den gesellschaftlichen Relevanzverlust wird in Anlehnung an marktwirtschaftliche Denkmuster diagnostiziert. Die religiöse Nachfrage sei im Grunde gleich geblieben, jedoch habe die evangelische Kirche ihre Monopolstellung verloren. Sie konkurriere mit anderen Sinnanbietern und müsse sich im Wettbewerb mit ihnen um die Zeit und das Geld von Menschen behaupten.

Als Strategie zur Effektivitätssteigerung wird in Anknüpfung an das Marketingdenken eine klare Orientierung an der Verkündigung des Evangeliums

---

[8] Vgl. Steffen Rupp, Verwaltungsmodernisierung in der Kirche. Eine Untersuchung am Beispiel des Neuen Steuerungsmodells der Evangelischen Landeskirche in Baden, Schriften zum Staatskirchenrecht 20, Frankfurt a.M. 2004; Karin Bassler, Finanzmanagement als Chance kirchlichen Lernens. Betriebswirtschaftliche und praktisch-theologische Analysen zu neuen Steuerungsinstrumenten der evangelischen Kirchen in Baden-Württemberg, APrTh 30, Leipzig 2006.

[9] Die Betriebswirtschaftslehre unterscheidet zwischen den beabsichtigten Wirkungen unternehmerischen Handelns (outcome), den Leistungen, die dafür erbracht werden (output) und den Ressourcen, die für die Erbringung dieser Leistungen eingesetzt werden (input). *Wirtschaftlichkeit bzw. Effizienz* bezeichnet das Verhältnis zwischen input und output: Je weniger Kosten für die Produktion und Distribution seiner Leistungen anfallen, desto effizienter ist ein Unternehmen. *Wirksamkeit bzw. Effektivität* bezeichnet das Verhältnis zwischen output und outcome. Je mehr Gewinn ein Unternehmen mit seinen Leistungen erzielt, desto effektiver ist es. Vgl. Michael Mross, Betriebswirtschaft im öffentlichen Sektor. Eine Einführung, Wiesbaden 2015, 32ff.

als Kernkompetenz empfohlen.[10] Dieses Profil gelte es dann in seiner Form an den Bedürfnissen vorhandener und potenzieller Kirchenmitglieder auszurichten. Einige Programme regen zusätzlich Qualitätsoffensiven an.[11] Andere fordern den Anschluss von Organisations- und Leitungsstrukturen, Entscheidungs- und Personalführungsprozessen an betriebliche Konzepte für die Trennung von Planung und Ausführung und Möglichkeiten zur Verpflichtung von Mitarbeitenden auf die Verwirklichung gesamtkirchlicher Ziele, um schnelle Entscheidungswege und eine abgestimmte Marketingstrategie zu ermöglichen.

3. PRAKTISCHE ERFAHRUNGEN

Herrschte zunächst Aufbruchsstimmung, ist nach zwanzig Jahren praktischer Erfahrung mit betriebswirtschaftlichen Methoden im Raum der Kirche inzwischen eine gewisse Ernüchterung eingetreten. Denn Effizienz und Effektivität des kirchlichen Handelns ließen sich trotz aller Bemühungen nur wenig steigern. Ohne Einschränkung ergibt ihr Einsatz nur in Arbeitsfeldern Sinn, die auf Erlöse durch den Verkauf von Produkten, Dienstleistungen oder Nutzungsrechten angewiesen sind, wie etwa Friedhöfe, Kindertagesstätten, Altenpflegeeinrichtungen, Bildungseinrichtungen mit Bettenbetrieben oder Presseverbände. Hier erlauben Konzepte für Marketing, Personalführung und Rechnungsführung eine bessere Steuerung von Betriebsabläufen und Ressourceneinsatz als das traditionelle System kameraler Bewirtschaftung.

In öffentlich-rechtlich verfassten Körperschaften scheiterten viele Vorhaben jedoch bereits in der Phase der Umsetzung, wie z. B. das evangelische Münchenprogramm. Das Ziel einer zentralen, an den Bedürfnissen der Mitglieder orientierten Angebotsplanung wurde nicht erreicht. Die aus der Managementlehre stammende Grundidee, das Dekanat als Leitungsebene im Gegenüber zu den Kirchengemeinden zu stärken und so zu einer Trennung von strategischer Planung und operativer Arbeit zu kommen, ließ sich schon

---

[10] Vgl. etwa PETER BARRENSTEIN, Aufgewacht, in: ARND BRUMMER/WOLFGANG NETHÖFEL (Hg.), Vom Klingelbeutel zum Profitcenter. Strategien und Modelle für das Unternehmen Kirche, Hamburg 1997, 129–133.

[11] Vgl. KIRCHENAMT DER EKD (Hg), Kirche der Freiheit (s. Anm. 5), 27f.; 38f. Der Gedanke einer Qualitätsoffensive verdankt sich nicht der empirischen Wahrnehmung. Die Kirchenmitgliedschaftsuntersuchungen zeigen keinerlei Hinweise auf durchgehende Qualitätsprobleme. Er ergibt sich vielmehr deduktiv aus dem Grundansatz des Dienstleistungsmarketings, das die Frage der gleichbleibenden Qualität von Dienstleistungen als zentrale Herausforderung für Unternehmen benennt. Vgl. ANDREAS SCHARF/BERND SCHUBERT, Marketing. Einführung in Theorie und Praxis, Stuttgart [3]2001, 60–62.

deshalb nicht verwirklichen, weil nur ein knappes Drittel der Kirchengemeinden überhaupt an dem Projekt teilnahm. Darüber hinaus verbat sich eine Reihe von Kirchenvorständen den Eingriff des Dekans in die eigenen Planungen.[12] Daraufhin gab das Dekanat das Planungs-, Unterstützungs- und Controllingbüro auf. Zwischen 2001 bis 2006 kam es noch einmal zu einem Neuansatz mit veränderten Zielen.[13] Inzwischen hat man sich von entsprechenden Bemühungen endgültig verabschiedet.

Teilweise entwickelten betriebswirtschaftlich inspirierte Aktionen die erwünschten Wirkungen, allerdings nur in geringem Maße. So kann eine zielgruppen- und milieusensible Gestaltung von Veranstaltungen und eine gute Öffentlichkeitsarbeit Menschen mobilisieren, die der Kirche mehr oder weniger stark verbunden sind. Der Kirche Fernstehende werden dagegen kaum erreicht.[14] Marketing mag einzelnen Gemeinden und Einrichtungen im Konkurrenzkampf mit anderen Gemeinden und Einrichtungen der gleichen Region um die sinkende Zahl kirchlich ansprechbarer Menschen dienen. Eine gesamtkirchliche Wirksamkeit geht davon nicht aus. Zugleich spielt für Teilnehmende das Motiv der Vertrautheit eine größere Rolle als die Ausrichtung oder Qualität von Angeboten.[15]

Auch Effizienzgewinne lassen sich durchaus erzielen, jedoch in weit kleinerem Umfang als erhofft. Denn die Spielräume dafür sind aufgrund der Personalintensität der kirchlichen Arbeit und des sich daraus ergebenden Anteils von rund 70% der Ausgaben für unbefristete Personalstellen eher niedrig. So spart eine Effizienzsteigerung im Bereich von Sekundärprozessen wie EDV, Verwaltungsabläufen und Gebäudebewirtschaftung in Höhe von 10% nur Kosten von insgesamt etwa 3%. Das ist nicht nichts, trägt indes nur begrenzt zur Lösung von Finanzproblemen bei.

Zudem kommt es bei Durchführung entsprechender Maßnahmen immer wieder zu Umsetzungsschwierigkeiten. So verursacht die Zusammenlegung von Verwaltungsämtern Aufwendungen für den Bau von Räumlichkeiten am neuen, zentralen Standort, die nur zum Teil durch den Verkauf nicht mehr benötigter Gebäude ausgeglichen werden können. Auch fallen in der Regel

---

[12] Vgl. GERHART HEROLD, McKinsey und die Kirche – nur ein Schnupperkurs?, in: UTA POHL-PATALONG (Hg.), Kirchliche Strukturen im Plural. Analysen, Visionen und Modelle aus der Praxis, Schenefeld 2004, 249–261: 251.

[13] Vgl. a.a.O., 252–255.

[14] Vgl. EBERHARD HAUSCHILDT U.A., Wider den Unsinn im Umgang mit der Milieuperspektive, in: WzM 64 (2012), 72. Ähnliche Erfahrungen lassen sich für die Aktion »ProChrist« nachweisen. Vgl. DETLEF POLLACK, Säkularisierung – ein moderner Mythos? Studien zum religiösen Wandel in Deutschland, Tübingen 2003, 205ff.

[15] Vgl. CLAUDIA SCHULZ, Milieuspezifische Profilierung von Ortsgemeinden. Umgemeindung in der Bremischen Evangelischen Kirche als Modell für mehr Beteiligung und Kirchenbindung?, in: PTh 94 (2005), 341–359.

Abfindungszahlungen an. Treten dann noch im fusionierten Amt Schwierigkeiten bei der Umstellung der Verwaltungsprozesse oder Motivationsprobleme bei der Mitarbeiterschaft auf, fressen die anfallenden Transaktionskosten die Kostensenkungen größtenteils auf.

Die regionale Bündelung von Gemeindebüros, Kindertagesstätten, Altenpflegestationen oder Friedhöfen entlastet geschäftsführende Pfarrerinnen und Pfarrer von Verwaltungsarbeiten in nicht unerheblichem Maße. Dadurch gehen jedoch zugleich Kontaktmöglichkeiten, Identifikationschancen und Einflussmöglichkeiten verloren, was neue Steuerungsprobleme aufwirft.

Die Kürzung von Personalstellen im primären Bereich pastoraler, kirchenmusikalischer und pädagogischer Berufsgruppen ist auch bei einer Effizienzsteigerung bei Arbeitsabläufen und Organisationsstrukturen kaum auszugleichen. Sie führt entweder in die Arbeitsverdichtung, oder der Umfang von Leistungen nimmt schlicht ab. Die nicht mehr zur Verfügung stehende Arbeitskraft von Hauptamtlichen lässt sich realistischerweise überwiegend nur durch Aufgabenkritik, Prioritätensetzung und den Einsatz von Ehrenamtlichen auffangen.

4. Theologische Bedenken

Zu den Hindernissen auf der praktischen Ebene kommt ein Problem theologischer Natur. Regelmäßig werden betriebswirtschaftliche Ansätze eingeführt, ohne sie kritisch auf ihre Vereinbarkeit mit Wesen und Auftrag der Kirche hin zu prüfen. Hier begegnet ein Phänomen, das bereits in den 1970er und 1980er Jahren im Rahmen der Übernahme soziologischer und psychologischer Theorien in die Theologie und Praxis zu beobachten war. Norbert Mette und Hermann Steinkamp sprechen in diesem Zusammenhang im Anschluss an Joachim Scharfenberg vom »Fremdprophetie-Paradigma«.[16] »Die Theologie rezipiert fasziniert ein ganzes Theoriegebäude, eine Handlungsmethode, einen Wissensbestand aus einer anderen Wissenschaft samt der ihnen impliziten Werte, Grundannahmen, Menschenbilder.«[17] Damit verbinde sich zwar einerseits die Chance zur Weiterentwicklung der kirchlichen Praxis. Andererseits jedoch bestehe die Gefahr, »daß die Theologie ob ihrer Begeisterung für die neue ›Heilslehre‹ ihre Identität und ihr kritisches Potential zu verlieren

[16] NORBERT METTE/HERMANN STEINKAMP, Sozialwissenschaften und Praktische Theologie, Leitfaden Theologie 11, Düsseldorf 1983, 166. Siehe auch RUT VON GIESEN, Ökonomie der Kirche? Zum Verhältnis von theologischer und betriebswirtschaftlicher Rationalität in praktisch-theologischer Perspektive, PTHe 100, Stuttgart 2009, 188–196.

[17] METTE/STEINKAMP, Sozialwissenschaften (s. Anm. 16), 168.

droht«.[18] Dann aber gerät das theologische Denken in die Rolle einer Magd, die dazu dient, betriebswirtschaftliche Analysen und Handlungsempfehlungen zu illustrieren und zu legitimieren.

Dass dies tatsächlich geschieht, lässt sich exemplarisch am Impulspapier der EKD ›Kirche der Freiheit‹ zeigen. So erinnern die Autoren etwa richtigerweise daran, dass das Vertrauen auf die Güte Gottes nicht einfach durch eigenes Handeln herstellbar sei: »Die Gegenwart des Evangeliums ist nicht gebunden an leuchtende Kirchen oder wirkmächtige Predigten.«[19] Der christliche Glaube könne deshalb nicht am Faktum der Mitgliedschaft zur Kirche abgelesen werden. Auch gäbe es keine exklusive Definitionsmacht der Theologinnen und Theologen. Es gelte vielmehr die allen Getauften zugesprochene Berufung zu Zeugnis und Dienst, sichtbar an den synodalen Leitungsstrukturen.[20] Diese Gedanken kommen jedoch über den Status eines Zitats nicht hinaus. Sie gewinnen keine Kraft für den weiteren Verlauf der Argumentation, der sich im Gegenteil an Prinzipien wie der Machbarkeit kirchlichen Wachstums und der Hierarchisierung orientiert. Es kommt zu einer »Kluft zwischen theologischer Beschreibung und den Grundgedanken des Maßnahmenkatalogs.«[21]

Mit der Marginalisierung theologischer Bezüge geht eine fundamentale ekklesiologische Unterscheidung verloren, nämlich die zwischen dem darstellenden und dem wirksamen Handeln der Kirche, eine Distinktion, die in der Praktischen Theologie seit Schleiermacher[22] durchgängig Verwendung findet. So spricht etwa Reiner Preul von »kommunikativen« und »disponierenden« Akten als Vollzugsformen des gemeinde- und kirchenleitenden Handelns.[23] Schwerpunktmäßig stünden in der Kirche kommunikative Vollzüge im Vordergrund: Gottesdienst, Predigt und Gemeindegesang, Unterricht, Seelsorge und Publizistik, Denkschriften und Diakonie als Kommunikation der Tat.[24]

---

[18] A.a.O., 169.

[19] KIRCHENAMT DER EKD (Hg), Kirche der Freiheit (s. Anm. 5), 34.

[20] Ebd.

[21] GÜNTER THOMAS, 10 Klippen auf dem Reformkurs der Evangelischen Kirche in Deutschland. Oder: Warum die Lösungen die Probleme vergrößern, in: EvTh 67 (2007), 384 Anm. 38.

[22] Ausführlich dazu vgl. CHRISTOPH DINKEL, Kirche gestalten – Schleiermachers Theorie des Kirchenregiments, Berlin/New York 1996.

[23] Vgl. REINER PREUL, Kirchentheorie. Wesen, Gestalt und Funktionen der evangelischen Kirche, Berlin 1997, 6; REINER PREUL, Was bedeutet die kirchentheoretische These: Kirche wird durch die Auslegung ihrer Lehre geleitet?, in: KLAUS GRÜNWALDT/UDO HAHN (Hg.), Profil – Bekenntnis – Identität. Was die lutherische Kirche prägt, Hannover 2003, 69–97: 72–76; REINER PREUL, Kirche als Unternehmen, in: WILHELM GRÄB/BIRGIT WEYEL (Hg.), Handbuch Praktische Theologie, Gütersloh 2007, 555–565: 557.

[24] Vgl. PREUL, Kirchentheoretische These (s. Anm. 23), 73.

Das disponierende Handeln bezieht sich auf die Gestaltung der dafür nötigen äußeren Rahmenbedingungen. »Das disponierende Handeln realisiert sich grob gesagt in dreierlei Entscheidungen: in Strukturentscheidungen (Einrichtung von Stellen etwa), in Sachentscheidungen (Festsetzung des Kirchensteuerhebesatzes, Verabschiedung des Haushalts und dergleichen) und in Personalentscheidungen (Bischofswahl beispielsweise).«[25] Akte des disponierenden Handelns dienen der Optimierung der kommunikativen Akte des kirchlichen Handelns.[26] Was die Darstellung, die Vielfalt kommunikativer Akte dann bei den Empfängern bewirkt oder nicht bewirkt, liegt allein in Gottes Hand.

Das bedeutet nicht, dass Mitarbeitende nicht ziel- und wirkungsorientiert arbeiten sollten, aber nicht primär und losgelöst von dem Ziel der Förderung des kommunikativen Handelns. Wird dies nicht beachtet, kehrt sich die Priorität um: Das kommunikative Handeln tritt in den Dienst organisatorischer Ziele wie Gottesdienstbesucher- oder Mitgliederwachstum. Damit jedoch wird der Bezug der Kirche zu ihrem Grund beeinträchtigt.

Ein weiteres Problem besteht darin, dass betriebswirtschaftliche Ansätze implizit tauschförmige Beziehungen voraussetzen. Das Wirtschaftsgeschehen lebt vom Prinzip des »do ut des«, von Leistung und Gegenleistung. Es gilt der Grundsatz: »Geschäftspartner schenken sich wechselseitig nichts.«[27] Das Evangelium folgt dagegen der Logik des Beschenktwerdens und Weiterschenkens. »The concept of gift is critically central to the logic of Christian convictions.«[28] Die Verkündigung zielt nicht darauf, Menschen etwas zu geben, damit sie ihrerseits durch Geld oder Mitarbeit zum institutionellen Erhalt der Kirche beitragen. Sie sollen vielmehr den Glauben an andere weitergeben (Mt 18,23–35). Die kirchliche Arbeit bildet keinen Kreislauf, sie zieht Kreise.

Martin Luther mag vom »fröhlichen Wechsel« zwischen Christus und dem Glaubenden sprechen[29] und dabei die Vorstellung eines Tauschgeschäfts aufgreifen. Dieses Geschäft stellt indes die Maßstäbe ökonomischer Vernunft auf den Kopf: Christus gibt dem Glaubenden seine Seligkeit, der Glaubende überträgt Christus im Gegenzug seine Sünde. Zudem geht es in diesem Wechsel nicht um die Konstituierung eines Vertrags unter Gleichberechtigten; »viel-

---

[25] A.a.O., 75.

[26] Vgl. Preul, Kirche als Unternehmen (s. Anm. 23), 557.

[27] Peter Ulrich, Integrative Wirtschaftsethik. Grundlagen einer lebensdienlichen Ökonomie, Bern u.a. ⁴2008, 209.

[28] Philip D. Kenneson/James L. Street, Selling out the Church. The Dangers of Church Marketing, Eugene, OR 1997, 49. Siehe auch Traugott Jähnichen, »Kirche, Geld und Seelenheil«. Theologische Anmerkungen zur Ökonomischen Theorie der Religion, in: PTh 88 (1999), 218–237; Bo Kristian Holm, Gabe und Geben bei Luther. Das Verhältnis zwischen Reziprozität und reformatorischer Rechtfertigungslehre, TBT 134, Berlin 2006, 218–237.

[29] WA 7,25f. Nr. 12.

mehr wird durch ihn allein die Aneignung der immer schon christologisch begründeten Einheit von Gott und Mensch im Glauben thematisiert.«[30]

Es liegt daher eher nahe, das Evangelium analog zu dem zu verstehen, was die Volkswirtschaftslehre öffentliche Güter nennt. Mit diesem Begriff bezeichnen Ökonomen Produkte, Dienstleistungen und Rechte, die Kosten verursachten, sich aber einem Tauschgeschäft entziehen, weil sie entweder überreichlich vorhanden sind, einen allgemeinen, nicht konkret individuell abrechenbaren Nutzen entfalten, weil von ihrer Nutzung niemand wegen Nichtzahlung ausgeschlossen werden kann oder weil ihre Nutzung konkurrenzlos möglich ist. Zu den öffentlichen Gütern zählen Leistungen wie Landesverteidigung und innere Sicherheit, Umwelt-, Küsten- und Naturschutz oder Bildungseinrichtungen.

In diesem Sinne stellt das Evangelium ein öffentliches Gut dar. Es ist immateriell, wird verschenkt, ist in überreichlichem Maße vorhanden und kann konkurrenzlos genutzt werden. Das alles schließt eine direkte Gegenleistung aus. Deshalb sind die zu seiner Bereitstellung notwendigen Leistungen nicht marktfähig.

Wie sich unter diesen Bedingungen Arbeit ermöglichen lässt, dazu bietet die Geschichte kirchlichen Wirtschaftens eine Fülle von Beispielen in der Spannung zwischen »Geld und Güte«[31]. Ob durch Gastfreundschaft[32], Kollekten[33], Gemeinschaftseigentum[34], Lohnverzicht[35], Schenkungen, Pachten, Mieten, Kirchensteuern oder Erträge aus eigener wirtschaftlicher Tätigkeit[36], das gemeinsame Prinzip besteht darin, eine Koppelung von Nutzung und Zahlung zu vermeiden. Leistungsbezogene Einnahmen wie Stolgebühren, Messstipendien, Servitien, Annaten, Palliengelder, Ablässe und andere Taxen galten bis ins Mittelalter hinein als unvereinbar dem christlichen Glauben. Erst auf dem IV. Laterankonzil 1215 wurden sie im Zuge ihrer Verbreitung als »laudabilis consuetudo« (löblicher Brauch) mit der Auflage legalisiert, sie im Nachhinein zu erheben und die Wirtschaftskraft der Empfänger zu berücksichtigen.[37] Sie blieben aber aufgrund des Gewinnstrebens von Klerikern, der Ämterhäufung

[30] Falk Wagner, Geld oder Gott? Zur Geldbestimmheit der kulturellen und religiösen Lebenswelt, Stuttgart 1985, 98.

[31] Vgl. Markus Schneider, Zwischen Geld und Güte. Finanzmaßnahmen in einer Kirche der Güte: von Möglichkeiten und Unmöglichkeiten, Tübinger Perspektiven zur Praktischen Theologie und Religionspädagogik 14, Tübingen 2001.

[32] Röm 12,13; Did 12,1–4.

[33] Vgl. 1 Kor 16,1.2; 2 Kor 9,12.

[34] Vgl. Apg 2,44.45; 4,34–37; Did 5,4–8.

[35] Vgl. Apg 18,13; 2 Kor 11,8.9; Did 11,4–6.

[36] Vgl. z.B. die Brauerei des Klosters Andechs oder die Reederei »Lutheran Shipping« der ELCPNG.

[37] Vgl. Hans Liermann, Art. Abgaben, in: TRE 1, 1977, 329–347: 333–335.

und des damit verbundenen Missverständnisses, Gottes Gnade ließe sich kaufen, umstritten.[38]

Die betriebswirtschaftlich inspirierte Vorstellung, die Kirche müsse wie bei privaten Gütern Anreize bieten, damit Menschen im Austausch bereit seien, Beiträge zu ihrem Erhalt zu leisten, widerspricht dem Charakter der christlichen Botschaft als Geschenk. Bereitstellung und Zahlung religiöser Angebote müssen klar voneinander getrennt werden. Die Schwierigkeit der Kirche besteht darin, dass sie öffentliche Güter bereitstellt, sich Menschen jedoch den Kosten durch Kirchenaustritt entziehen können, ohne dafür anders als bei privaten Gütern den Ausschluss zu riskieren.

Für dieses Problem könnte es etwa sinnvoll sein, sich mit den Ergebnissen der Steuermoralforschung auseinanderzusetzen. Folgt man Erfahrungen in der Schweiz, müsste man das örtlich tatsächlich anfallende Kirchensteueraufkommen in den Haushalten der Kirchengemeinden nachweisen, transparent über ein Umlagesystem von unten nach oben verteilen und dabei wenigstens teilweise Formen direkter Demokratie bei der Entscheidung über die Verwendung der Mittel einführen.[39] Technisch dürfte das möglich sein, würde aber ein umfassendes Umdenken über die Gestaltung von Finanzströmen in den Landeskirchen voraussetzen. Auch die Umstellung des Maßstabs für die Mitgliedsbeiträge auf das Bruttoeinkommen könnte ein Schritt in die richtige Richtung sein. Welche darüber hinausgehenden Lösungsstrategien man auch immer verfolgen mag, die Privatisierung von Leistungen ist der falsche Weg.

5. Interdisziplinärer Dialog

Angesichts des beschriebenen Hangs betriebswirtschaftlicher Denk- und Sprachmuster zur Kolonisierung der Logik des kirchlichen Handelns stellt sich die Frage nach dem angemessenen Umgang mit entsprechenden Methoden jenseits »fremdprophetischer« Begeisterung. Hier bietet es sich aus meiner Sicht an, an die Art und Weise anzuschließen, wie Traugott Jähnichen das Verhältnis von Ökonomik und Ethik im Rahmen seiner Wirtschaftsethik bestimmt.[40] Jähnichen lehnt es ab, ökonomische Prozesse auf der Grundlage ethischer Überlegungen korrigieren zu wollen. Er spricht sich aber auch gegen die umgekehrte Variante einer Einordnung ethischer Rationalität in die

---

[38] Vgl. Schneider, Geld (s. Anm. 31), 281–283.

[39] Vgl. Benno Torgler, Wirtschaftspolitische Erkenntnisse aus der Steuermoralforschung, in: Christoph A. Schaltegger/Stefan C. Schaltegger (Hg.), Perspektiven der Wirtschaftspolitik. Festschrift zum 65. Geburtstag von Prof. Dr. René L. Frey, Zürich 2004, 165–176: 167f. mit Hinweisen auf weitere Studien.

[40] Vgl. Traugott Jähnichen, Wirtschaftsethik. Konstellationen – Verantwortungsebenen – Handlungsfelder, Ethik – Grundlagen und Handlungsfelder 3, Stuttgart 2008.

ökonomische Logik aus. »Imperialistische oder monopolisierende Tendenzen einzelner Wissenschaften führen in der Regel zu einem Reduktionismus, der wesentliche Aspekte, wie sie von anderen Wissenschaften reflektiert werden, ausblendet und somit zu einer reduzierten Wirklichkeit führt.«[41] Die dritte Möglichkeit, beide Wissenschaften miteinander zu vermitteln oder sogar ineinander zu integrieren, hält er ebenso wenig für sinnvoll, da es keinen einheitlichen Bezugsrahmen gebe, auf den sich beide zurückführen ließen.

Es komme vielmehr darauf an, einen interdisziplinären Dialog zwischen Ökonomik und Ethik in Gang zu setzen, der die Eigenlogik beider Wissenschaften achte. Der Vorteil einer solchen, von gegenseitigem Respekt für die fremde wissenschaftliche Sicht getragenen Kommunikation liegt Jähnichen zufolge darin, dass man auf die blinden Flecken des eigenen Paradigmas aufmerksam wird. Darüber hinaus schlägt er im Anschluss an Helmuth Schelsky[42] vor, die jeweils andere Wissenschaft als »produktive Irritation«[43] zu nutzen, die Fragestellungen und Hypothese der fremden Disziplin in den Horizont der eigenen Wissenschaft hinein zu reformulieren, die so transformierte Problemstellung mit den eigenen Methoden zu bearbeiten und dann darauf aufbauend eigene Handlungsempfehlungen zu entwickeln.

Dieses Vorgehen scheint mir die angemessene Form der Auseinandersetzung mit betriebswirtschaftlichen Ansätzen im Kontext kirchlicher Veränderungsprozesse zu sein. Auf diese Weise wird die kurzschlüssige Übertragung von Analysen, Konzepten und Instrumenten vermieden, die dazu führt, dass sie sich in der Praxis nicht umsetzen lassen, kaum Wirksamkeit entfalten oder sogar kontraproduktiv wirken.

Fragt man danach, welche blinden Flecke die Ökonomik in Theologie und Kirche aufzeigt, stößt man auf das traditionelle Defizit bei Reflexion und Gestaltung der organisatorischen Rahmenbedingungen des kirchlichen Handelns. In Theorie und Praxis hat sich aufgrund der langen Ära des landesherrlichen Kirchenregiments ein nur wenig kultiviertes Verhältnis zur sichtbaren Dimension des kirchlichen Lebens und den sich daraus ergebenden Gestaltungsaufgaben entwickelt.

Das fördert zusammen mit den hohen Einnahmen der letzten Jahrzehnte bei Mitarbeiterinnen und Mitarbeitern eine Haltung, die Fragen der Effizienz als außerhalb des eigenen Auftrags liegend versteht. Dem entspricht auf Ebene der Praktischen Theologie ein Defizit bei der Entwicklung einer ekklesiologisch reflektierten Wahrnehmung von kirchlicher Organisation und darauf

---

[41] A.a.O., 102.

[42] Vgl. HELMUT SCHELSKY, Religionssoziologie und Theologie, in: ZEE 3 (1959), 129–145.

[43] JÄHNICHEN, Wirtschaftsethik (s. Anm. 40), 105.

aufbauender Konzepte für den Umgang mit Planungs-, Organisations- und Personalbewirtschaftungsfragen.

Im Blick auf produktive Irritationen lässt sich das Impulspapier der EKD ›Kirche der Freiheit‹ als erfolgreiche Intervention würdigen. Es hat eine bis heute andauernde Debatte um die inhaltliche Ausrichtung der kirchlichen Arbeit, Struktur- und Prozessqualitäten sowie Wesen und Auftrag der Kirche ausgelöst.[44] Man darf hoffen, dass sich die Auseinandersetzung mit den dabei aufgeworfenen Themen künftig als langfristig angelegter wissenschaftlicher Diskurs in Bildungseinrichtungen und Fakultäten etabliert. Auch wenn man der Methodik, den Analysen und den Handlungsempfehlungen des Impulspapiers nicht wird zustimmen können, beinhalten doch die Fragen nach den Chancen, die sich der evangelischen Kirche gegenwärtig bieten, den Herausforderungen, vor denen sie steht, den Stärken und Schwächen ihres Handelns und den Zielen, die sich daraus ergeben, wertvolle Impulse zur Reflexion und Weiterentwicklung der kirchlichen Arbeit.

Dazu aber gilt es, betriebswirtschaftliche Kategorien in sinnparallele theologische Aussagen zu übersetzen. Mit semantischen Anpassungen wie z. B. der Rede von Mitglieder- statt von Kundenbindung ist es nicht getan, wenn die damit verbundene ökonomische Logik unverändert übernommen wird. Ein Beispiel für eine gelungene Übertragung des Begriffs der Effektivität findet sich bei Elisabeth Gräb-Schmidt:

> »Der Gedanke der Effektivität, dem Leistungsstreben Genüge zu leisten, sollte Anspruch auch kirchlichen Handelns sein, aber doch ganz anders als in der Wirtschaft. Die Leistung bemißt sich dabei gerade nicht in erster Linie an Nutzenorientierung oder gar Gewinnmaximierung, weder dem Nutzen für die Gemeindeglieder noch für die Kirche als Institution in ihrer Selbsterhaltung. Die Leistung bemißt sich vielmehr am geglückten Entsprechungsverhalten gegenüber dem kirchlichen Auftrag. [...] Der Auftrag ist nicht primär die Gewinnung möglichst aller oder vieler für die Heilsbotschaft. Primärer Auftrag ist die Verkündigung selbst.«[45]

---

[44] Vgl. etwa UTA POHL-PATALONG (Hg.), Kirchliche Strukturen (s. Anm. 12); ANNA STÖBER, Kirche – gut beraten? Betrachtung einer Kirchengemeinde aus betriebswirtschaftlicher und funktionalistisch-systemtheoretischer Perspektive, Heidelberg 2005; UTA POHL-PATALONG, Von der Ortskirche zu kirchlichen Orten. Ein Zukunftsmodell, Göttingen [2]2006; JAN HERMELINK/GERHARD WEGNER (Hg.), Paradoxien kirchlicher Organisation. Niklas Luhmanns frühe Kirchensoziologie und die aktuelle Reform der evangelischen Kirche, Würzburg 2008; ISOLDE KARLE (Hg.), Kirchenreform. Interdisziplinäre Perspektiven, APrTh 41, Berlin 2009; DIES., Kirche im Reformstress, Gütersloh 2010; JAN HERMELINK, Kirchliche Organisation und das Jenseits des Glaubens. Eine praktisch-theologische Theorie der evangelischen Kirche, Gütersloh 2011; HOLGER BÖCKEL, Führen und Leiten. Dimensionen eines evangelischen Führungsverständnisses: ein Handbuch, Berlin 2014.

[45] ELISABETH GRÄB-SCHMIDT, Die Kirche ist kein Unternehmen!, in: JOACHIM FETZER U.A. (Hg.), Kirche in der Marktgesellschaft, Gütersloh 1999, 65–80: 72.

Kirchliches Handeln ist also dann effektiv, wenn es das Evangelium in Wort und Tat zur Sprache bringt. Damit rücken die Inhalte von Gottesdiensten und Predigten, die damit zusammenhängenden homiletischen und liturgischen Fragen sowie die Diakonie in den Mittelpunkt des Interesses. Hier kommt die Theologie in ihrer Steuerungsfunktion zur Geltung, eine Funktion, die im Bereich der Betriebswirtschaftslehre sinnparallel dem Marketing entspricht. Denn während für Wirtschaftsbetriebe der Markt die primäre Außenrelation darstellt, beziehen sich Kirchen prioritär auf die biblische Tradition.

6. Fazit

Viele Kirchengemeinden, übergemeindliche Einrichtungen und Verwaltungsämter haben die finanziellen Folgen der steuerpolitischen Entscheidungen der 1990er Jahre auch heute noch nicht endgültig bewältigt. Einige von ihnen verweigern sogar die Auseinandersetzung mit der Realität ganz. Die meisten befinden sich mitten in Prozessen des Rückbaus, des Umbaus und der inhaltlichen Neuorientierung oder auf dem Weg der Konsolidierung. Nur wenige sind bereits in einer neuen Phase der Stabilität angekommen. Diese Prozesse kosten viel Zeit und Kraft und sind mit schmerzhaften Abschieden verbunden. Manches ist nötig, damit sie gelingen: eine beteiligungsorientierte Gestaltung von Willensbildungs- und Entscheidungsprozessen, die Betroffene zu Beteiligten macht, ein Verständnis für die besondere Dynamik von Veränderungsprozessen, gute Verfahren zur kirchenpolitischen Konsensbildung, Sensibilität im Umgang mit organisatorischen Trauerprozessen, Augenmaß beim Tempo von Veränderungen, inhaltliche Impulse. Betriebswirtschaftliche Methoden sind dagegen nur sehr bedingt geeignet, zu ihrer Bewältigung beizutragen. Aber sie eignen sich, um blinde Flecke wahrzunehmen und sie in kritischer Auseinandersetzung produktiv als Anregung zur Entwicklung eigener Lösungsansätze zu nutzen.

Gemeinschaft der Glaubenden in moderner Zeit

Die evangelische Kirche in Zeiten der Säkularisierung, Individualisierung und religiösen Pluralisierung

Hans-Peter Großhans

Bei einer Untersuchung und Diskussion des Themas »Kirche« können immer eine ganze Reihe von möglichen Perspektiven eingenommen und mit bedacht werden, deren Zusammenfügung in ein einzelnes »Bild« stets einen besonderen Reiz hat. Die Formulierung des Themas trägt der Multiperspektivität auf das Thema »Kirche« Rechnung und vereint dogmatische, soziologische und historische Perspektiven auf die evangelische Kirche. Im Folgenden werden zuerst einige Impulse aus der Soziologie aufgenommen (1.) und dann einige ekklesiologische Konsequenzen aus der Eigenart der Moderne bzw. Postmoderne thematisiert (2.). Daran anschließend soll – hier bei einer Tagung der Rudolf-Bultmann-Gesellschaft – ein ekklesiologischer Impuls Rudolf Bultmanns in die Diskussion eingebracht werden (3.), an den dann abschließend einige dogmatische Überlegungen angeknüpft werden (4.).

1. Die Kirchen der Gegenwart im Spannungsfeld von Säkularisierung, Individualisierung und religiöser Pluralität

Schon seit einigen Jahrzehnten dominiert in der kirchlichen und ekklesiologischen Diskussion eine soziologische Perspektive auf die Kirche. Dies geht einher mit einer generellen Popularität, ja geradezu Dominanz soziologischer Untersuchungen in der Kirchentheorie seit Ende der 1960er Jahre.

Mit der im Thema benannten »modernen Zeit« wird unser Blick soziologisch vor allem auf die Modernisierungsthematik gelenkt. Das Stichwort »Modernisierung« spielt eine zentrale Rolle in diversen, unterschiedlich ausgerichteten Säkularisierungstheorien, die im Laufe der spätestens Mitte des 19. Jahrhunderts einsetzenden Epoche der Moderne aufgestellt wurden und die für die *soziologischen* Beschreibungen der Entwicklung der christlichen Kirchen in Europa in den letzten 200 Jahren unentbehrlich sind.[1] Die quantitativ arbeitende Religionssoziologie stellt dabei in der Gegenwart einen ungebrochenen Trend zur Säkularisierung im Sinne einer Entkirchlichung und Entchristianisierung im westlichen Europa fest – auch wenn dieser Trend in den letzten Jahren deutlich abgeflacht ist.[2] Allerdings gibt es durchaus auch gegenläufige Beobachtungen, die wiederum Anlass bieten, von einer Renaissance der Religion zu sprechen. Auffallend ist dabei jedoch, dass die These von einer gegenwärtigen Renaissance der Religion häufig nicht mit europäischen, sondern mit weltweiten Entwicklungen plausibel zu machen versucht wird. Im Verhältnis zu der weltweiten religiösen Situation erscheint manchen Beobachtern der europäische Weg der Säkularisierung als eine Ausnahme, der durch eine Reihe spezifischer Gründe zu erklären ist. So erscheint er zum einen »als Folge einer langen historischen Tradition eines autoritär-hierarchischen Staatskirchentums« und zum andern erklärt er sich »durch den Ausbau des Wohlfahrtstaats, der weder das Bedürfnis nach religiöser Sinngebung noch

---

[1] Dabei lassen sich mindestens fünf Bedeutungen von Säkularisierung unterscheiden. Säkularisierung wird verstanden 1) als *Untergang der Religionen*; 2) als *Weltanpassung der Religion*; 3) als *Desakralisierung der Welt* (so z.B. in Max Webers These - vgl. Max Weber, Wissenschaft als Beruf, München 1919 - von der »Entzauberung« der Welt); 4) als *Befreiung der Gesellschaft von der Religion* (hierzu gehört die These von der zunehmenden »Privatisierung« der Religion); 5) als »*Transposition*« von Glaubensformen und Verhaltensweisen von der religiösen auf die weltliche Sphäre. Vgl. zu diesen Unterscheidungen: Larry Shiner, The meanings of secularization, in: IJWRS 3 (1967), 51–62. Vgl. dazu: Giacomo Marramao, Art. Säkularisierung, in: HWPh Bd. 8, 1992, 1133–1161: 1152. Die letzte dieser Bedeutungen von Säkularisierung findet sich z.B. bei Ernst Troeltsch und der Debatte über Max Webers »protestantische Ethik«; in neuerer Zeit in der Konzeption der »unsichtbaren Religion« bei Peter L. Berger (vgl. Peter L. Berger, Der Zwang zur Häresie. Religion in der pluralistischen Gesellschaft, Frankfurt a.M. 1980) und Thomas Luckmann (vgl. Thomas Luckmann, Die unsichtbare Religion, stw 947, Frankfurt a.M. 1991) oder allgemein im Konzept der »civil religion«. Mit dieser Konzeption hatte sich besonders Hans Blumenberg kritisch auseinandergesetzt; vgl. Hans Blumenberg, Die Legitimität der Neuzeit, stw 1268, Frankfurt a.M. 1996.

[2] So stellte der Münsteraner Religionssoziologe Detlef Pollack erst vor kurzem fest: »Die Folgen der seit dem Zweiten Weltkrieg in allen westeuropäischen Ländern beobachtbaren Wohlstandserhebungen scheinen für die Integrationsfähigkeit von Religion und Kirche eher negativ zu sein. Sowohl was die Zugehörigkeit zu den Religionsgemeinschaften und Kirchen als auch was die religiöse Praxis sowie die Akzeptanz des Glaubens an Gott angeht, gehen die Zustimmungswerte in den letzten Jahrzehnten insgesamt gesehen nach unten. [...] Insgesamt scheint das Religiositätsniveau in den letzten 40 Jahren in den modernen Gesellschaften Westeuropas abgesunken zu sein.« (Detlef Pollack, Rückkehr des Religiösen?, Tübingen 2009, 100f.).

das nach kirchlich-religiöser Hilfestellung fördere« – so die Feststellung in einem Beitrag zum Religionsmonitor der Bertelsmann-Stiftung.[3]

Zunehmend muss sich jedoch auch das moderne Europa mit den weltweiten religiösen Entwicklungen auseinandersetzen. Die Globalisierung mit dem globalen Waren-, Dienstleistungs- und Informationsaustausch, aber auch den globalen Reise- und Migrationsbewegungen, bringt für Europäer vielfältige neue Begegnungen mit den weltweit praktizierten Religionen mit sich und führt deshalb auch zu einer Intensivierung der Diskussionen über Religion in Europa. Das tolerante, aufgeklärte Europa wird neu mit einer Vielfalt von Religionen und religiösen Aktivitäten konfrontiert, beispielsweise durch Migranten, die es nach europäischem Selbstverständnis um der Authentizität der individuellen Biographien und der Dignität anderer Kulturen willen zu respektieren gilt. Dabei begegnet eine Intensität religiöser Bindung von Menschen, die von der Öffentlichkeit in Europa in einer modernen Welt nicht mehr für möglich gehalten worden war. Zudem wird in Europa mit Erstaunen registriert, dass in außereuropäischen Teilen der Welt (und teilweise auch innerhalb Europas) starke religiöse Bindungen von Menschen existieren und sogar große christliche Aufbruchbewegungen stattfinden – die zum größten Teil der evangelischen Christenheit zugerechnet werden.[4]

Die Wahrnehmung der außereuropäischen religiösen Lage hat dann auch soziologische Modelle als Alternative zur Säkularisierungsthese hervorgebracht und in die europäische Debatte eingespeist, die jedoch durchaus wesentliche Elemente der Säkularisierungstheorien integrieren. So lassen sich beispielsweise gerade bei neueren protestantischen Bewegungen Momente der Individualisierung und Privatisierung von Religion beobachten, die keineswegs zu einer Säkularisierung des individuellen und gemeinschaftlichen Lebens führen. Als wichtigste Alternative zur Säkularisierungsthese hat sich so und mit Blick auf die globale Situation das Modell des *Marktes* etabliert, um die religiöse Situation der Gegenwart soziologisch zu charakterisieren. Im Blick auf die europäischen und deutschen Kirchen ist jedoch weiterhin – aufgrund der geschichtlichen Entwicklung – die Säkularisierungstheorie das geeignetste soziologische Modell.

Die Verbindung der Säkularisierungstheorien mit dem Modernisierungsthema enthält den Anspruch, dass sie nicht nur durch die Abkehr vom Staatskirchentum und dem Bedeutungsverlust der Volksreligion in Europa plausibel

---

[3] Martin Rieger, Säkularisierung, Privatisierung oder Resakralisierung?, in: Petra-Angela Ahrens (Hg.), Woran glaubt die Welt? Analysen und Kommentare zum Religionsmonitor 2008, Gütersloh 2009, 11–16: 14.

[4] Der britische Religionssoziologie David Martin sprach schon 1990 von einer »Explosion of Protestantism in Latin America« (David Martin, Tongues of Fire. The Explosion of Protestantism in Latin America, Oxford 1992).

sind, sondern zuallererst und überwiegend aufgrund der Dynamik der Modernisierung. Dabei wird auf verschiedene Differenzen zwischen vormodernen und modernen Gesellschaften rekurriert, die jeweils Konsequenzen für das Religionsthema haben – Konsequenzen, die keineswegs zum Bedeutungsverlust von Religion, sondern zu Neuausrichtungen des Religionsthemas und zu neuen Orientierungsleistungen der Religionen, und insofern auch der Kirchen, führen. Wenn dies zutrifft, so käme es für die Kirchen darauf an, diese Neuausrichtung des Religionsthemas mit zu vollziehen.

Ein erster, relativ offensichtlicher Unterschied zwischen vormodernen und modernen Gesellschaften besteht in der Höhe des allgemeinen Wohlstandsniveaus auf der Basis des jeweiligen Wirtschaftswachstums, im Niveau der sozialen Sicherungssysteme sowie im technologischen und medizinischen Fortschritt.[5] Religiös folgt aus dem höheren allgemeinen Wohlstand und der effektiveren Bewältigung der Kontingenz im Leben eine Umorientierung der Religion auf die ganz fundamentalen Lebensereignisse (Geburt und Tod) sowie auf postmaterialistische Werte und Sinnfragen hin.

Ein zweites Merkmal moderner Gesellschaften kann man in der *funktionalen Differenzierung* sehen. Die einzelnen gesellschaftlichen Bereiche verselbständigen sich zunehmend und folgen in ihrer Eigenentwicklung nur ihren eigenen Funktionsgesichtspunkten.[6] Im Blick auf die Religion der Individuen kann daraus folgen, dass eine einheitlich religiös motivierte Lebensführung in den verschiedenen gesellschaftlichen Bereichen eher weniger möglich sein dürfte. Die religiös motivierte Lebensführung mag sich dann beispielsweise auf den familiären und den gemeindlichen Bereich beschränken. Für Beobachter, die sich auf die Rolle und Relevanz von Religion auf der staatlichen und gesamtgesellschaftlichen Ebene konzentrieren, mag dies als Bedeutungs- und Relevanzverlust von Religion erscheinen, obwohl möglicherweise in anderen

---

[5] »Der Lebensstandard steigt, soziale Sicherungssysteme werden ausgebaut, technologische Fortschritte erzielt und medizinische Verfahren verbessert, der Schutz gegenüber Bedrohungen der inneren und äußeren Sicherheit verstärkt.« So nimmt »die Fähigkeit der Menschen, Kontrolle über ihre natürliche und gesellschaftliche Umwelt auszuüben«, zu und »die Abhängigkeit von unkontrollierbaren Gefahren wie Hungersnöten, Epidemien, Überschwemmungen, Flutwellen, Tornados ab« (Pollack, Rückkehr [s. Anm. 2], 70). Zwar erzeugen die dabei entwickelten Technologien und Praktiken wiederum eigene Risiken, die zuweilen in eine grundsätzliche Technologie- und Gesellschaftskritik münden. Doch werden manche unausweichlichen Risiken bewusst in Kauf genommen, da nur so im Gesamten eine Verbesserung des Lebens und eine bessere Umweltkontrolle möglich sind.

[6] Zwar nimmt dabei der Einfluss der gesellschaftlichen Bereiche aufeinander ab – z.B. sinkt der Einfluss der Religion auf Wirtschaft, Politik, Wissenschaft und Kultur –, doch zugleich nimmt deren Abhängigkeit voneinander zu, weil sie jeweils auf die Leistungen der anderen Bereiche angewiesen sind.

sozialen Zusammenhängen einer Gesellschaft genau das Gegenteil der Fall sein könnte. Zugleich wird dadurch der Bereich der Religion jedoch auch weniger in Frage gestellt – sofern die Religion sich auf ihre Funktion begrenzt und ihre öffentlichen Repräsentanten nicht beispielsweise Wirtschaftskrisen oder Auslandseinsätze des Militärs kommentieren.

Als ein drittes Merkmal moderner Gesellschaften gilt die Individualisierung: »Weniger als in vormodernen Gesellschaften ist durch Herkunft und Milieu festgelegt, was der Einzelne denkt, fühlt und glaubt.«[7] Religiös folgt daraus beispielsweise, dass Individuen in ihren religiösen Orientierungen, Handlungen und Zugehörigkeiten weniger Unterstützung finden als in vormodernen Gesellschaften, in denen die religiöse Zugehörigkeit etwa durch die Familie oder die Ethnie und ihre Tradition festgelegt war. Die religiösen Vorstellungen und Handlungen werden nun schwächer und weniger; und sie werden interreligiös und interkonfessionell bunter gemischt.[8] Möglich wird so jedoch auch ein *religiöses Virtuosentum* – einzelne religiöse Virtuosen, die mit ihrer individuellen Religiosität zugleich andere Menschen inspirieren und sie aus ihrer Bindung an religiöse Institutionen befreien.

Ein viertes Merkmal moderner Gesellschaften kann man »in der Pluralisierung kultureller Orientierungen und Identitäten«[9] sehen. Dies gilt vor allem im Blick auf deren gesellschaftliche Akzeptanz. Konkret heißt dies, dass eine Pluralität von Religions- und Konfessionsgemeinschaften an demselben Ort akzeptiert und selbstverständlich wird.[10] Möglicherweise ist dies für traditio-

---

[7] Pollack, Rückkehr (s. Anm. 2), 72. »Mehr und mehr ist der Einzelne in der Lage, seinen Lebensstil, seinen gesellschaftlichen Status und seine Überzeugungen selbst zu produzieren und sich von kontextualen Bedingungen zu emanzipieren« (ebd.). Dies gilt der Tendenz nach trotz der unbestreitbaren Tatsache, dass der einzelne Mensch in modernen Gesellschaften sich einer Vielzahl von Forderungen ausgesetzt fühlt, z.B. im Blick auf den Arbeitsmarkt und die dabei geforderte Mobilität, durch die die Individualisierung kräftig begrenzt wird. Denn insgesamt nimmt die Selbstbestimmtheit der Biographien eher zu als ab – insbesondere dort, wo die soziale Absicherung über gesamtgesellschaftliche Sozialsysteme geregelt ist, die mit gegenseitigen Rechtsansprüchen verbunden sind.

[8] Vor vielen Jahren wurde diesbezüglich von einer »Cafeteria-Religion« gesprochen (vgl. Ingolf U. Dalferth, »Was Gott ist bestimme ich!« Theologie im Zeitalter der »Cafeteriareligion«, in: Ders., Gedeutete Gegenwart. Zur Wahrnehmung Gottes in den Erfahrungen der Zeit, Tübingen 1997, 10–35): Der Einzelne wählt aus dem religiösen Angebot an Vorstellungen und Handlungen wie in einer Cafeteria die ihn oder sie ansprechenden Komponenten – wie Latte Macchiato statt Cappuccino wird auch die Gebetsgemeinschaft statt einer buddhistischen Meditation (oder umgekehrt) gewählt.

[9] Pollack, Rückkehr (s. Anm. 2), 73.

[10] Ob dann auch faktisch eine Pluralität besteht, ist freilich eine andere Frage. Denn zugleich gehören zu den Entwicklungen der Moderne auch die sogenannte Globalisierung und eine damit verbundene Standardisierung kultureller Werte und Praktiken.

nelle Religionen und Konfessionen, die religiöse Homogenität in einem geographischen Gebiet oder in einer Ethnie – um des Friedens willen – anstreben, die größte Herausforderung. Denn auch das bloße Tolerieren religiöser Minderheiten wird dann nicht mehr ausreichen und akzeptabel sein. Die in den allermeisten Religionsgemeinschaften und Konfessionen vertretene und praktizierte Toleranz gegenüber andersgläubigen Minderheiten muss dann durch das Prinzip der Anerkennung auf gesellschaftlicher Ebene ersetzt werden.[11]

Als fünftes Merkmal moderner Gesellschaften ist deren Horizonterweiterung gegenüber vormodernen Gesellschaften zu erwähnen: Dies gilt geographisch, vor allem jedoch im Blick auf den ganzen verfügbaren Wissens- und Erfahrungshorizont von Menschen. Dadurch werden Menschen mit einer Fülle von Möglichkeiten eigenen Sich-selbst-Verstehens bekannt und konfrontiert, durch welche die eigenen Standards und Werte kräftig relativiert werden. Traditionelle Gewissheiten werden so in Frage gestellt. Auch die traditionellen religiösen Gewissheiten können so verflüssigt werden: Sie sind selbst als kontingent und als abhängig von bestimmten kontextuellen Bedingungen zu begreifen. Allerdings steigt mit dem Verlust fundamentaler Gewissheiten durch die Horizonterweiterung auch der Bedarf nach letzten Wahrheiten und also neuer Gewissheit. Dies mag dann sowohl fundamentalistische als auch realistische Formen von Religion stärken, die die religiösen Gewissheiten nicht verflüssigen, sondern umgekehrt so verfestigen, dass sie wie ein Fels in den Brandungen des Zeitgeistes erscheinen.

Offensichtlich ist, dass in der soziologischen modernitätstheoretischen Analyse von Religion deren Bezugsfeld vor allem in der Kontingenz gesehen wird, mit der jedes menschliche Leben konfrontiert ist. Religion ist eine Form des Umgangs mit dem Zufall, mit der Gefährdung und Bedrohung des leiblichen und seelischen Lebens und auch mit den diversen Infragestellungen einer selbstbestimmten, autonomen Existenz. Es geht dabei um Leben und Tod, Glück und Unglück, Gelingen und Scheitern. Zur modernen Welt gehören nun vielerlei Weisen, mit der Kontingenz des Lebens umzugehen und sie zu bewältigen. Doch bei aller technologischen, ökonomischen und sozialen Entwicklung können Menschen zwar die Problematik der Kontingenz reduzieren, aber nicht ausschalten. Jeder Mensch ist und wird auch weiterhin mit der Grundfrage von Tod und Leben – im Blick auf sich selbst und auf seine Mitmenschen – konfrontiert sein. So bleibt auch die Grundfrage nach dem Ge-

---

[11] Vgl. dazu HANS-PETER GROSSHANS, Toleranz. Ein umstrittenes Konzept im Umgang mit religiöser Pluralität, in: DERS./MALTE DOMINIC KRÜGER (Hg.), Integration religiöser Pluralität. Philosophische und theologische Beiträge zum Religionsverständnis in der Moderne, Leipzig 2010, 15–29.

heimnis des Lebens überhaupt und nach dem Geheimnis des jeweils eigenen Lebens bestehen.

Die moderne Welt mag zwar im Blick auf die Kontingenz des Lebens das Bezugsfeld von Religion reduziert haben; zugleich hat sie es jedoch durch eine Fülle von Problemen, die sie selbst erzeugt, wiederum erweitert. Zu nennen ist hier zum einen die Frage nach dem Sinn des eigenen Lebens in einer rationalisierten und funktionalisierten Welt; oder die Frage nach der Orientierung des eigenen Lebens in einer unübersichtlichen, da globalen und pluralistischen, Welt.[12] Religion in der Moderne hat so ihr anthropologisches und gesellschaftliches Bezugsfeld in einer Art fundamentaler Lebenshilfe, indem sie Menschen durch den Glauben und die individuellen und gemeinschaftlichen religiösen Praktiken – wie z.B. ihren Gottesdiensten – in einen Gesamtzusammenhang stellt, durch den sie Orientierung im Leben erhalten und sich eines Sinns ihres jeweiligen Lebens gewiss werden.

Neben der Kontingenzbewältigung, der Sinngebung und der Lebensorientierung lässt sich jedoch auch noch ein viertes, oben bereits erwähntes, Bezugsfeld von Religion identifizieren, das religionssoziologisch selten im Blick ist, dafür jedoch in der Theologie im Mittelpunkt steht. Es ist die Frage nach der Wahrheit und dem Geheimnis des eigenen Lebens und des Lebens überhaupt. Christliche Theologie verweist bei der Frage nach der Wahrheit des Lebens auf Gott, der dem Leben nicht innewohnt, sondern zum Leben transzendent ist – und insofern das Absolute dem endlichen Leben gegenüber darstellt.[13]

2. Kirche in moderner und postmoderner Zeit

In Deutschland haben sich die Kirchen und Kirchengemeinden vielfach auf die beschriebenen soziologischen Veränderungen in der Bestimmung des »Feldes« der Religion, ja, auch auf die Faszination des Themas »Religion« und

---

[12] Beides, die religiöse Frage und Suche nach Sinn und nach Orientierung, wird gerade auch von Religionssoziologen beobachtet. Peter Berger hat die Ansicht vertreten, der Prozess der Säkularisierung und Modernisierung der Gesellschaft stoße zunehmend an Grenzen: nicht so sehr auf »äußere«, die aus dem »Widerstand« anderer Kulturen gegen die weltweite Ausdehnung des westlichen Modells resultieren könnten, als vielmehr auf »innere« Grenzen der Säkularisierung, die hauptsächlich aus dem Bedürfnis der Individuen und sozialen Gruppen nach Sinn entstehen, das unmittelbar aufgrund der Frustrationserfahrungen, der permanenten Identitätskrisen und des gesellschaftlichen Integrationsdefizits aufkomme. Vgl. Peter L. Berger u.a., The homeless mind. Modernization and consciousness, Harmondsworth 1973, 15ff.; 60ff.

[13] Vgl. Hans-Peter Grosshans, Geheimnis des Glaubens. Zum Thema der Theologie, in: ZThK 108 (2011), 472–489.

das Interesse an verschiedenen religiösen Lebensformen und Praktiken eingestellt. Sie bieten ein reiches Programm an religiösen und spirituellen Veranstaltungen an, um das religiöse Bedürfnis der einzelnen Menschen nach grundsätzlicher Orientierung, nach Sinn und nach einem Umgang mit der Kontingenz zu befriedigen. Ekklesiologisch betrachtet verstehen sie sich dabei ganz gemäß ihrer alten Rolle als Mittel und Instrument zum Heil der Menschen – als *medium et instrumentum salutis.*

Diese Rolle der Kirche als Hilfsmittel für das Heil der Menschen tritt besonders deutlich an der gegenwärtig prominenten theologischen Auffassung zu Tage, welche die Aufgabe der christlichen Kirchen in der modernen Gesellschaft darin sieht, die Freiheit der Individuen sichern zu helfen.[14] In Anknüpfung an den reformatorischen Zusammenhang von christlichem Glauben und Freiheit wird das Thema des christlichen Glaubens in der religiösen Entfaltung der Freiheit und Subjektivität des einzelnen Menschen gesehen.[15]

Der frühere Wiener Systematiker Falk Wagner sah gar den Grund für die gegenwärtige Krise des Protestantismus darin, dass die evangelische Theologie im 20. Jh. mit der Wort-Gottes-Theologie aus der Entwicklung der Moderne ausgestiegen sei.[16] Denn der Wort-Gottes-Theologie sei es leider nicht um die religiöse Entfaltung der Freiheit und Subjektivität von Menschen gegangen, sondern sie zielte auf »Menschen als Christen« – und nicht auf »Christen als Menschen«. Damit aber wurde nach Wagner der neuzeitliche Autonomiegedanke ignoriert. Wenn – so Wagner – »der Autoritätsanspruch des Wortes Gottes [...] den Gehorsam des sich fügenden Glaubens nach sich« zieht, dann können sich »unter dieser Bedingung [...] eigenständige und individuelle [...] religiös-fromme Subjekte nicht bilden.« Nach Wagner ist aber »das Subjekt der gelebten protestantischen Religion [...] nicht der welt- und selbstlose Wort- und Textglaube, sondern der Mensch als selbständiges Individuum«.[17]

---

[14] »Christentum ist Freiheit: libertas est christianismus« hatte Philipp Melanchthon als reformatorisches Programm bereits 1521 in seinen »Loci communes« formuliert (Philipp Melanchthon, Loci communes. 1521, Lateinisch-Deutsch, übers. v. Horst G. Pöhlmann, hg. vom Lutherischen Kirchenamt der VELKD, Hannover 1993, Kap. 7,21; S. 294).

[15] So zeichnet sich nach dem Basler Systematiker Georg Pfleiderer das »klassisch-moderne Selbstverständnis des Protestantismus« dadurch aus, dass er sich als »Religion autonom-selbstgesteuerter, vernünftig-selbstdurchsichtiger, individueller Subjektivität« versteht (Georg Pfleiderer, Karl Barths praktische Theologie, BHTh 115, Tübingen 2000, 3). Nach Pfleiderers Auffassung gehören die protestantischen Kirchen zu den gesellschaftlichen Institutionen der Moderne, »die sich der Sicherung individueller Freiheit verschrieben haben« (a.a.O., 4).

[16] Vgl. Falk Wagner, Zur gegenwärtigen Lage des Protestantismus, Gütersloh 1995, 52 u.a.

[17] A.a.O., 55.

Folgt man dieser hier nur exemplarisch angedeuteten Sichtweise, dann kann es für die Kirchen nur darum gehen, den Menschen zum wahren Menschsein zu verhelfen, das darin liegt, dass sie sich je ihrer eigenen Freiheit bewusst werden und dieser Freiheit entsprechend leben. Die Kirchen sollen dann Menschen zur Autonomie verhelfen, indem diese sich selbst im christlichen Glauben auf ihre (vorhandene, da mit ihrem Menschsein gegebene) Freiheit durchsichtig werden. Das Ziel der Kirche und des durch sie vermittelten Glaubens ist, dass sich eigenständige und individuelle religiösfromme Subjekte bilden.

Wenn dies so gesehen wird, dann müssen die Kirchen in der heutigen Gesellschaft sich darauf konzentrieren, die je einzelnen Menschen auf ihren Entwicklungs- und Bildungsgängen zu begleiten, um ihnen zu religiöser Sprachfähigkeit zu verhelfen und so ihre jeweilige Selbständigkeit in Religionsfragen zu ermöglichen und zu erhöhen. Die Kirche selbst als gesellschaftliche Organisation und als Gemeinschaft der Glaubenden ist dann nur Mittel auf dem immer individuellen Weg zur religiösen Freiheit. Die Kirche an sich hat keinen Selbstzweck. Sie ist ein institutionelles Mittel zur Ermöglichung und Sicherung individueller Freiheit auf dem Gebiet der Religion und von daher auch der Freiheit des ganzen individuellen Lebens.

Die Kirchen sind dabei freilich ein *notwendiges* Mittel für den in die Freiheit führenden individuellen Bildungsgang, weil die Religiosität, die bewusst oder unbewusst zu jedem Menschenleben gehört, unbestimmt vorhanden ist und deshalb Formen braucht, in denen sie bewusst erkannt und zum Ausdruck kommen kann. Die religiöse Bildung, für welche die Kirchen zu sorgen haben, ist im Grunde nichts anderes als jegliche Bildung des Menschen. Denn alle »Anlagen« des Menschen – sein gesamtes Bewusstsein, all seine körperlichen und seelischen Potentiale – können erst aufgrund von Bildung erschlossen und in Gebrauch genommen werden; so auch seine religiösen »Anlagen«. Die Kirchen führen mit ihrem Schatz an Traditionen und religiösen Ausdrucksformen in die jedem Menschen eigene Religiosität ein, lehren mit der eigenen Religiosität umzugehen, sie zu praktizieren, sie zum Ausdruck und zur Darstellung zu bringen. Dies alles machen die Kirchen nicht mit dem Ziel, eine wahre Lehre zu vermitteln und Menschen dazu zu führen, sich in die kirchliche Gemeinschaft einzureihen, sondern allein mit dem Ziel, Menschen eine selbständige, individuell verantwortete und kreative religiöse Betätigung und somit Freiheit zu ermöglichen. Die Kirchen sollen Menschen in die religiöse Selbständigkeit führen und sie dann in die Freiheit ihres je individuellen Lebens entlassen. Die Kirchen selbst werden dann für diese Menschen religiös überflüssig.[18]

---

[18] Höchst markant hat diese Auffassung von der Kirche bereits Schleiermacher in seinen ›Reden über die Religion‹ zum Ausdruck gebracht. Dort ist die wahre Kirche

Dieses gegenwärtig in Theologie und Kirche verbreitete theologische Konzept artikuliert sich vor allem in der Diskussion um den Bildungsauftrag der Kirchen. Es artikuliert sich jedoch auch in vielerlei religiösen und spirituellen Aktivitäten, welche Kirchen und Kirchengemeinden anbieten. Kirche ist in diesem Konzept ein Dienstleister für die Selbstwerdung von Menschen und für die Erlangung individueller Autonomie – freilich oft mit nur mäßiger Dienstleistungsqualität.

Allerdings ist diese Auffassung von der Kirche als einem geistlichen Dienstleister und Hilfsmittel nur die halbe Wahrheit. Denn damit ist noch überhaupt nicht die dogmatische Perspektive auf die Kirche im Blick, sondern nur die mit der Religionssoziologie kombinierte religionstheoretische Perspektive. Ohne die dogmatische Perspektive auf die Kirche werden nun aber ihre Rolle und ihre Aufgabe für das Heil der Menschen ausgeblendet, zu der sie von Gott selbst erwählt und bestimmt ist. Aus dogmatischer Sicht geht es im christlichen Glauben nicht nur um die Begründung einer individuellen Freiheitsgeschichte, sondern auch um die Versöhnung Gottes mit den Menschen und darin eingeschlossen um die Versöhnung von Menschen untereinander und jeweils mit sich selbst. Deshalb kann sich die christliche Religion nur als Gemeinschaft von Menschen realisieren. Deshalb geschieht die Gottesverehrung im Christentum in erster Linie gemeinschaftlich. Und deshalb gehört zum christlichen Glauben nach evangelischem Verständnis eine starke Bedeutung von Kirche. In dogmatischer Sicht ist die Kirche selbst ein wesentlicher Teil des Vollzugs des vom dreieinigen Gott verheißenen Heils auf Erden. Die Kirche ist der gemeinschaftliche Vollzug des verheißenen Heils auf Erden. Sie ist der irdische soziale Raum gelebter Versöhnung.

»eine Gesellschaft religiöser Menschen«, die der institutionalisierten Kirche »fast in allen Stücken entgegengesetzt ist«, insbesondere deshalb, weil diese »nur eine Vereinigung solcher« ist, »welche die Religion erst suchen« (FRIEDRICH D.E. SCHLEIERMACHER, Über die Religion. Reden an die Gebildeten unter ihren Verächtern, 1. Aufl. 1799, hg. von GÜNTER MECKENSTOCK, in: DERS., Kritische Gesamtausgabe, hg. von HANS-JOACHIM BIRKNER u.a., I. Abt., Bd. 2, 1984, 185–326: 274). Die institutionalisierten Kirchen haben allein darin eine positive Bedeutung, den Menschen Religion zu ermöglichen und sie zu der von ihr unterschiedenen wahren Kirche zu führen, d.h. die wahrhaft religiös gewordenen Menschen aus ihrer Gemeinschaft zu entlassen in die religiöse Selbständigkeit und in die freie Kommunikationsgemeinschaft der wahrhaft Religiösen, die die wahre Kirche bilden. Nach dieser Auffassung Schleiermachers wird »die Kirche den Menschen um so gleichgültiger je mehr sie zunehmen in der Religion«. Gerade »die Frömmsten sondern sich stolz und kalt« von der Kirche aus (a.a.O., 275f.).

3. Die Kirche als Gemeinschaft der Glaubenden – Anknüpfungen an Bultmann

In den *Gifford Lectures* von 1955[19] über ›Geschichte und Eschatologie‹ hat Rudolf Bultmann eine sich schon in der frühen Christenheit eingeschlichene zentrale ekklesiologische Fehlentwicklung thematisiert. Diese sah er in einem die faktische, reale Kirche prägenden Missverhältnis der drei Momente bzw. Motive, die den Kirchenbegriff vom Neuen Testament an überhaupt bestimmten: der Motive des Kultus, der Eschatologie und der Geschichtlichkeit. Nach Bultmanns Auffassung, die er 1929 in einem Aufsatz in ›Zwischen den Zeiten‹ über ›Kirche und Lehre im Neuen Testament‹ veröffentlichte,[20] schwebt Menschen, wenn sie von Kirche reden, – gewissermaßen als Vorverständnis – vor, dass Kirche erstens »eine religiöse Gemeinschaft« ist, »die ihre eigentliche Erscheinung als *Kultusgemeinde* hat. Als Kultusgemeinde hat sie Gott gegenwärtig in einer Bindung an Ort, Zeit und bestimmte, traditionelle Weisen des Verhaltens.« Sodann ist Kirche, zweitens, auch »ein ›*eschatologisches*‹ Faktum; d. h. die Kultusgemeinde versteht sich selbst nicht als ein weltliches Phänomen, sondern als ›jenseitiges‹.« Und dann ist Kirche drittens »als eine nicht von Menschen gemachte Veranstaltung [...] eine durch Taten und Worte der Gottheit berufene Gemeinde, die also an eine Geschichte gebunden ist und über diese Geschichte ihrer Berufung in einer *Tradition* berichtet.«[21]

Die von Bultmann diagnostizierte ekklesiologische Fehlentwicklung im Laufe der Kirchengeschichte bestand und besteht nun darin, dass das Merkmal der Kultgemeinde den eschatologischen Charakter der Kirche verdrängt habe. »Indem Christus im Kult gegenwärtig ist, ist das Heil in gewisser Weise gegenwärtig«, bedarf also nicht mehr der Hoffnung.[22] Bultmann fasst dies so zusammen: »*Die Kirche ist aus einer eschatologischen Gemeinde zu einer Heilsanstalt geworden*, konstituiert durch ihre Institutionen, in denen der Kult und speziell die Sakramente wirksam sind.«[23] Das Problem einer solchen sich kultisch und sakramental verstehenden Kirche sah Bultmann nicht darin, dass die Eschatologie in ihr gänzlich preisgegeben worden wäre, sondern darin, dass sie »neutralisiert worden« ist, »weil in ihr die Kräfte der Zukunft schon wirksam sind«.[24] Mit der Neutralisierung des eschatologischen Momentes in

---

[19] Vgl. Rudolf Bultmann, Geschichte und Eschatologie, Tübingen ^{3}1979.

[20] Rudolf Bultmann, Kirche und Lehre im Neuen Testament, in: Ders., Glauben und Verstehen 1, Tübingen ^{7}1972, 153–187 (ursprünglich in: Zwischen den Zeiten VII, 1929, 9–43).

[21] A.a.O., 153f.

[22] Bultmann, Geschichte (s. Anm. 19), 60.

[23] A.a.O., 62.

[24] Ebd.

der Kirche wird auch der Geist neutralisiert, der die Einheit der Kirche als Leib Christi bewirkt. Offensichtlich sah Bultmann die größte Bedrohung der Kirche in der neutralisierenden kirchlichen Verwaltung der Zukunft, der nur mit einer kräftigen Betonung des die Kirche als den Leib Christi frei wirkenden und das Volk Gottes versammelnden göttlichen Geistes zu begegnen ist.

Eine Parallele zu dieser Sichtweise Bultmanns auf die fehl gehenden Kirchen seiner Zeit mag man in der Beurteilung einer »Theologie der Hoffnung« im real existierenden Sozialismus der untergegangenen Deutschen Demokratischen Republik finden. Der dortige Staatstheologe Hanfried Müller hatte in seiner ›Evangelische[n] Dogmatik im Überblick‹ über eine Theologie der Hoffnung so geurteilt: »Weil aber heute die bewußt revolutionäre Weltanschauung und Aktivität der Arbeiterklasse spontan-utopische Ideologien sinnlos gemacht hat, indem sie sich objektiv im Sinne des mandatum dominii terrae (des Auftrags zur Beherrschung der Welt) real weltverändernd bewährt, ist die ›Theologie der Hoffnung‹ in ihrem sozialen Inhalt anachronistisch und wird nicht zufällig oft konterrevolutionär wirksam.«[25] Unter der Voraussetzung faktischer Realisierung dessen, was früher erhofft wurde, muss jede neue Aktivierung der Hoffnung als konterrevolutionär und revisionistisch erscheinen. In Müllers Kritik an der Theologie der Hoffnung artikulierte sich das (hoffnungslose) Interesse einer Neutralisierung des eschatologischen Momentes in Staat, Gesellschaft und Kirche, die Bultmann im Blick auf die Kirche heftig kritisierte. Bultmann sah ja die Kirche von drei Motiven bestimmt: dem Kultus, der Eschatologie und der Geschichtlichkeit. Natürlich gibt es keine Kirche, die nur im Hoffen existiert. Auch das Hoffen braucht eine dauerhafte Ausdrucksform und eine ihm entsprechende Sozialgestalt. Und so bildet sich auch eine Tradition, eine Geschichte von dauerhaft fixierten Lebensäußerungen dieses Hoffens. So bildeten die dem christlichen Glauben eigenen Hoffnungen eben neue Formen der Gottesverehrung heraus, mit der die Ausbildung entsprechender Gemeinschaftsformen einherging. Der Vergleich mit dem früher einmal real existierenden Sozialismus macht darauf aufmerksam, dass es in der Kirche darauf ankommt, inmitten der faktischen Realisierung des Gottesreiches als Kirche die in Jesus Christus begründete Hoffnung lebendig zu erhalten und sie nicht nur zu erinnern und zu verwalten.

Die von Bultmann thematisierte Fehlentwicklung muss leider auch heute in den ersten Jahrzehnten des 21. Jahrhunderts weiterhin diagnostiziert werden. Zumindest die großen evangelischen Kirchen in Europa wollen in ihren repräsentativen Organen und Personen vor allem als gesellschaftliche Organisationen anerkannt sein und sich brav in die allgemeine Kultur einfügen. Dass es der christliche Glaube mit Hoffnung zu tun hat – wie nach Immanuel Kant

---

[25] Hanfried Müller, Evangelische Dogmatik im Überblick. Bd. 1: Thesen und Exkurse, Berlin [1978] ²1989, 196.

ja jegliche Religion – ist den deutschen evangelischen Kirchen häufig nicht anzusehen. Die Fürbittengebete in den evangelischen Gottesdiensten sind oft nur Appelle an die Bereitschaft der Gottesdienstbesucher, sich aktivieren und engagieren zu lassen – und keine Bitten, die auf eine tatsächliche Aktion Gottes hoffen. Von der Hoffnung auf eine Auferstehung der Toten ist selbst in Beerdigungspredigten oft nicht die Rede. Und mit dem Gebetsruf »Maranatha – Unser Herr, komm!« erhofft kaum jemand in evangelischen Gottesdiensten eine möglichst bald erfolgende tatsächliche Parusie Jesu Christi und so das Ende all des Elends hier auf Erden. Der empiristische und rationalistische Geist hat sich wie Mehltau über das Hoffen in den evangelischen Kirchen in Teilen Europas gelegt. Das Hoffen ist diszipliniert und reguliert durch das empiristisch Vorstellbare, das rationalistisch Denkbare, das bürgerlich Akzeptierbare oder das emotional Beruhigende. Das gesamte Hoffen ist vorauseilend minimalisiert durch die erwartete Enttäuschung. Die Enttäuschungsverarbeitung setzt pragmatisch schon vor der Formulierung der Hoffnungen ein. So wird das Verhältnis der evangelisch Frommen zur Zukunft von der erwarteten Enttäuschung dominiert und eben nicht von den Hoffnungen des Glaubens.

Dass die Kirche nach Bultmanns Auffassung auch »ein *›eschatologisches‹* Faktum« ist und »die Kultusgemeinde [...] sich selbst nicht als ein weltliches Phänomen, sondern als ›jenseitiges‹« versteht, ist zumindest den meisten evangelischen Kirchen in Europa häufig nicht anzumerken. Das Jenseits, die Transzendenz, wird ja auch in Teilen der evangelischen Theologie allerhöchstens nur noch als Grenzbegriff menschlicher Subjektivität verstanden, um das vom menschlichen Subjekt nicht einholbare Andere zu bezeichnen, aber doch keineswegs in einem ontologischen oder gar ontischen Sinn.

Den Bultmann-Kennern ist natürlich klar, dass dieses Jenseits im Sinne Bultmanns nicht in einem mythologischen Weltbild vorgestellt werden kann und die Kirche als jenseitiges Phänomen nicht in einen anderen Raum – den Himmel – verlegt werden kann. Insofern ist hier die Pointe des christlichen Glaubens aufzunehmen, dass Gott Mensch geworden und also die Transzendenz nur immanent zu finden ist. Auch als Abwesender ist Gott eben immanent anwesend. Der Erhoffte, der *Eschatos*, ist als jenseitiges Phänomen immanent in der Welt präsent. Genau dies steht dann im Mittelpunkt der Gottesverehrung des Christentums und dann auch seiner Gemeinschaftsformen.

4. Die Kirche ist die Gemeinschaft der Glaubenden

Zumindest in ihren Anfängen hat die reformatorische Theologie den eschatologischen Charakter der Kirche wieder stark gemacht – verbunden mit der dritten von Bultmann genannten Eigenart der Kirche, keine »von Menschen gemachte Veranstaltung« zu sein, sondern »eine durch Taten und Worte der

Gottheit berufene Gemeinde«. So wurde reformatorisch die Kirche konsequent als Geschöpf des Wortes Gottes verstanden, als die von Gott selbst zusammengerufene und erbaute Heilsgemeinde, die als Volk Gottes unterwegs ist in der Weltgeschichte. Die reformatorische Theologie hat die Kirche wieder eschatologisch verstanden, weil sie die Kirche von der christlichen Hoffnung her verstanden hat: von der ungetrübten, versöhnten Gemeinschaft der Menschen mit Gott her, in die auch die versöhnte Gemeinschaft der Glaubenden untereinander eingeschlossen ist. Um deren Darstellung und vorwegnehmende Realisierung ging es ekklesiologisch in den Anfängen der Reformation. Luthers Kritik an der Kirche seiner Zeit zielte auf eine theologische, geistliche Stärkung der Kirche – nicht auf deren Marginalisierung zugunsten der je individuellen Frömmigkeit.

Auch deshalb hat die reformatorische Theologie in Artikel 7 der ›*Confessio Augustana*‹ die Kirche als »Gemeinschaft der Glaubenden« definiert: »Est autem ecclesia congregatio sanctorum«. Die parallel entstandene deutschsprachige Version der Confessio Augustana verstärkte dabei noch, was auch schon in der lateinischen Definition zum Ausdruck kommt, dass mit dieser Formulierung das Kirchenverständnis des Apostolischen Glaubensbekenntnisses nicht in einem sakramentalen, kultischen Sinne rezipiert wird: So wird die als Explikation zum Kirchenbegriff verstandene »Sanctorum Communio« zum einen nicht als »Gemeinschaft am Heiligen« bzw. »an den heiligen Dingen« – also den Sakramenten – verstanden und zum andern der »Communio«-Begriff mit dem Ausdruck »congregatio« eindeutig als Zusammenkunft von Menschen zu einer Gemeinschaft präzisiert. Und so formuliert die Confessio Augustana als evangelische Lehre, dass die »heilige, christliche Kirche [...] die Versammlung aller Gläubigen« ist. Und auch dieses wird dann bekanntlich noch präzisiert durch den Zusatz, »bei welchen das Evangelium rein gepredigt und die heiligen Sakrament lauts des Evangelii gereicht werden« (»in qua evangelium pure docetur et recte administrantur sacramenta«). Kirche ist definitorisch demnach eine Versammlung von Glaubenden zu einer bestimmten Praxis, nämlich der Gott geschuldeten Praxis einer gemeinschaftlichen Gottesverehrung, in der das Evangelium Gottes (vgl. Mk 1,14) bzw. das Evangelium Christi (Mk 1,1) – und so der dreieinige Gott selbst – im Mittelpunkt steht und verbal und sakramental, also in zwei Modi, kommuniziert wird.

Kirche ist insofern zuallererst und in erster Linie die Versammlung von Glaubenden zum Gottesdienst – wobei der Gottesdienst nach evangelischem Verständnis und ganz anders als in den meisten religiösen Traditionen seine Pointe darin hat, dass nicht Menschen Gott dienen, sondern sie Gottes eigenes Werk an sich wirken lassen: »niemant dienet aber got, denn wer yhn lessit sein got sein und seine werck in yhm wircken«.[26] Gerade darin kommt nun wiederum der eschatologische Charakter der Kirche zum Ausdruck: dass Gott den Menschen dient und sie so mit sich effektiv versöhnt zum ewigen Zusammensein, Zusammenbleiben und Zusammenleben mit ihm und miteinander. Als Dienst Gottes am Menschen verstanden ist der evangelische Gottesdienst ganz besonders von der Erwartung, der eschatologischen Hoffnung auf diesen Gott und seine Präsenz charakterisiert.

In der reformatorischen Theologie wird die Rückgewinnung des eschatologischen Charakters der Kirche vor allem in der Unterscheidung von sichtbarer und verborgener Kirche thematisiert. Beides lässt sich sachlich nicht trennen: Kirche gibt es immer nur als sichtbare. Eine verborgene Kirche, die von der sichtbaren Kirche abgetrennt würde, ist definitorisch unmöglich. Die verborgene Kirche ist immer nur die in ihrer Sichtbarkeit verborgene Kirche. Als Gemeinschaft der Glaubenden lässt sich Kirche nicht nur verborgen bzw. unsichtbar denken, weil sich die Glaubenden sonst zu keiner Gemeinschaft zusammenfinden und so auch gar nicht die Erfahrung der Versöhnung machen könnten. Die Unterscheidung von Sichtbarkeit und Verborgenheit der Kirche hat ihre Pointe denn auch in der Differenz zweier Perspektiven bzw. Hinsichten, in denen die eine – wie gesagt: immer sichtbare – Kirche zur Sprache kommt: »zum einen als Geschöpf des dreieinigen Gottes bzw. des Evangeliums und zum andern als Institution bzw. als Gemeinschaft von Menschen im Zusammenhang der Welt.«[27]

Ihre Verborgenheit als Geschöpf Gottes, als heiligendes Heilswerk des dreieinigen Gottes, verleiht der Kirche ihren eschatologischen Charakterzug. Die Kirche erschöpft sich eben nicht in ihrer Eigenart als traditionsbewusste, kultische Religionsgesellschaft, die den an ihrer religiösen Existenz interessierten Menschen Religion vermittelt. Eschatologisch und verborgen ist die Kirche immer über sich selbst hinaus und sich selbst voraus. In ihr realisiert sich der Heilsplan des dreieinigen Gottes, alle Menschen zu seinem versöhnt miteinander existierenden Volk zusammenzuführen. Dieses Programm und dieses eschatologische Ziel ist nun, leider Gottes, den Kirchen häufig nicht

---

[26] Luther fährt fort: »[...] wie wol man itzt leyder das wortlin ›gottis dienst‹ szo in einen frembden vorstand unnd brauch hat bracht, das, wer es horet, gar nichts an solche werck denckt, szondern an den glockenn klang, an steyn und holtz der kirchen, an das reuchfasz, an die flammen der liecht, an das geplerre in den kirchen, an das golt, seyden, edelstein der korkappen und meszgewandt, an die kilch und mostrantzen, an die orgeln und taffeln, an die procession und kirchgang, und das grossist, an das maulpleppern und pater noster steyn zelen. Da hyn ist gottis dienst leyder kummenn« (Martin Luther, Das Magnificat verdeutschet und ausgelegt. 1521, WA 7, 595,34–596,8 = BoA II, 180,10–18).

[27] Hans-Peter Grosshans, Die Kirche – irdischer Raum der Wahrheit des Evangeliums, Leipzig 2003, 108.

anzusehen – aus dogmatischer Sicht: zwangsläufig (denn es ist eine Frage des Glaubens). Schon unter Christen scheitert das Zusammenkommen einer Gemeinschaft von Glaubenden aus unterschiedlichen Völkern und Kulturen zur gemeinsamen Gottesverehrung und zum Gottesdienst oft bereits an sprachlichen und kulturellen Grenzen. In Deutschland existieren Hunderte von evangelischen Migrationsgemeinden oft beziehungslos mit deutschen evangelischen Gemeinden. Bisher haben sich die evangelischen Kirchengemeinden und Landeskirchen dazu kaum etwas Sinnvolles einfallen lassen.

Noch weniger wird die heilsuniversale eschatologische Dimension der Kirche an den evangelischen Kirchen in Deutschland sichtbar, wenn es um ihr Verhältnis zu den Migranten insgesamt geht. Ihnen widmen sich die Kirchen vor allem in ihrem diakonischen Handeln. Zu einer geistlichen Gemeinschaft, z.B. in den Gottesdiensten, werden sie jedoch selten eingeladen. Wenn man sieht, wie selbstzufrieden und selbstgefällig die evangelischen Kirchen in Deutschland mit ihrem Ethnozentrismus und ihren Traditionen sind und sich darin gar nicht durch Menschen aus anderen Kulturen und anderen Sprachen stören lassen möchten, so kann man darin fast eine Bestätigung für das Fehlen der eschatologischen Dimension in den heutigen Kirchen sehen. Freilich wird dies in den Kirchen nur dann als Problem wahrgenommen werden, wenn die Kirchen nicht nur als Mittel bzw. Instrumente des Heils verstanden werden – was sie zweifellos auch sind –, sondern in der Kirche die Vollzugsform des erhofften Heils gesehen wird.

Die Kirchenstudie der Leuenberger Kirchengemeinschaft, der *Gemeinschaft Evangelischer Kirchen in Europa*, hat die Differenz von Grund und Gestalt der Kirche hervorgehoben. Das damit einhergehende ekklesiologische Modell ist freilich zu statisch, weil die Dynamik der vom Grund – dem dreieinigen Gott und seinem Evangelium – ausgehenden sozialen Bewegung der Kirche, in der sich das vom dreieinigen Gott verheißene Heil in der Realisierung befindet, nicht mitbedacht wird. Die Kirche als Gemeinschaft der Glaubenden ist nie nur Mittel und Instrument zum Heil, sondern selbst Vollzug des Heils. Sie ist gelebte Hoffnung: Die Hoffnung auf ein versöhntes Leben mit Gott und miteinander wird antizipierend und vorwegnehmend zu realisieren versucht.

Die reformatorische Theologie hat ganz zu Recht gegen die Rolle der institutionalisierten Kirche als Heilsvermittlerin, als institutionalisierte Mediatorin im Verhältnis von Gott und Mensch, protestiert. Die Kirche ist ganz und gar missverstanden, wenn sie auf die Rolle einer Mediatorin – und sei es die Mediation der Freiheit – reduziert wird. Sie ist vielmehr Vollzugsgestalt der Gemeinschaft von Gott und Mensch – und insofern wesentlicher Teil des Glaubens. Deshalb ist die Kirche auch ganz zu Recht Thema in den christlichen Glaubensbekenntnissen. »Die Kirche glauben« (credo ecclesiam) ist die vom Heiligen Geist bewirkte – also nicht aus Vernunft resultierende – Erkenntnis, dass die Kirche ein besonderes Geschöpf des dreieinigen Gottes ist; dass die Kirche Leib Christi ist; dass die Kirche das mit Gott versöhnte Volk Gottes auf Erden ist. Die Kirche ist in diesem Sinne *Inhalt* des Glaubens; sie ist so formuliert aber nicht Glaubensgegenstand im Sinne von Glaubens*grund* – im Unterschied zum dreieinigen Gott.

Aus der berechtigten Sorge, die Kirche nicht dem dreieinigen Gott gleichzustellen, wird traditionell jeglicher Anschein, sie als Glaubensgrund zu verstehen, strikt zurückgewiesen. Sie ist eben ein Glaubensinhalt, zu dem sich der bekennende Christ bejahend verhält. Mit dieser Differenz von Glaubensgrund und Glaubensinhalt wird jedoch die theologische Pointe der Kirche gerade nicht hinreichend erfasst. Denn die Kirche ist Gegenstand des Glaubens nicht nur als Inhalt des Glaubens, sondern als Gestalt des *Glaubens-* bzw. *Heilsvollzugs.* Die Kirche ist zwar nicht Gegenüber der Glaubenden wie der dreieinige Gott, dem sich der Glaube verdankt, von dem er lebt und auf den er sich verlässt. Die Kirche ist aber auch nicht nur ein zu bejahender Inhalt des Glaubens, wie z.B. die Auferstehung der Toten. Die Kirche ist vielmehr der soziale Raum, in dem auf Erden der Glaube und das mit ihm gegebene Heil *vollzogen* und gelebt wird.

Das ökumenische Bekenntnis von Nicaea-Konstantinopel von 381 hat deshalb im Blick auf die Kirche ganz zutreffend ein Πιστεύομεν εἰς […] Ἐκκλησίαν – ein: »Wir glauben an [...] die Kirche« – verwendet. Darin artikuliert sich das Bewusstsein, dass die Kirche nicht nur ein zu bejahender Glaubensinhalt sein kann, sondern es die Sache der Kirche erfordert, dass die Glaubenden sich in eine partizipierende Beziehung zur Kirche setzen.

Luther und Calvin hatten dafür einen Sinn, den sie unter anderem in der Rede von der Kirche als Mutter der Glaubenden bzw. aller Frommen zum Ausdruck brachten. Eine Mutter ist nie nur Instrument, nie nur Mittel zum Leben. Insofern ist auch die als Mutter aller Glaubenden verstandene Kirche nicht nur eines – wenn auch das vornehmste – der »externa media vel adminicula: der externen Medien und Hilfmittel«[28] – wie Calvin formuliert –, mit denen uns Gott zu der Gemeinschaft mit Christus einlädt und in ihr erhält. Das Bild von der Kirche als Mutter bringt vielmehr zum Ausdruck, dass die Kirche der für die Existenz des einzelnen Glaubenden notwendige Lebensraum bzw. Lebenszusammenhang ist. Und wie dabei die Glaubenden der Kirche als ihrer Mutter bedürfen, so bedarf umgekehrt die Kirche ihrer Kinder. Das Bild von der Kirche als Mutter aller Glaubenden hat darin seinen positiven Sinn, dass die christliche Existenz der einzelnen Glaubenden in dem Heilshandeln Gottes an der Kirche mit eingeschlossen ist und dass die Kirche den Lebenszusammenhang darstellt, in dem sich das Heil vollzieht, genauer: in dem sich die Versöhnung Gottes mit den Menschen und daraus resultie-

[28] Johannes Calvin, Institutio christianae religionis (1559), IV (Überschrift).

rend auch die Versöhnung der Menschen untereinander antizipierend vollzieht. Wenn das so ist, dann ist die gegenwärtig verbreitete Auffassung, dass der christliche Glaube vor allem auf den einzelnen Menschen bezogen sei: auf seine Rechtfertigung und Heiligung, auf seine, wie auch immer verstandene, Selbst- und Ganzwerdung – eben auf das Heil des einzelnen Menschen –, nur die halbe Wahrheit. Zu dem lebenserneuernden Wirken des Evangeliums gehört eben nicht nur, dass einzelne Menschen zu sich selbst finden, dass sie ganz und heil und frei werden. Genauso gehört zum lebenserneuernden Wirken des Evangeliums, dass die in der Gegenwart Gottes lebenden Menschen zur Kirche vereint werden. Die Kirche gehört zu dem schöpferischen, versöhnenden und erlösenden Heilshandeln Gottes, das die Versöhnung der Menschen untereinander einschließt. In der Gemeinschaft der Kirche ist es Ereignis: die Versöhnung der Menschen mit Gott und die Versöhnung derer, die in unserer Gesellschaft, in unserer pluralistischen und postmodernen Weltgesellschaft, fein säuberlich voneinander geschieden sind.

Von der gottesdienstlichen Versammlung zur Vision einer allgemeinen Kirche

Ekklesiologische Diskurse in den paulinischen Schriften

Christine Gerber

1. Von der sichtbaren Kirche zur Frage nach der Ekklesiologie im NT[1]

»Die Kirche im Neuen Testament«, das scheint auf den ersten Blick eine klare Fragestellung, erzählen doch die Evangelien, wie Jesus Menschen in Israel in seine Nachfolge berief, und die Briefe und die Apostelgeschichte von der engagierten Mission über Israel hinaus und davon, wie Gemeinden an verschiedensten Orten um das Mittelmeer entstanden. Und auch unsere Kirchen verstehen sich schließlich als Wirkungen des Neuen Testaments.

Aber wie der Begriff »Kirche« heute vieldeutig ist, bezeichnet er doch sowohl eine Institution wie Organisation, gleichzeitig ein Kirchgebäude wie die gottesdienstliche Versammlung, eine Landeskirche wie auch »die« eine Weltkirche, so ist bei genauerem Hinsehen auch im Blick auf das Neue Testament offen, worauf sich die Rede von »Kirche« beziehen soll. Um die »Kirche« zu fassen zu bekommen, brauchen wir, wie auch dieser Tagungsband zeigt, einen Horizont, ein Gegenüber (»Kirche und Gesellschaft«), soziologische Kategorien (»Organisation und Institution« oder »soziale Praxis«), einen theologischen Diskurs oder eine empirische Grundlage wie die »Kirchenmitgliedschaftsuntersuchung«. Dann erst bekommt »die Kirche« Konturen. Dies spiegelt sich

---

[1] Überarbeitete Fassung eines Vortrags, gehalten auf dem Treffen der Rudolf-Bultmann-Gesellschaft am 24.–26.02.2015 in Bad Herrenalb. Die Breite des Themas und der neutestamentlichen Diskussion lässt nur eine pointierte, exemplarische Bearbeitung der Fragestellung zu. Auch die Literaturangaben beschränken sich auf wichtige Untersuchungen, in denen weitere Entfaltungen des Themas und Literatur zu finden sind. Mein herzlicher Dank gilt neben den Mitdiskutierenden in Bad Herrenalb meinen Mitarbeitenden in Hamburg, Lukas Matthes, Stephanie Schabow und May-Britt Melzer für ihre Unterstützung bei der Fertigstellung des Aufsatzes.

auch darin wider, dass die Ekklesiologie als eigenständige dogmatische Disziplin erst in der Zeit der Kirchenspaltungen, der Reformation und Gegenreformation entstand.[2]

Auch die neutestamentlichen Texte treiben keine explizite Ekklesiologie und ermangeln einer Bestimmung der »Kirche« als solcher. Lehrbücher[3] wählen deshalb in der Regel einen historischen Zugang, indem sie rekonstruieren, wie sich ausgehend vom Auftreten Jesu und der Mission Gemeinden entwickelten und Ämter ausgeprägt wurden. Zur Konturierung gereichen Gegenüberstellungen wie »Kirche und Israel«, »Kirche und das Imperium Romanum«. Leicht wird jedoch ausgeblendet, dass mit solchen Kategorien und der Beschreibungssprache Implikationen eingetragen werden, die den Blick für den Gegenstand auch verstellen; für mich beginnt das bereits, wie ich zeigen möchte, mit der Verwendung des Begriffs »Kirche« in Bezug auf das NT. Und leicht gerät dabei aus dem Blick, dass die Diffusität des Gegenstandes in der Sache selbst begründet liegen könnte.

Allerdings stand für die ersten Christinnen und Christen anders als heute außer Frage, *dass* sie sich in einer Gemeinschaft zusammenfanden und diese von eminenter Bedeutung für ihren Glauben war. Religiosität in Gemeinschaft zu leben und zu praktizieren, war für die griechisch-römische Umwelt des NT[4] wie für die alttestamentlich-jüdische Tradition[5] selbstverständlich. Und auch umgekehrt ist Gemeinschaftsleben in der Welt der paulinischen Gemeinden immer auch religiös signiert. Diese Gemeinden nahmen sich in den Städten vermutlich wie Vereine bzw. Vereinigungen (*collegia*) aus, die beliebt waren, um Geselligkeit zu pflegen und politische wie religiöse Interessen zu vertreten. Im Mittelpunkt solcher Vereinstreffen standen Gemeinschaftsmähler, welche stets auch durch kultische Handlungen bestimmt waren.[6]

---

[2] Vgl. MICHAEL BEINTKER, Art. Ekklesiologie, in: RGG[4] 2, 1999, 1183.

[3] Vgl. etwa JÜRGEN ROLOFF, Die Kirche im Neuen Testament, GNT 10, Göttingen 1993; JENS SCHRÖTER, Die Anfänge der christlichen Kirche nach dem Neuen Testament, in: CHRISTIAN ALBRECHT (Hg.), Kirche, Themen der Theologie 1, Tübingen 2011, 37–80; SABINE BIEBERSTEIN, Gemeinde, Kirche, Amt, in: LUKAS BORMANN (Hg.), Neues Testament. Zentrale Themen, Neukirchen-Vluyn 2014, 197–222.

[4] Unbenommen von individueller Religiosität wurde Gottesverehrung kollektiv praktiziert, nicht nur in den öffentlichen städtischen und imperialen Kulten, sondern auch im Bereich des Hauses und in Gruppen (wie Mysterienkulten). Zur Religiosität und kultischen Praxis im Umfeld vgl. MARTIN EBNER, Die Stadt als Lebensraum der ersten Christen. Das Urchristentum in seiner Umwelt 1, GNT 1,1, Göttingen 2012.

[5] »Die soziale Gestalt als religiöser Verband, die das Christentum annahm, ist jüdisches Erbe«, so CHRISTOPH LEVIN, Das Gottesvolk im Alten Testament, in: CHRISTIAN ALBRECHT (Hg.), Kirche (s. Anm. 3), 7–35: 9.

[6] Vgl. dazu EBNER, Stadt (s. Anm. 4), 190ff.; 228: Die Gemeinden gleichen Vereinen im Blick auf ihre Selbstverwaltung innerhalb einer Polis und besonders in der Rolle des

Quer dazu steht zwar die große Bedeutung des Glaubens im entstehenden Christentum als eine Art Individuationsprinzip: Zu glauben, zu vertrauen (πιστεύειν), ist Sache des einzelnen Menschen. Die Botschaft, dass der Glaube an Gott und Christus rettet, gilt jeder Einzelnen und überschreitet insofern ethnische und soziale Grenzen.[7] Dennoch ist auch der Glaube auf Gemeinschaft angewiesen: Die Weitergabe des Evangeliums geschieht durch menschliche Kommunikation, und die Vergewisserung im Glauben bleibt auf Begegnung und Gemeinschaftsfeiern angewiesen. Davon zeugen die Schriften des NT auf ganz unterschiedliche Weise, etwa indem sie erzählen von Begegnungen mit Jesus, von der Begründung einer Gemeinschaft der ihm Nachfolgenden, von Gottesdiensten der ersten Gemeinschaft in Jerusalem, von den Gemeindegründungen des Paulus. Und auch in der Gattung des Briefes schlägt sich nieder, dass das Evangelium der überzeugenden, zugewandten Kommunikation und mithin des menschlichen Miteinanders bedarf.[8]

Und so wird christliche Identität auch in den ältesten Schriften, in denen es noch keinen *terminus technicus* zur Bezeichnung der Christusglaubenden gibt, mit Verben, Metonymien und Metaphern beschrieben, die auf Relationen hinweisen:[9] Zur Gruppenbezeichnung gereichen etwa die Charakterisierungen als »Glaubende« (1 Thess 1,7 u.ö.), als »Berufene« (Röm 1,7), »Geheiligte« (1 Kor 1,2), die die besondere Gottesbeziehung der Einzelnen zum Kennzeichen machen. Und untereinander identifiziert man sich durch die Familienmetaphorik als Bruder, als Schwester.[10]

Gemeinschaftsmahls, das einer Totengedächtnisfeier entspricht. In diesem Rahmen sind aber auch Differenzen zu notieren, etwa andere Formen der Reziprozität und dass die Gedächtnisfeier nicht nur jährlich begangen wird.

[7] Vgl. zur besonderen Bedeutung des Glaubens als persönlichen, mithin individuellen Vertrauens im entstehenden Christentum unter Aufnahme der atl. Tradition nur Ferdinand Hahn, Theologie des Neuen Testaments 2. Die Einheit des Neuen Testaments, UTB 3500, Tübingen ^{3}2011, 451–475.

[8] Vgl. zur brieflichen Pragmatik Christine Gerber, Paulus und seine ›Kinder‹. Studien zur Beziehungsmetaphorik der paulinischen Briefe, BZNW 136, Berlin u.a. 2005, 47ff.; 75–77.

[9] Dass es in den ersten Jahrzehnten keinen Terminus zur Bezeichnung der Christusgläubigen gab, ist signifikant, denn es zeigt, dass die Entwicklung einer christlichen »Identität«, insbesondere in Abgrenzung vom Judentum, ein langwieriger, divergenter Prozess ist, der durch unterschiedliche Aspekte wie die Ausprägung von Identitätstexten, kultischen Vollzügen, aber auch Selbstbezeichnungen geschieht; vgl. insgesamt Judith Lieu, Christian Identity in the Jewish and Graeco-Roman World, Oxford 2004; zu den Selbstbezeichnungen vgl. nur den Überblick von Schröter, Anfänge (s. Anm. 3), 38f.

[10] Zur Herkunft und Bedeutung der Geschwistermetaphorik und ihren ekklesiologischen Implikationen vgl. Reidar Aasgard, Brothers and Sisters in the Faith. Christian

Wenn wir also das »Dass« der Sozialität als gesetzt sehen können, so ist von Interesse, *wie* diese Gemeinschaft im NT mit Bedeutung versehen wird. Dabei geht es nicht nur darum, welche theologische Relevanz der Kirche zugemessen wird, sondern auch, wie dies überhaupt sprachlich entwickelt wird. Denn es gibt, wie gleich gezeigt werden soll (2.), im NT ebenso wenig wie für die christliche Identität für die »Kirche« bereits einen Begriff oder ein sonst ausgehandeltes Konzept im Sinne einer hypersummativen Gemeinschaft, also einer Größe, die mehr ist als die Summe der Einzelnen.

Dass dies auch für unsere Rezeption der neutestamentlichen Ekklesiologie bedeutsam ist, möchte ich exemplarisch an zwei Schriften zeigen, dem 1 Korintherbrief (3.) und dem Epheserbrief (4.). Der 1 Kor ist unter den Schriften des NT diejenige, aus der wir am meisten über das konkrete Gemeindeleben erfahren. Und am Eph können wir am deutlichsten die Theologisierung der Gemeinschaft nachvollziehen. Dieser pseudepigraphe Brief aus der Paulustradition wurde auch aufgrund seiner ekklesiologischen Aussagen bedeutsam für den Streit zwischen den Kirchen um ihr Selbstverständnis.[11]

Dieser Aufsatz möchte die Rede von »Kirche« in Bezug auf das Neue Testament problematisieren und damit statische »Kirchen-Bilder« als von späteren kirchlichen Institutionalisierungen bestimmte Rückprojektion aufzeigen. Denn auch wenn die Texte uns bezeugen, dass die Gemeinschaft der Glaubenden vor Ort und überörtlich von theologischer Qualität ist, so ist dies noch nicht systematisch durchbuchstabiert. Vielmehr arbeiten die Briefe erst daran, die Gemeinschaft und »Kirche« als theologische Größe metaphorisch denkbar und kommunikabel zu machen. Dies zeigt sich aber nur, wenn man die Texte, namentlich die Metaphern, nicht assertorisch liest, nicht als Versprachlichung des bereits Gegebenen, sondern als konstruktive Entwürfe, die Konflikte bearbeiten und Wirklichkeit erst besprechbar und damit denkbar machen. Das soll im Folgenden deutlich werden.

Siblingship as an Ecclesiological Mirror in the First Two Centuries, in: Jostein Ådna (Hg.), The Formation of the Early Church, WUNT 183, Tübingen 2005, 287–316.

[11] Die kontroverstheologische Relevanz des Briefes sei nur beispielhaft verdeutlicht an dem Bultmann-Schüler Heinrich Schlier. Ihn führte nicht zuletzt die Beschäftigung mit der Ekklesiologie des Eph, den er zu dieser Zeit als echten Paulusbrief las, zum Übertritt in die römisch-katholische Kirche. (Zu den Hintergründen von Schliers Konversion und seiner Interpretation der Ekklesiologie des Epheserbriefes vgl. Reinhard von Bendemann, Heinrich Schlier. Eine kritische Analyse seiner Interpretation paulinischer Theologie, BevTh 115, Gütersloh 1995, 53–66; 216–227). Aber auch der Namenspatron der »Rudolf-Bultmann-Gesellschaft für Hermeneutische Theologie« hat, wenn auch ohne Annahme einer paulinischen Autorschaft, vor allem aber ohne solche persönlichen Konsequenzen, den Epheserbrief ähnlich gedeutet, vgl. unten Anm. 53.

2. Was eigentlich ist die ἐκκλησία?

Kürzlich hatte ich wieder einmal die Gelegenheit, den Petersdom in Rom zu besuchen und die von Michelangelo entworfene Kuppel zu besteigen. Von ihrem inneren Umlauf aus hat man einen atemberaubenden Blick hinab in die Kirche, erfährt die grandiosen Dimensionen des Doms und ist auf Augenhöhe mit den lebensgroßen Lettern: »*Tu es Petrus et super hanc petram aedificabo ecclesiam meam et tibi dabo claves regni caelorum*« (Mt 16,18f. Vulg). Über dem hier verehrten Grab des Petrus steht das Wort Jesu an Simon, dass er seine Kirche auf ihm als »Felsen« bauen werde.[12] Lassen wir die wirkungsvolle Petrifizierung der Institution, die Symbolisierung des Anspruchs der römisch-katholischen Kirche, *die* Kirche Jesu Christi zu sein, einmal dahingestellt, denn es geht mir hier darum, etwas nicht spezifisch »Katholisches« zu veranschaulichen: Die mit der Zitierung des Jesuswortes in der Domkuppel nahegelegte Äquivokation von *ecclesia* als Kirchenbau und Institution. Diese ist auch im protestantischen Sprachgebrauch vorausgesetzt: »Kirche« bezeichnet heute zunächst, für viele auch überhaupt, ein Gebäude.[13]

Auch unsere Rede von der institutionellen Kirche setzt häufig die Gebäudevorstellung, genauer die Vorstellung eines umgrenzten Raumes voraus: Man kann in die Kirche real und metaphorisch eintreten (und austreten). Man kann beispielsweise in der Kirche sein, ohne in die Kirche zu gehen. Mit dieser Metaphorisierung des Kirch-Gebäudes werden zugleich bestimmte Denkmöglichkeiten gesetzt: Der Kirchraum ist (je nach Tradition und Konfession) sakral aufgeladen und damit, wie durch die Mauern des Kirchgebäudes, deutlich unterschieden von der Außenwelt als dem profanen Anderen. Gerade die räumliche Metaphorisierung der Kirche macht den Gedanken möglich, dass die Kirche ein »Heilsraum« sei, indem sie eine Unterscheidung von Innen und Außen, ein *extra ecclesiam* »dingfest« macht.[14] Und so machen die Kirchgebäude »die Kirche« als Größe *sui generis* evident, als zeitübergreifende Institution, die sich an verschiedenen Orten realisiert, die über die Jahrhunderte hinweg Menschen verbindet und die bleibt, auch wenn unsereins einmal auf

---

[12] Vgl. zur Wirkungsgeschichte der Worte Ulrich Luz, Das Evangelium nach Matthäus (Mt 8–17), EKK 1/2, Zürich u.a. ^{2}1996, 472–480.

[13] Dem Volk aufs Maul schauend sei hier einmal der Überblicksartikel »Kirche« in Wikipedia zitiert (http://de.wikipedia.org/wiki/Kirche, Zugriffsdatum: 10.03.15): »Kirche steht für: Kirche (Bauwerk); sakrales Bauwerk des Christentums; – Kirche (Kanonisches Recht), geweihtes Gebäude für Gottesdienste; – Kirche (Organisation), Organisationsform innerhalb des Christentums; – allgemein die Gemeinschaft der Christen, siehe Ekklesiologie; – Kirche (Heraldik), Figur im Wappenwesen; – Die Kirche, evangelische Wochenzeitschrift (ab 1945).«

[14] Vgl. die viel zitierte Formel von Cyprian von Carthago, ep. 73,21.

dem Friedhof neben der Kirche liegen sollte (und auch, wenn niemand mehr »in die Kirche« geht).

Die an Kirchgebäude anknüpfende Vorstellung von der Kirche als eines von der Umwelt unterschiedenen Raums scheint mir die Voraussetzung dafür, die Gegenüberstellung von Individuum und Kollektiv sinnfällig zu machen und damit die Kirche als etwas kategorial anderes zu denken als die Summe der einzelnen sich Versammelnden.

Im ntl. Sprachgebrauch aber ist diese Denkfigur nicht möglich. Denn im Unterschied zu unserem Sprachgebrauch ist im Altgriechischen ἐκκλησία, das üblicherweise mit »Kirche« oder »Gemeinde« übersetzte Wort, keine Bezeichnung für ein Gebäude. Die Raum-Metaphorik begegnet in der eben skizzierten Weise im NT nicht, und besondere Versammlungsgebäude der Gemeinden entstehen erst später.[15] Man traf sich in Privathäusern,[16] nicht in eigenen Gebäuden, übernahm aber das Konzept des Hauses und damit des hierarchischen Haushaltes (zunächst) nicht als Grundlage für die Auffassung dieser Gemeinschaft.[17] ἐκκλησία bezeichnet in der Welt der ersten Gemeinden vielmehr die Versammlung, insbesondere die der stimmberechtigten Bürger einer Polis.[18] Und von daher ist auch die verbreitete Bezeichnung einer einzelnen sog. Ortsgemeinde als ἐκκλησία gut zu verstehen.

Dass der Begriff im frühen Christentum von Intension wie Extension her in erster Linie die Versammlung vor Ort bezeichnet, die »Gemeinde« im Unterschied zur »Kirche« als der universalen Gemeinschaft der Glaubenden, ist freilich umstritten.[19] In dieser jüngst wieder lebhaft geführten Diskussion

[15] Vgl. Apg 2,46; Röm 16,3ff.; Kol 4,15; s. L. Michael White, The Social Origins of Christian Architecture, HThS 42, Valley Forge, Pa. 1996, 102–126.

[16] So in Röm 16,23; 1 Kor 16,19; Phlm 2. Ebner stellt beispielhaft an Apg 18,1–11 als »Genrebild für das Experimentierfeld der christlichen Ekklesia im Haus« vor, was das für das Miteinander in der Gemeinde bedeutete (Ebner, Stadt [s. Anm. 4], 91–94).

[17] Anders ist das im 1 Timotheusbrief, wo nicht nur die Metapher vom Haus Gottes (οἶκος θεοῦ) für die Ekklesia begegnet (1 Tim 3,15), sondern auch die Qualifikation zum Bischofsamt an die Rolle des ehrbaren Haushaltsvorstands gebunden wird (3,1–7), mit der Folge (oder zum Zwecke?) einer Patriarchalisierung der Gemeinde (s. 1 Tim 2,9–15).

[18] Vgl. zu ἐκκλησία im klassischen und hellenistischen Griechisch als Bezeichnung der Volksversammlung, die sich in den griechischen Stadtstaaten zur Meinungsfindung traf, C.G. Brandis, Art. ἐκκλησία, PRE 5/2, 1905, 2163–2200; zur Deutung des ntl. Befundes in diesem Rahmen Klaus Berger, Volksversammlung und Gemeinde Gottes. Zu den Anfängen der urchristlichen Verwendung von »ἐκκλησία« (1976), in: Ders., Tradition und Offenbarung. Studien zum frühen Christentum, hg. von Matthias Klinghardt/Günter Röhser, Tübingen 2006, 173–206.

[19] Zu der allgemein üblichen Unterscheidung von »Gemeinde« und »Kirche« als Bedeutung von ἐκκλησία und der meist konfessionell bestimmten Annahme, welcher der beiden Bedeutungen »das *prius*« zukommt, vgl. treffend bereits Karl L. Schmidt, Art.

über die Bedeutung von ἐκκλησία und die traditionsgeschichtliche Herkunft der Bezeichnung für die ältesten Gemeinden, auf die hier nur hingewiesen werden kann, geht es gerade auch um die theologische Bedeutung der »Kirche«.[20] Ausgangspunkt ist die Beobachtung, dass die Bezeichnung der Glaubenden als ἐκκλησία offenbar schon vor Paulus geläufig war. Darauf deutet die Bezeichnung ἐκκλησία (τοῦ θεοῦ) für die altehrwürdige Gemeinde, die Paulus verfolgt hatte (Gal 1,13; 1 Kor 15,9; Phil 3,6; vgl. Apg 8,1.3; 11,22). Aus der Annahme, dass dieser Sprachgebrauch auf atl. oder frühjüdisch-apokalyptischer Redeweise fußt und ein eschatologisches Selbstverständnis der ersten Gemeinden widerspiegelt, wird ein besonderer Anspruch der sich so bezeichnenden Gemeinde abgeleitet, »endzeitliche Gemeinde Gottes« zu sein.[21] Damit verbindet sich dann oft die These einer »hohen Ekklesiologie«,

---

ἐκκλησία, in: ThWNT III, 1938, 502–539: 502–505, dessen weitere Argumentation allerdings methodisch überholt ist.

[20] Im Blick auf die Herkunft der Bezeichnung ἐκκλησία τοῦ θεοῦ wird diskutiert, ob diese eine apokalyptische Bezeichnung des »letzten Aufgebotes Gottes« aufnimmt oder aus der LXX stammt (vgl. dazu Roloff, Kirche [s. Anm. 3], 83f.) und ob diese Bezeichnung in der aramäischsprachigen Urgemeinde oder durch die Hellenisten um Stephanus aufgegriffen wurde (vgl. dazu George H. van Kooten, Ἐκκλησία τοῦ θεοῦ. ›The Church of God‹ and the Civic Assemblies of the Greek Cities [ἐκκλησίαι] in the Roman Empire: A Response to Paul Trebilco and Richard A. Horsley, in: NTS 58 [2012], 522–548). Im Blick auf die paulinische Verwendung ist wiederum umstritten, ob die Semantik der Verwendung bei Paulus durch diese (allerdings unterschiedlich bestimmte) Traditionsgeschichte geprägt ist oder durch die pagane Verwendung zur Bezeichnung von Polis-Versammlungen. Für diese Diskussion vgl. beispielhaft das Nebeneinander zweier neuer Lehrbücher, einerseits den Artikel von Wolfgang Kraus, Die Kirche, in: Friedrich W. Horn (Hg.), Paulus Handbuch, Tübingen 2013, 400–408, der eine traditionsgeschichtlich gefüllte Semantik von ἐκκλησία vertritt (401f.), und andererseits Michael Wolter, Paulus. Ein Grundriss seiner Theologie, Neukirchen-Vluyn 2011, 266–272, der den atl. Sprachgebrauch für irrelevant erklärt und als Ausgangspunkt die tatsächliche Versammlung der Christen sieht. Schließlich wird gestritten, ob Paulus mit dieser Bezeichnung, wenn sie auf die Polis-Versammlungen Bezug nimmt, eine implizite politische Kritik vermittelt und die Gemeinde als Gegen-Ekklesia zur städtischen entwirft (so z.B. van Kooten, Church of God). Forschungsgeschichtlich interessant ist in diesem Zusammenhang die Aufarbeitung der These Erik Petersons, dass der Begriff ἐκκλησία wie im ursprünglichen politischen Sinne die Polis voraussetze, da deren Versammlung als Institution der Polis fungierte, die neutestamentliche Rede damit auf die Himmelsstadt verweise, durch Hans-Ulrich Weidemann, Ekklesia, Polis und Synagoge. Überlegungen im Anschluss an Erik Peterson, in: Erik Peterson, Ekklesia. Studien zum altchristlichen Kirchenbegriff, hg. von Barbara Nichtweiss/Hans-Ulrich Weidemann, Ausgewählte Schriften – Sonderband, Würzburg 2010, 152–195.

[21] So schreibt etwa Jürgen Roloff, Art. ἐκκλησία, EWNT[2] 1, 1992, 998–1011: 1001, dieses Selbstverständnis sei das einigende Band der Jerusalemer Urgemeinde, der hellenistischen Judenchristen um Stephanus wie des Paulus gewesen, weshalb letztere

nämlich die Behauptung, dass die Bezeichnung ἐκκλησία *primär* – und auch bei Paulus – die allgemeine Kirche bezeichne und nur davon abgeleitet für die Ortsgemeinde verwendet wurde. Beispielhaft sei hier Rudolf Bultmann zitiert, nach welchem Paulus in der Rede von ἐκκλησία dem Sprachgebrauch der hellenistischen Gemeinden gefolgt sei, die ihrerseits den Sprachgebrauch und das Selbstverständnis der Urgemeinde reflektiert hätten, eschatologische »Gemeinde Gottes« zu sein.

> »Im Christentum steht der einzelne Gläubige innerhalb der Gemeinde, und die einzelnen Gemeinden sind zu der einen Gemeinde zusammengeschlossen. [...] (D)ie kirchliche Organisation (ist) primär aus dem Bewußtsein erwachsen, daß die Gesamtgemeinde vor den Einzelgemeinden besteht. Symptom dafür ist der Sprachgebrauch; ἐκκλησία bezeichnet zuerst überhaupt nicht die Einzelgemeinde, sondern das ›Volk Gottes‹, die Gemeinschaft der Erwählten der Endzeit, so nicht nur in der Urgemeinde [...], sondern auch im hellenistischen Christentum [...]«.[22]

Dass sich aus dieser traditionsgeschichtlichen These wiederum leicht der Enteignungsanspruch ableiten lässt, die Kirche sei das »wahre Israel«, wird immerhin in jüngerer Zeit problematisiert.[23]

Für alle Positionen lassen sich Argumente finden, indem unbenannte Voraussetzungen gemacht werden, etwa dass mit der Übernahme eines Ausdrucks auch seine Traditionsgeschichte oder gar Etymologie[24] evoziert wird und so andere Verwendungen des Begriffs überschrieben, also enteignet werden. Eine semantisch nachvollziehbare Argumentation verlangt jedoch, vom jeweiligen Aussagekontext her zu erschließen, worauf der Begriff entsprechend seiner denotativen Kompetenz referiert.

Ein solches an der tatsächlichen Begriffsverwendung orientiertes Vorgehen zeigt für die als authentisch geltenden Paulusbriefe, dass sie mit ἐκκλησία (fast) nur auf einzelne Gemeinden an unterschiedlichen Orten referieren[25] und

---

die Bezeichnung von der Urgemeinde übernahmen, die so ihrem Selbstverständnis Ausdruck gab, von Gott berufen zu sein, »Mitte und Kristallisationspunkt des nun von ihm zu berufenden endzeitlichen Israel zu werden«.

[22] Rudolf Bultmann, Theologie des Neuen Testaments, hg. von Otto Merk, UTB 630, Tübingen [9]1984, 40f.; 95f., Zitat 95f.

[23] Vgl. Kraus, Kirche (s. Anm. 20), 403, sowie Weidemann, Ekklesia (s. Anm. 20), bes. 158–164; 171–185.

[24] Gelegentlich wird behauptet, dass in der Bezeichnung ἐκκλησία auch das Verb ἐκκαλέω (herausrufen), also die Erwählungsvorstellung mitschwinge; vgl. dagegen schon Schmidt, Art. ἐκκλησία (s. Anm. 19), 533f.

[25] Vgl. bes. die pluralische Rede von »den Gemeinden Gottes« in 1 Kor 11,16.22; 1 Thess 2,14 und die Rede von der Versammlung im Hause jemandes (Röm 16,5; 1 Kor 16,19; Phlm 2; Kol 4,15). Dass die Gesamtkirche gemeint sei, wird für 1 Kor 6,4; 11,32; und 12,28 diskutiert. Aber in keiner dieser Aussagen ist das zwingend, sondern es kann die Gemeinde in Korinth gemeint bzw. (in 12,28) generisch von der Gemeinde vor Ort die Rede sein (vgl. Dieter Zeller, Der erste Brief an die Korinther, KEK 5,

mehrfach konkret auf eine Versammlung der Gemeinschaft, also das, was wir als »Gottesdienst« bezeichnen (1 Kor 11,18; 14,4ff.). Daraus ergibt sich die plausible Annahme, dass unter ἐκκλησία im paulinischen Kontext zunächst, im Anschluss an die profane Bezeichnung der Versammlung, die gottesdienstliche Versammlung verstanden wurde, nämlich jener Ort, an dem sich die zum Glauben bekehrten Menschen unterschiedlicher Herkunft als neue Gemeinschaft erfuhren. Bezeichnet ἐκκλησία die Gruppe auch dann, wenn diese nicht aktuell versammelt ist, kann man das mit Michael Wolter als Metonymie verstehen, die »die Gemeinschaft der Christen als so etwas wie eine auf Dauer gestellte gottesdienstliche Versammlung (kennzeichnet)«[26]. Dass sich mit der Begriffswahl, wie oft behauptet, ein eschatologisches Selbstverständnis verband, die »endzeitliche Versammlung Gottes« zu sein, wird hingegen aus den Kontexten der paulinischen Verwendungen nicht ersichtlich.[27]

Ich möchte nicht ausschließen, dass die Rede von ἐκκλησία in atl. Tradition theologisch verstanden werden kann als Anspielung auf Gottes Versammlung Israels. Es soll auch nicht bestritten werden, dass ἐκκλησία zur Bezeichnung der allgemeinen Gemeinschaft der Glaubenden, der »Kirche«, wurde und dass dies in einem eschatologischen Sinne verstanden werden konnte. Aber all das ist nicht mit der Rede von ἐκκλησία gegeben, sondern muss, wie im Folgenden noch gezeigt wird, erst in den Aussagekontexten deutlich gemacht werden: durch Metaphern und andere Mittel, die erst eine gemeinschaftliche Identität evident werden lassen.

Die Übersetzung von ἐκκλησία mit »Kirche« verdeckt dies jedoch, weil sie, wie eben erläutert, die Vorstellung einträgt, es gebe ein begriffliches Konzept für eine institutionelle Größe, die mehr ist als die Summe der Glaubenden. Sie wirkt damit unbemerkt wie eine *petitio principii*, weil sie das Konzept einer qualitativen Unterscheidung von Individuen und Gemeinschaft bereits voraussetzt. Ich meide darum hier den Begriff »Kirche«, spreche von ἐκκλησία oder »Versammlung« und möchte anhand von 1 Kor und Eph die Frage stellen,

---

Göttingen 2010, 401). Bemerkenswert ist, dass die Bezeichnung ἐκκλησία auch in Apg und Offb noch überwiegend auf Einzelgemeinden referiert und in den späteren Briefen kaum begegnet.

[26] Wolter, Paulus (s. Anm. 20), 268. Vgl. auch van Kooten, Church of God (s. Anm. 20), 522–548.

[27] Das bedeutet auch, dass die Diskussion, ob die paulinische Ekklesiologie heilsgeschichtlich konzipiert sei um das Motiv vom »Volk Gottes« oder christologisch um das vom »Leib Christi« (vgl. Kraus, Kirche [s. Anm. 20], 400f.), weder vom Sprachgebrauch (der Ausdruck λαὸς θεοῦ begegnet bei Paulus nur in Röm 9,25f.; 2 Kor 6,16 in zwei atl. Zitaten) noch von der divergenten Metaphorik (dazu s.u.) her sinnvoll ist, da sie nicht zwischen der individuellen Soteriologie und einer pointierten Theologisierung der Gemeinschaft unterscheidet.

wie noch ohne einen »Kirchenbegriff« Sinn und Geschmack für eine Gemeinschaft der Glaubenden kommuniziert wird.

3. Der 1 Korintherbrief als Plädoyer für die Einheit der Gemeinde

Der 1 Kor handelt ausführlich vom Miteinanderleben in der Gemeinde und gibt der Gemeinschaft Gewicht. Der Begriff ἐκκλησία fällt mehrfach. Er bezeichnet die gottesdienstliche Versammlung (vgl. 11,18; 14,19) und, deutlich besonders in der Verwendung des Plurals, einzelne Gemeinden an verschiedenen Orten (4,17; 7,17; 11,16; 16,1). Ob der Begriff vereinzelt auf die Gesamtkirche referiert, ist umstritten.[28] Bemerkenswert ist daher, dass Paulus weder, wenn er die Zusammengehörigkeit der Gemeinde in Korinth einfordert (vgl. bes. 1,10), noch wenn er die Gesamtheit der Glaubenden anspricht, von ἐκκλησία spricht.

Von Interesse ist in dieser Hinsicht die doppelte Adresse des Briefes 1,1f.: »Paulus, berufener Apostel Christi Jesu durch den Willen Gottes, und Sosthenes, der Bruder, der ἐκκλησία Gottes, die in Korinth ist, den Geheiligten in Christus Jesus, berufenen Heiligen, mit allen, die den Namen unseres Herrn anrufen an jedem Ort, ihrem und unseren [...].« Paulus adressiert mit ἐκκλησίᾳ τοῦ θεοῦ τῇ οὔσῃ ἐν Κορίνθῳ die in Korinth sich Versammelnden.[29] In Abgrenzung zur ἐκκλησία der Polis bezeichnet er sie als ἐκκλησία Gottes. Gott ist derjenige, der die Menschen berufen und geheiligt hat, und so kann auch der Genetiv τοῦ θεοῦ Gott als den assoziieren, der die Menschen versammelt. Um die Gemeinschaft *aller* Glaubenden anzusprechen, spricht Paulus hingegen paraphrastisch, partizipial und explizit universal (πάντες), von »allen, die den Namen unseres Herrn Jesus Christus anrufen« (V. 2b).[30] Nicht eine Art Mitgliedschaft, auch nicht ein Ritual wie die Taufe wird als Identitätsmarker genannt, sondern die Unterstellung unter Jesus Christus als Herrn. Wir finden hier also zwei Größen der Gemeinschaft: die Versammlung in Ko-

---

[28] S. Anm. 25.

[29] In die Partizipialkonstruktion sollte man nicht »hineingeheimnissen« (Zeller, 1 Kor [s. Anm. 25], 72), dass die korinthische Gemeinde hier als Konkretion der weltweiten Kirche vorgestellt würde (so etwa Roloff, Art. ἐκκλησία [s. Anm. 21], 1003), denn ähnlich variabel kann Paulus auch sonst formulieren. Hier ermöglicht die Formulierung, die Qualifikation τοῦ θεοῦ und die Ortsangabe zu verbinden (mit Zeller, ebd.).

[30] σὺν πᾶσιν τοῖς ἐπικαλουμένοις τὸ ὄνομα τοῦ κυρίου ἡμῶν Ἰησοῦ Χριστοῦ ἐν παντὶ τόπῳ, αὐτῶν καὶ ἡμῶν. Das Verb ἐπικαλέω bezeichnet in diesen Kontexten das Bekennen, vgl. bes. Röm 10,13f., s. Walter Kirchschläger, Art. ἐπικαλέω, EWNT² 2, 1992, 72–74.

rinth vor Ort und eine alle Glaubenden aller Orte umfassende Größe, für die es keinen Begriff gibt.[31]

Nun ist Paulus aber daran gelegen, deutlich zu machen, dass die Glaubenden in Korinth sich nicht nur durch ihre jeweilige Berufung oder Heiligung identifizieren, sondern auch als eine zusammengehörige Gruppe verstehen. Dieses Anliegen wird, jeweils ohne prägnante Rede von ἐκκλησία, in verschiedener Hinsicht thematisiert: Geht es in Kap. 1–4 darum, Streit und Spaltungen auszumerzen, so in Kap. 5f. um die Reinheit der Gemeinde und in Kap. 12; 14 um den Umgang mit verschiedenen Charismen im gemeinsamen Gottesdienst. Gemeinschaft wird dabei in zwei Hinsichten entfaltet: Im Blick auf die innere Zusammengehörigkeit (3.1) und durch Unterstreichung der Abgrenzung von außen (3.2).

3.1 Die innere Zusammengehörigkeit der Gemeinschaft

Um die positiven Aspekte der Gemeinschaft auszudrücken, greift Paulus stets zu Metaphern, offenbar in Ermanglung begrifflicher Ressourcen. Metaphern und Gleichnisse aus der Alltagswelt sind im Neuen Testament das Mittel, das Neue des Christusgeschehens innerhalb des Bekannten zu kommunizieren, und das nicht nur, wie hinlänglich bekannt, im Blick auf Gott und Christus, sondern auch, wie im Folgenden deutlich wird, im Blick auf die Gemeinschaft.

In 1 Kor 1–4 reagiert Paulus in einem längeren Argumentationsgang auf die Aufspaltung der korinthischen Glaubenden in verschiedene Gruppen.[32] Die einen berufen sich auf Paulus, andere auf Apollos, dritte auf Kephas, vielleicht eine vierte Gruppe auf Christus[33] (1,10–12).

Eine solche Aufspaltung ist, so zeigt es das zentrale Argument mit dem »Wort vom Kreuz«, der Weisheit Gottes, der Botschaft vom gekreuzigten Messias nicht gemäß: Wer sich an herkömmlichen Statusvorstellungen orientiert, wer gemäß der Weisheit dieser Welt mit anderen konkurriert, der hat nicht verstanden, worum es in dieser Verkündigung geht.[34] So heißt es polemisch in

---

[31] Vgl. ähnlich Zeller ad 1 Kor 1,2: »Das ökumenische Bewusstsein ist zwar entwickelt, aber es fehlt ein *Terminus technicus*.« (Zeller, 1 Kor [s. Anm. 25], 72 Anm. 13).

[32] In diesen Eingangskapiteln des Briefes geht es nicht nur darum, die Statusrivalitäten in der Gemeinde theologisch zu bekämpfen, sondern auch darum, die einzigartige Bedeutung des Paulus als Gemeindegründer zu verdeutlichen, so dass die Gemeinde sich an seiner Autorität orientiert. Vgl. zur metaphorischen Argumentation zur Selbstautorisierung des Paulus detailliert Gerber, Paulus (s. Anm. 8), 351–435.

[33] Ob es eine Christuspartei in Korinth gab, wird sich wohl erst im Eschaton klären lassen – im Duktus der Argumentation ist jedenfalls die Selbstidentifikation über Christus die einzig gebotene, wie auch 3,22f. zeigt.

[34] Vgl. dazu Matthias Konradt, Die korinthische Weisheit und das Wort vom Kreuz. Erwägungen zur korinthischen Problemkonstellation und paulinischen Intention in 1 Kor 1–4, in: ZNW 94 (2003), 181–214, bes. 183–194; dass es um den Geltungsdrang

3,3f.: »Denn ihr seid noch fleischlich. Denn wo Eifersucht und Streit unter euch ist, seid ihr da nicht fleischlich und wandelt nach Menschenweise? Denn wenn einer sagt: ›Ich bin des Paulus‹, die andere aber: ›Ich des Apollos‹ – seid ihr nicht menschlich?«

Als Gegenprogramm entwirft Paulus aber nicht nur den Gedanken einer Gemeinschaft, die sich als ganze auf Christus bezieht, sondern er ordnet die Gemeinde und ihre Missionare, allen voran sich und Apollos, in mehreren Bildern metaphorisch zu (3,1–4,21). Familienleben (3,1–4; 4,14–16), Landwirtschaft (3,6–9a), Bauwesen (3,9b–17) sind die Bildspender, mit denen Paulus seine Bedeutung als Apostel, ja als einziger »Vater« und Vorbild der Gemeinde (s. 4,14–16) zu verdeutlichen sucht. Von diesen Metaphern ist die »Baumetaphorik« in 3,9–17 wirkungsgeschichtlich am bedeutsamsten. Sie sei darum hier exemplarisch betrachtet.[35]

Paulus präsentiert sich selbst als den weisen Baumeister (σοφὸς ἀρχιτέκτων), der Christus als Fundament gelegt hat: »Ihr seid Gottes Bau. Gemäß der Gnade, die Gott mir als einem weisen Baumeister verliehen hat, habe ich das Fundament gelegt, eine andere aber baut darauf. Jeder sehe aber, wie er darauf baue. Ein anderes Fundament kann nämlich niemand legen außer dem, das gelegt ist, das ist Jesus Christus.« Auch bei dieser gern rezipierten Grundstein-Metapher geht es nicht um das Gebäude bzw. den umfassten Raum, sondern um Gemeinde-Aufbau: Die Menschen selbst bilden das entstehende Gebäude (θεοῦ οἰκοδομή, 3,9). Ziel der Metapher ist, alle zu warnen, die an der Gemeinde nach der Fundamentarbeit des Paulus »weiterbauen«, also weitere Missionare und vielleicht Gemeindeleitende. Sie sollen ihre Verantwortung gewärtigen, denn im Gericht wird wie bei einer Bauabnahme das jeweilige Werk an der Gemeinde geprüft, und die »Feuerprobe« wird alles vernichten, was nicht aus edlen Stoffen ist: »Wenn aber jemand auf das Fundament aufbaut Gold, Silber, kostbare Steine, Holz, Heu oder Stroh, wird das Werk jedes offenbar werden, denn der Tag wird es sichtbar machen, weil es durch das Feuer offenbart wird [...]« (3,12–13).

Diese Warnung wird noch unterstrichen durch die Versinnbildlichung der Gemeinde als eines göttlichen Tempels (ναὸς θεοῦ): »Wisst ihr nicht, dass ihr Tempel Gottes seid und der Geist Gottes in euch wohnt? Wenn jemand den Tempel Gottes schändet, wird Gott diesen schänden. Denn der Tempel Gottes

als »Wurzel« des »Oberflächendrangs der Streitigkeiten« geht (a.a.O., 189), wird besonders aus 1,26–31, der Kritik am menschlichen Rühmen, als Zielpunkt von 1,18ff. sichtbar.

[35] Vgl. zur Interpretation der Metaphern im Detail Gerber, Paulus (s. Anm. 8), 382–391.

ist heilig, und der seid ihr« (3,16–17). Das eindrückliche Bild[36] beschreibt die Angeredeten als Raum, der die Gegenwart des göttlichen Geistes fasst.

Aber die Gemeinde ist nicht als solche besonders durch den Geist ausgezeichnet, sondern »(d)ie Gemeinschaft ist deshalb ›Tempel Gottes‹, weil sein Geist in den einzelnen Mitgliedern wohnt«.[37] So spricht Paulus wenig später ganz parallel vom Leib, dem σῶμα des Menschen, als »Tempel des heiligen Geistes«, um zu bedeuten, dass der Mensch nicht über seinen Leib verfügt (6,19). Wie dort geht es hier nicht um eine Abwertung des jüdischen Tempelkultes,[38] sondern um eine Aufwertung der so beschriebenen Gemeinschaft als vom göttlichen Geist erfüllt, um dann aus der Tempelanalogie eine Drohung zu ziehen: Wie jede Tempelschändung wird auch dieses Vergehen an der Gemeinde von Gott selbst bestraft (3,17). Ins Bild gesetzt wird also mit dieser Baumetapher nicht das Verhältnis von Individuum und Gemeinschaft, sondern die Gemeinde als kostbares, aber vulnerables Objekt Einzelner, die an ihr wirken wollen.

Um die Zugehörigkeit der Einzelnen zur Gemeinschaft sichtbar zu machen, entfaltet Paulus vielmehr die Leibmetaphorik in prägnanter Weise.[39] Er entlehnt die Bezeichnung der in Korinth Angeschriebenen als σῶμα Χριστοῦ, als »Leib Christi«, vermutlich der Abendmahlssprache (s. 1 Kor 10,16f.). Aber er wählt damit ein Bild, das auch sonst schon in politischen Diskursen zur Argumentation für Gemeinschaft verwendet wurde. Anlass für die Ausführungen in 1 Kor 12 sind offenbar vor allem Spannungen, weil sich einzelne Gemeindeglieder z.B. in Gottesdiensten mit ihrer besonderen Begabung in den Vordergrund spielen (vgl. 1 Kor 14). Dagegen setzt Paulus das Bild von dem Leib: Wie die Glieder eines Leibes zusammengehören und jeweils bei aller Verschiedenheit unverzichtbar sind und alle zusammen den Leib darstellen, so soll es auch in der Gemeinschaft gesehen werden. »Wie nämlich der Leib ein einziger ist und viele Glieder hat, alle Glieder des Leibes zwar viele sind, der Leib aber ein einziger ist, so ist es auch der Christus« (12,12), so leitet er den Abschnitt ein, indem er die unterschiedlichen Glieder eines Körpers als zusammengehörig und bei aller Unterschiedlichkeit gleichermaßen wichtig beschreibt. Abschließend betont er: »Ihr aber seid Christi Leib und, einzeln

---

[36] Zur Traditionsgeschichte der Spiritualisierung des Tempelkultes vgl. ZELLER, 1 Kor (s. Anm. 25), 165f.

[37] Mit ZELLER, 1 Kor (s. Anm. 25), 166, der das καί V.16 epexegetisch auflöst, unter Verweis auch auf Röm 8,9.11; 2 Tim 1,14.

[38] Vgl. GERBER, Paulus (s. Anm. 8), 388.

[39] Zur Leibmetaphorik des Paulus im Kontext der antiken Bildfeldtradition und der Interpretation hier vgl. MATTHIAS WALTER, Gemeinde als Leib Christi. Untersuchungen zum Corpus Paulinum und zu den »Apostolischen Vätern«, NTOA 49, Fribourg u.a. 2001, bes. 126ff.; ANDREAS LINDEMANN, Die Kirche als Leib. Beobachtungen zur ›demokratischen‹ Ekklesiologie bei Paulus, in: ZThK 92 (1995), 140–165.

genommen, Glieder« (12,27). Die Zusammengehörigkeit der Verschiedenen wird christologisch begründet: So wie der einzelne Mensch Anteil an Christus hat (vgl. 6,15), so ist die Gemeinschaft gemeinsam diese Verkörperung des Christus. Man kann dieses starke Bild ekklesiologisch ausmalen, legt es doch nahe, die so verbundene Gemeinschaft als Ort der Gegenwart Christi in der Welt zu denken – aber das geschieht hier nicht.[40]

Die Pointe von 1 Kor 12 ist vielmehr das Miteinander der Einzelnen, wie vor dem Hintergrund der politischen Entfaltung der Metapher noch deutlicher wird: Die Organismus-Metapher kann sowohl hierarchisch wie egalitär fungieren, je nachdem, ob ein Glied die hervorragende Rolle erhält oder nicht. Die in der Nacherzählung des Livius bekannte Fabel des Menenius Agrippa etwa stellt den Magen als Führungskollektiv heraus, auf das auch die Hände und Füße angewiesen sind.[41] Für Paulus geht es hingegen gerade darum, bei aller Verschiedenheit der Glieder (unter die er auch das Haupt subsumiert, s. 12,21) deren Gleichwürdigkeit und Gleichwichtigkeit zu benennen. »Denn wir alle sind auch in einen einzigen Geist zu einem einzigen Leib getauft worden, es seien Juden, Griechen, Sklavinnen, Freie, und wir wurden alle mit einem Geist getränkt« (12,13).

Das Bild vom Leib hat also große ekklesiologische Valenz, die über das, was die Bezeichnung als ἐκκλησία vermitteln kann, hinausgeht. Das Stichwort ἐκκλησία fällt im ganzen Kontext nur einmal, in Bezug auf die spezifischen Funktionen individueller Begabung, die Gott für die Versammlung verliehen hat (Apostel, Prophetinnen, Lehrer etc., 12,28). Zusammengehörigkeit und Gruppenidentität werden hingegen aus der Egalität der Einzelnen abgeleitet, und diese wiederum wird mit der Taufe und Geistgabe bzw. Christus begründet: Taufe, Geistgabe, Christuszugehörigkeit sind die »Gleichmacher«. Sie beschreiben, was jedem und jeder Einzelnen, unbenommen von Herkunft und Status zukommt, und diese Gleichheit begründet die Gemeinschaft als »ein Leib« (12,13; vgl. auch Gal 3,26–29).

Auch die Leibmetaphorik ist aber nicht geeignet, ein Verhältnis der Gemeinschaft zur Außenwelt zu bebildern, denn der Leib stellt selbst das Ganze dar, die Welt außerhalb des Leibes ist nicht im Bild. Es geht nicht um Grenz-

---

[40] Vgl. als *caveat* gegen Überinterpretationen Lindemann, Kirche (s. Anm. 39), 152; 163–165.

[41] Livius, Ab urbe cond 2,32,8–12 erzählt, wie im 5. Jh. v. Chr. Menenius Agrippa mit einer Fabel von der Angewiesenheit aller Glieder eines Körpers aufeinander und besonders auf den Magen die aus Protest gegen die Patrizier der Stadt ausgezogenen Plebejer zur Rückkehr überredete.

ziehungen nach außen, sondern um den notwendigen Umgang innerhalb der Gemeinschaft miteinander.[42]

3.2 Die Wahrung der Grenzen der Gemeinschaft

Um die Grenzen der Gemeinschaft zu markieren, wählt Paulus eine andere originelle Metapher. Als er die Gemeinde auffordert, einen Mann, der mit der Frau seines Vaters lebt, auszuschließen (5,1ff.), nimmt er die Pessach-Tradition auf und beschreibt die Gemeinde als »durch die Pessach-Schlachtung Christi konstituierte Gemeinschaft«, die vor dem Bösen geschützt ist,[43] und als ungesäuerten Teig, der bereits durch ein wenig Sauerteig gefährdet ist: »Wisst ihr nicht, dass ein wenig Sauerteig den ganzen Teig durchsäuert? Fegt den alten Sauerteig aus, damit ihr ein neuer Teig seid, wie ihr ungesäuert seid! Denn auch unser Passa, Christus, ist geschlachtet worden« (5,6f.). Sauerteig, mit dem man nicht umgehen dürfe, das sind hier aber nicht die bösen Anderen – denn das würde einen Auszug aus der Welt bedeuten: »Ich habe euch in dem (früheren) Brief geschrieben, nicht mit Unzüchtigen Gemeinschaft zu haben, aber nicht überhaupt mit den Unzüchtigen dieser Welt oder den Habsüchtigen und Räubern oder Götzendienern, sonst müsstet ihr ja aus der Welt ausziehen« (6,9f.). Fernhalten muss man sich nicht von den nichtchristlichen Menschen, sondern vom nichtchristlichen Ethos, das hier durch einen Lasterkatalog charakterisiert wird. Gefährlicher »Sauerteig« ist nicht die Außenwelt, sondern das Glied in der Gemeinde, das in unerhörter Unzucht lebend die ganze Gemeinde gefährdet durch – in moderner medizinischer Metaphorik reformuliert – »Ansteckung«, der »Infektion« mit ethischem Versagen.

Die Metapher erinnert an die Exoduserzählung, genauer an die Bedeutung, die dem Pessach-Tier und seinem Blut zum Schutz der Gemeinschaft und der Rettung der Israeliten zukommt. Es geht aber nicht darum, dass die Zugehörigkeit zur Gemeinschaft heilsnotwendig sei, sondern dass diese durch den Tod Christi als heilig begründete Gemeinschaft nur durch ethische Reinheit der einzelnen Glieder bewahrt werden kann, weil das einzelne Versagen alles verdirbt.[44]

---

[42] Vgl. zum »Prinzip der egalitären Reziprozität«, in welcher der »ekklesiologische Indikativ« zum Ausdruck kommt, was sich in einer auffallend häufigen Verwendung des Pronomens ἀλλήλων κτλ. zeigt, Wolter, Paulus (s. Anm. 20), 323–328: 323 (z.T. mit Hervorhebungen).

[43] Vgl. zur Deutung dieser Metapher im Kontext der Pessach-Tradition Christine Schlund, Deutungen des Todes Jesu im Rahmen der Pesach-Tradition, in: Jörg Frey/Jens Schröter (Hg.), Deutungen des Todes Jesu im Neuen Testament, WUNT 181, Tübingen 2005, 397–411: 404f., Zitat 404.

[44] Anders votiert hier bekanntermaßen Matthäus, vgl. nur das »Unkraut«, das unter dem Weizen stehen bleiben kann, bis dereinst Gott eingreift (Mt 13,24–30).

Von ekklesiologischer Relevanz ist aber auch der ganze Kontext 1 Kor 5f., in dem Paulus gegen die Duldung eines Unzüchtigen in der Gemeinde vorgeht und kritisiert, dass die Glaubenden Rechtshändel untereinander vor weltlichen Foren austragen, denn er fordert ein starkes Bewusstsein von »Innen« und »Außen« ein.[45] Paulus selbst nimmt in 5,12f. diese raummetaphorische Rede von »denen draußen« (οἱ ἔξω) und »denen drinnen« (οἱ ἔσω) auf: »Denn warum ist es meine Sache, die draußen zu richten? Richtet nicht ihr die, die drinnen sind? Die draußen aber wird Gott richten.« Nebenbei bemerkt: Für Paulus gibt es also keinen moralischen »Öffentlichkeitsauftrag« der Gemeinde. Ihm geht es um die Binnenorientierung, die sich in einem besonderen innergemeindlichen Umgang niederschlagen soll. Der Unterschied zwischen »Drinnen« und »Draußen« wird am Ethos festgemacht. So kann Paulus die Außenstehenden (6,1) rundheraus als »Ungerechte« charakterisieren und in aller Schärfe einen anderen Umgang untereinander fordern: »Gibt es gar keinen Weisen unter euch, der zwischen seinen Geschwistern entscheiden kann? Stattdessen streitet Bruder mit Bruder, und das vor Ungläubigen! Es ist nun schon überhaupt ein Fehler an euch, dass ihr Rechtsstreitigkeiten untereinander habt [...]« (6,5–7).

Die Unterschiedlichkeit im Verhalten wird durch einen wuchtigen Lasterkatalog verdeutlicht:

> »Wisst ihr etwa nicht, dass Ungerechte das Reich Gottes nicht erben werden? Irrt euch nicht! Weder Unzüchtige noch Götzendiener noch Ehebrecher noch Weichlinge noch solche, die mit Männern schlafen, noch Diebe noch Habsüchtige, nicht Trunkenbolde, nicht Lästerer, nicht Räuber werden das Reich Gottes erben. Und solche sind manche von euch gewesen; aber ihr wurdet abgewaschen, aber ihr wurdet geheiligt, aber ihr seid gerechtfertigt worden durch den Namen des Herrn Jesus Christus und durch den Geist unseres Gottes« (1 Kor 6,9–11).

Wiederum ist die individuelle Soteriologie bemerkenswert: Nicht die Zugehörigkeit zur Gemeinschaft rettet, sondern die Reinigung der Einzelnen und die Bewahrung der Reinheit sind Voraussetzung dafür, Teil der Gemeinde sein zu können.

Dieser Lasterkatalog in 1 Kor 6,9f. (wie 5,8) ist freilich keine faire Beschreibung vom Leben der Ungläubigen einschließlich des Vorlebens der Gemeindeglieder. Viele der aufgezählten Vergehen sind auch nach paganer Ethik verpönt, und nach jüdischer ohnehin.[46] Die Auflistung hat also die rhetorische Funktion, einen Unterschied zwischen dem Leben der Glaubenden

---

[45] Matthias Konradt, Gericht und Gemeinde. Eine Studie zur Bedeutung und Funktion von Gerichtsaussagen im Rahmen der paulinischen Ekklesiologie und Ethik im 1 Thess und 1 Kor, BZNW 117, Berlin u.a. 2003, 296–344, bes. 323–329.

[46] Zu den aufgezählten Lastern vgl. Zeller, 1 Kor (s. Anm. 25), 206f.; 216–218; die Darstellung ist allerdings deutlich von jüdischer Ethik geprägt.

und der nichtchristlichen Umwelt bzw. Vergangenheit zu behaupten. Identität wird durch Abgrenzung hergestellt, eine im ganzen NT zu beobachtende Strategie.

Das alles ließe sich natürlich noch genauer darstellen, aber hier muss es genügen. Ich möchte in einer Zwischenbilanz vier Beobachtungen festhalten:

1. Ausgangspunkt der ekklesiologischen Diskurse ist die Gemeinschaft der Glaubenden in Korinth, also die »face-to-face-Relation« untereinander und ihre Beziehung zu Missionaren.

2. Wie für die Dogmengeschichte, so gilt bereits für die paulinischen Briefe: Erst Konflikte veranlassen die Theologisierung der Gemeinschaft. In dieser spielt die Rede von ἐκκλησία keine Rolle. Es bedarf vielmehr der Prägung von alltagsplausiblen Metaphern und argumentativer Energie, um die Würde der Gemeinschaft evident zu machen, etwa durch das Bild vom Tempel und vom Pessach Christus, und um die Verschiedenheit innerhalb einer Gemeinschaft wie durch das Bild vom Leib Christi zu würdigen.

3. Zentrales Argument für die Forderung eines besonderen Verständnisses von der Gemeinschaft und eines angemessenen Umgangs innerhalb dieser ist dabei die individuell entfaltete Soteriologie. Insbesondere die Erfahrung der Taufe bzw. des Geistempfangs und die Vorstellung von Zugehörigkeit zu Christus, aber auch die Metapher von der Reinigung und Heiligung durch Gott tragen argumentatives Gewicht für die Begründung der Gemeinschaft. Denn Glaube, Taufe, Geistgabe haben das Vermögen, die Unterschiede zwischen den Einzelnen zu nivellieren.

4. Um Gemeinschaft sichtbar zu machen, dienen aber auch Grenzziehungen zum vorgeblichen Verhalten der anderen. Die Gemeinschaft bekommt Konturen als Kontrastgesellschaft.

5. Die Zugehörigkeit zur Gemeinschaft ist nicht Voraussetzung zur endzeitlichen Heilsteilhabe, des »Erbes der Basileia«, sondern sie ist umgekehrt *Folge* der Erwählung der Einzelnen, ihrer Heiligung durch Gott. Und sie muss sich realisieren im Ethos, im Umgang miteinander und im Alltag der Welt.

4. Globalisierung der Gemeindevorstellung durch den Epheserbrief[47]

Auch der Epheserbrief versucht, die Vorstellung einer qualitativ signierten Gemeinschaft und Einheit zu vermitteln. Dies tut er aber nun nicht mehr auf der Ebene der »Ortsgemeinde« wie der 1 Kor, sondern allgemeiner. Sein zen-

---

[47] Die der folgenden Argumentation zugrunde gelegten Exegesen sind detaillierter dargestellt bei Christine Gerber, Die alte Braut und Christi Leib. Zum ekklesiologischen Entwurf des Epheserbriefs, in: NTS 59 (2013), 192–221.

trales Anliegen ist die Offenbarung des Geheimnisses, das längst bei Gott beschlossen war, der Zusammengehörigkeit von jüdischen und nichtjüdischen Menschen als ein einziger Leib, als Erbengemeinschaft: »[...] wie es jetzt offenbart wurde seinen heiligen Aposteln und Prophetinnen durch den Geist, dass die Völker Miterben und Mit-Leib und Mitteilhaber sind der Verheißungen in Christus Jesus durch das Evangelium« (3,5f.). So werden in Analogie zur Polis-Zugehörigkeit die nichtjüdischen Menschen als Vollbürger im Gemeinwesen Gottes adressiert, im Status nun den jüdischen gleich: »Also seid ihr (die Nichtjuden und Nichtjüdinnen) nun nicht mehr Fremde und Zugezogene ohne Bürgerrecht, sondern ihr seid Mitbürgerinnen der Heiligen und Gottes Hausgenossen« (2,19).

Diese Sätze sind bereits bezeichnend: ἐκκλησία oder ein institutioneller Begriff fehlt, es werden vielmehr Neologismen und Metaphern bemüht.[48] Besonders der Leibmetaphorik, die in dem eben zitierten Neologismus vom »Mit-Leib« (σύσσωμα, 3,6) eher unanschaulich anverwandelt ist, kommt eine besondere Bedeutung in der Entwicklung der Ekklesiologie des Eph zu. Ungewöhnlich im NT ist auch die Rede von ἑνότης – wörtlich »Eins-heit« –, um den Wert der Gemeinschaft zu beschreiben. In diesem Begriff wird die antike Wertschätzung der Einheit gegenüber der Vielheit hörbar.[49] So fordert die Paränese programmatisch zu Beginn: »[...] seid bestrebt, die Einheit des Geistes zu wahren in dem Band des Friedens!« (4,3, vgl. 4,13). Und anschließend wird diese Einheit durch sieben »Einheitsmarker« beschrieben, die sich durch die siebenfache Wiederholung der Zahl »eins« (εἷς, μία, ἕν) als Entfaltung dieses »Einsheits-Ideals« präsentieren:

> »*Ein* Leib und *ein* Geist,
> wie ihr auch berufen wurdet zu *einer* Hoffnung eurer Berufung.
> *Ein* Herr, *ein* Glaube, *eine* Taufe,
> *ein* Gott und Vater aller,
> der über allem und durch alles und in allem ist« (4,4–6).

Wenn wir diese eindrückliche Liste abgleichen mit dem, was heute der »Einheit der Kirchen« im Wege steht, fällt allerdings auf, was fehlt: Ämter, Organisationsstrukturen, inhaltliche Festlegungen des Glaubens, die Eucharistie... Es scheint der Versuch zu sein, das Gemeinsame zu benennen, das sich unab-

---

[48] Vgl. auch insgesamt zur Frage ANNEMARIE C. MAYER, Sprache der Einheit im Epheserbrief und in der Ökumene, WUNT 2/150, Tübingen 2002; sie stellt die metaphorische Sprachbewegung heraus, allerdings anders als hier nicht in einer Problematisierung des Kirchenbegriffs. Die Metaphorik wird als unersetzliche Ergänzung des »Einheitsbegriffs« interpretiert, der vorausgesetzt wird (vgl. bes. 200ff.).

[49] Vgl. GERHARD SELLIN, Der Brief an die Epheser, KEK 8, Göttingen 2008, 313–315, zum Begriff und zur antiken Hochschätzung der Einheit gegenüber der Vielheit und dem Teilbaren.

hängig von lokalen Autoritäten, der Praxis von Ritualen, theologischen Gewichtungen oder Organisationsstrukturen benennen lässt.[50]

Die Exegese ist sich weithin einig, dass »die Kirche« das Thema des Epheserbriefes ist und dieser als ein »theologischer Traktat über die Kirche« die paulinische Theologie darin maßgeblich weiterentwickelt. J. Roloff formulierte prägnant, dass vergleichbar einer »kopernikanischen Wende [...] die Kirche [im Eph] zum Ausgangspunkt wird, um das Christusereignis von ihr her zu interpretieren«[51], eben in Umkehrung der paulinischen Gewichtung:

> »Entsteht bei Paulus Kirche dadurch, dass Christus Menschen auf Glauben hin durch seine Heilsgaben beschenkt und sie dadurch zu Gliedern und Teilhabern der Heilsgemeinde macht, so entsteht sie nach dem Epheserbrief dadurch, dass Christus einen durch seine Person und sein Heilswerk bestimmten Bereich schafft und Menschen im Glauben den Eintritt in diesen Bereich ermöglicht«.[52]

Mittels der Raummetaphorik wird hier eine hohe Ekklesiologie, der soteriologische Charakter einer von der empirischen Kirche unterschiedenen Größe behauptet.[53]

Dass für den Eph die Idee der Einheit der Glaubenden zentral ist, das ist nach den eben zitierten Aussagen, die sich noch ergänzen ließen (2,14–18), zweifellos treffend. Aber wer hier von einer dezidierten Kirchentheorie spricht, muss ignorieren, dass der Begriff ἐκκλησία nur selten fällt[54] und

---

[50] Vgl. in diesem Sinne schon CA VII,2–4 mit Bezug auf Eph 4,4–6: *Et ad veram unitatem ecclesiae satis est consentire de doctrina evangelii et de administratione sacramentorum. Nec necesse est ubique similes esse traditiones humanas seu ritus aut cerimonias ab hominibus institutas; sicut inquit Paulus: Una fides, unum baptisma, unus Deus et pater omnium* etc.; vgl. Die Bekenntnisschriften der evangelisch-lutherischen Kirche, hg. im Gedenkjahr der Augsburgischen Konfession 1930, Göttingen [12]1998, 61.

[51] Roloff, Kirche (s. Anm. 3), 231f.

[52] A.a.O., 237, z.T. mit Hervorhebungen. Vgl. Helmut Merklein, Christus und die Kirche. Die theologische Grundstruktur des Epheserbriefs nach Eph 2,11–18, SBS 66, Stuttgart 1973, 68: »In Christus ist, wer in der Kirche ist, und so ist er gerettet und geheiligt.«

[53] Vgl. so auch Rudolf Schnackenburg, Der Brief an die Epheser, EKK 10, Düsseldorf u.a. (1982) [2]2003, 318: »Die Kirche ist mehr als eine Vereinigung der an Jesus Christus glaubenden, durch Taufe [...] zusammengeschlossenen Menschen; sie ist eine mit ihrem fortlebenden Herrn verbundene Gemeinschaft, die durch ihn zugleich der transzendenten Welt Gottes angehört.« Auch nach Bultmann (Theologie [s. Anm. 22], 526–530) vertritt der Epheserbrief eine hohe Ekklesiologie: Das Heil sei gegenwärtig in der ἐκκλησία als dem σῶμα Christi, in das die Glaubenden durch die Taufe aufgenommen sind (Theologie 529, mit Bezug auf Eph 1,22f.; 2,16; 5,23.30). In Eph 5,32 sei bereits die Vorstellung von der Präexistenz der Kirche angedacht in dem Sinne, dass sie ihrer historischen Realisierung vorausgehe (Bultmann, a.a.O., 96; zurückhaltender allerdings a.a.O., 182).

[54] ἐκκλησία fällt in Eph 1,22; 3,10.21 sowie sechs Mal in 5,22–33.

mehrfach interpretiert wird durch die Leibmetapher (1,22; 5,23ff.). Und so ist es m.E. bezeichnend, dass auch in der Liste der »Einheitsmarker« noch nicht wie seit dem Nicaeno-Konstantinopolitanum von μία ἐκκλησία die Rede ist, sondern von ἓν σῶμα.

Die Auslegungen überspielen das, indem sie unterstellen, dass ἐκκλησία im Eph anders als in den authentischen Paulinen nun, im Gefolge des Kolosserbriefes,[55] die »Kirche« im universalen Sinne bezeichne.[56] Das ist freilich, wie oben begründet, eine *petitio principii*, die semantisch problematisch ist: Wie sollen die Lesenden wissen, dass der Begriff nun eine andere Extension und damit auch Intension hat,[57] zumal, da die »Universalkirche« angesichts des immer schon pluralen Christentums ein Begriff ohne lebensweltliche Anschauung wäre?

Unterstellen wir deshalb dem Eph nicht einen Begriff oder ein Konzept von der Universalkirche, dann ergibt sich ein ganz anderer Eindruck: Die Schrift betreibt nicht die Theologie bzw. Christologie von der Kirchentheorie aus. Vielmehr arbeitet auch der Eph noch daran, ohne die Basis begrifflich bereits eingespielter Konzepte erst eine Idee von der Einheit der Glaubenden jenseits der in verschiedenen Gemeinschaften Versammelten zu entwickeln, und zwar von der Christologie her. Auch der Eph betreibt gewissermaßen Ekklesiologie noch ohne Kirchenbegriff.

Drei Mittel der Konzeptualisierung und Versprachlichung möchte ich im Folgenden aufzeigen. Die semantische Lücke füllen wiederum Metaphern. Neben der Baumetapher (4.2) spielt vor allem die Leibmetapher (4.3) eine hervorragende Rolle. Daneben begegnet auch im Eph die Abgrenzungsstrategie (4.4). Und schließlich, und damit möchte ich einsetzen, ist schon die Fiktion des Briefes selbst Teil dieser Entwicklung einer Idee von der universalen Gemeinschaft der Glaubenden.

---

[55] ἐκκλησία fällt in Kol 1,18.24; 4,15f. In 4,15f. bezeichnet sie Ortsgemeinden. In den anderen beiden Fällen ist ἐκκλησία durch die Leibmetaphorik interpretiert, so dass auch hier die Denotation »Universalkirche« nicht bereits dem Begriff ἐκκλησία selbst zu unterstellen ist.

[56] Vgl. exemplarisch Sellin, Eph (s. Anm. 49), 146.

[57] Dass ἐκκλησία auch später nicht einfach die Universalkirche bezeichnet, belegt etwa Ignatius, der in Sm 8,2 dezidiert von καθολικὴ ἐκκλησία spricht, um die Gesamtheit zu denotieren.

4.1 Die Brieffiktion[58]

Die »Globalisierung« der Gemeinschaftsvorstellung wird bereits in der Anlage der brieflichen Kommunikation deutlich. Der Brief ist von Paulus nicht wie die uns als authentisch geltenden Briefe an eine Gemeinde gerichtet, die Paulus selbst gegründet hat bzw. (im Falle des Röm) besuchen will, sondern an ihm persönlich unbekannte Nichtjüdinnen und Nichtjuden. Streicht man überdies die textkritisch umstrittene Adresse ἐν Ἐφέσῳ (»in Ephesus«) in 1,1,[59] wird der Brief ortlos, und die Schrift lässt sich gar – mit einer Formulierung Gerhard Sellins – als »›katholischer‹ Paulus-Brief« deuten.[60] Der Paulus des Eph bezieht sich nicht mehr nur auf eine Ortsgemeinde, die er selbst begründet hat bzw. besuchen will. Er schreibt als Völkerapostel an alle Menschen aus den Völkern, und er reiht sich ein in die Gruppe von Aposteln und Propheten, denen das Mysterium Gottes anvertraut ist (3,5.8). Der universale Ansatz schlägt sich besonders im Briefschluss nieder, wo der in den anderen Paulusbriefen den jeweils Adressierten geltende Segenswunsch verallgemeinert wird: »Die Gnade mit allen denen, die unseren Herrn Jesus Christus lieben in Unvergänglichkeit« (6,24).

4.2 Die Baumetaphorik

Bezeichnend ist auch, dass die Rollen von Aposteln und Prophetinnen nun, anders als im 1 Kor, nicht mehr auf eine örtliche Gemeinde bezogen sind. Dies zeigt sich signifikant in der Variation der Baumetaphorik aus 1 Kor 3 in Eph 2,20: »Ihr (die nichtjüdischen Menschen) seid erbaut auf dem Fundament der Apostel und Propheten, während Jesus Christus selbst der Eckstein ist.« Mit den Aposteln werden die nicht ortsbezogenen, missionarischen Gründerfiguren als Fundament genannt, während Ämter, die eine gemeindliche Organisation anzeigen (wie ἐπίσκοπος, διάκονος, πρεσβύτερος) im Eph nicht erwähnt

---

[58] Vgl. dazu CHRISTINE GERBER, Erfundene Briefe und ihre Wahrheit. Überlegungen zum Identitätsangebot der Brieffiktion des Epheserbriefs, erscheint in: JOCHEN FLEBBE/MATTHIAS KONRADT (Hg.), Ethos und Theologie im Neuen Testament (FS Michael Wolter), Neukirchen-Vluyn 2016, 310–330.

[59] Zu Einzelheiten GERHARD SELLIN, Adresse und Intention des Epheserbriefes, in: DIETER SÄNGER (Hg.), Studien zu Paulus und zum Epheserbrief, FRLANT 229, Göttingen 2009, 164–179: 164–171; vgl. aber zur Möglichkeit, dass die Adresse nach Ephesus als *lectio difficilior* ursprünglich ist, da Ephesus als Missionszentrum des Paulus schlecht zur Fiktion einander nicht bekannter Briefpartner passt, ANDREAS LINDEMANN, Bemerkungen zu den Adressaten und zum Anlass des Epheserbriefes, in: DERS., Paulus, Apostel und Lehrer der Kirche. Studien zu Paulus und zum frühen Paulusverständnis, Tübingen 1999, 211–227: 211–215.

[60] Vgl. SELLIN, Adresse (s. Anm. 59), 171.

werden.[61] Apostel und Propheten erhalten also eine tragende Bedeutung, freilich anders als im Bild des Paulus in 1 Kor 3,10f.: Dort erscheinen Apostel (s. 1 Kor 4,9) und ihm folgende Missionarinnen und Missionare aktiv als »Bauarbeiter«, hier sind sie »passive« Grundsteine. Es ist Gott selbst, der den Bau auf diesen weiter entstehen lässt. Dadurch wird aber der diachrone Gedanke eröffnet, dass nicht nur die von den Aposteln und Propheten direkt missionierte Generation, sondern auch zukünftige Menschen Teil dieses Baus sind. Das, was für uns alte Kirchengebäude so anschaulich vermitteln, die zeitübergreifende Existenz der Gemeinschaft der Glaubenden, wird hier denkbar.

Das Bild vom Bau wird darüber hinaus noch dynamisiert, indem es mit der aus der Organismusmetapher entlehnten Rede vom Wachstum (s. 4,16) »gekreuzt« wird: »In ihm (Christus) zusammengefügt wächst der ganze Bau zu einem heiligen Tempel im Herrn, und in ihm werdet auch ihr zusammen erbaut zu einem Gebäude Gottes im Geist« (2,21f.). Der Bau bekommt eine Ziel- und Leistungsvorgabe – wenn auch eine eschatologische.

4.3 Die Leibmetaphorik

Die Vorstellung von einer höheren Gemeinschaft der Glaubenden zu entwickeln, wird schließlich Aufgabe der Leibmetaphorik. Sie wird aus den paulinischen Briefen (1 Kor, Röm und dem Kol)[62] übernommen, aber vermehrt und in neue Kontexte eingewoben.[63] Die verschiedenen Verwendungen sind freilich nicht kohärent, denn der »Leib« wird unterschiedlich visualisiert: Erwähnt wurde bereits der auffallende Neologismus »Mit-Leib« (σύσσωμα, 3,6), in Fortsetzung der Aussage, dass Christus die zwei ehedem Verfeindeten – jüdische und nichtjüdische Menschheit sind hier jeweils als »Kollektiv« aufgefasst – zu »einem einzigen Leib versöhnt hat für Gott durch das Kreuz« (2,16). Während hier mit dem »einen Leib« verdeutlicht wird, dass sich zwei Menschengruppen organisch fest verbinden, kann die Leibmetapher auch horizontal im Gefolge der Homologumena das Gegenüber von dem einen Leib zu den vielen Indivi-

---

[61] Die in 4,11 genannten Funktionen sind nicht parochial, sondern beschreiben für uns nicht mehr deutlich abgrenzbare Lehr- bzw. Verkündigungsaufgaben der Anfangszeit (Apostel, Prophetinnen) und späterer Generationen; vgl. SELLIN, Eph (s. Anm. 49), 338–341 z.St.

[62] Die »Hierarchisierung« der Leibmetaphorik begegnet bereits in Kol 1,18; 2,19. Vgl. insgesamt HANNA ROOSE, Die Hierarchisierung der Leib-Metapher im Kolosser- und Epheserbrief als »Paulinisierung«. Ein Beitrag zur Rezeption paulinischer Tradition in pseudo-paulinischen Briefen, in: NT 47 (2005), 117–141, allerdings mit anderen Bewertungen als hier, da nach Roose mit der Zuordnung des Leibes zum Haupt Christus eine »Soteriologisierung der [Leib]-Metapher mit ihrer Hierarchisierung einhergeht« (so a.a.O., 123) und der Kirche als Leib im Eph eine Herrschaftsposition gegenüber der Welt zugeschrieben wird (bes. 138–141).

[63] σῶμα begegnet in 1,23; 2,16; 4,4.12.16; 5,23.28.30; daneben σύσσωμα in 3,6.

duen versinnbildlichen (vgl. 4,25; 5,30 mit Röm 12,4f.; 1 Kor 12,12ff.). Noch einmal anders ist die vertikale Vorstellung von dem einen Leib unter dem Haupt Christi, die das Bild gegenüber der paulinischen Vorstellung hierarchisiert (1,22; 5,23, vgl. 4,15f.).[64] Vertikale und horizontale Vorstellung sind verbunden in der Aussage, dass alle in der ihnen zubemessenen Weise das Wachsen des ganzen Leibes auf das Haupt hin bewirken (4,15f.). Doch diese Formulierung sprengt das Bild, und so zeigt auch diese kurze Aufzählung bereits, dass nicht eine bestimmte bildliche Vorstellung allen σῶμα-Metaphern zugrunde liegt. Dass jedoch immer wieder von σῶμα die Rede ist – in insgesamt neun Verwendungen, die alle metaphorisch sind – lässt dem Wort eine beinahe katachrestische Funktion zukommen: auf das hinzuweisen, was wir »Kirche« nennen.[65]

Dennoch tritt nicht die Ekklesiologie an die Stelle der Christologie als Deutungszentrum, wie dies Roloff und andere vertreten. Dies sei in der gebotenen Kürze an zwei Texten verdeutlicht, die Angelpunkt der Thesen von der soteriologischen Ekklesiologie des Eph sind, Eph 1,20–23 und 5,22–33. Beide Aussagen verbinden jeweils die Rede von ἐκκλησία mit der vertikalen Leibmetapher und sind Anhaltspunkt für die theologiegeschichtlich wirkungsvolle These, »die Kirche« sei nach dem Epheserbrief soteriologisch verstanden als »Heilsanstalt« und Ort der Durchsetzung der Herrschaft Christi auf Erden. Verstehen wir aus den genannten Gründen aber unter ἐκκλησία noch nicht die »Universalkirche«, zeigt sich diese Deutung als nur aufgrund der Eintragung eines Kirchenbegriffs mögliche Überinterpretation. Stattdessen scheint auch der Eph noch geprägt zu sein von dem Bemühen, erst eine Vorstellung von der Bedeutung der Versammlung aller Glaubenden zu entwickeln.[66]

Die Sätze 1,22f., in denen ἐκκλησία erstmalig fällt, sind Teil der Begründung einer Fürbitte, die die Danksagung des Briefes beschließt. Sie erinnern an das Heilshandeln Gottes an Christus:

> »Mit dieser (Kraft) hat (Gott) gewirkt in Christus, indem er ihn auferweckt hat von den Toten und eingesetzt hat zu seiner Rechten in den Überhimmeln über alle Mächte und Gewalten und Kraft und Herrschaften und jeden Namen, der angerufen wird, nicht nur in diesem Äon, sondern auch in dem kommenden. Und er (Gott) legte alles unter seine (Christi) Füße, und ihn (Christus) selbst gab er als alles überragendes Haupt[67] der ἐκκλησία, die sein Leib ist, die Fülle dessen, der gänzlich erfüllt ist.«

---

[64] Vgl. bereits Kol 1,18.24.

[65] So wirkt insbesondere die Rede vom σῶμα Χριστοῦ in der »Metaphernkreuzung« 4,12 (»zur Erbauung des Leibes Christi«).

[66] Zu den exegetischen Details, die hier nicht ausgeführt werden können, vgl. Gerber, Alte Braut (s. Anm. 47), 205–209.

[67] In vielen Auslegungen ist – auch aufgrund einer Fehlübersetzung von ὑπὲρ πάντα und von Kol 2,10 her – die Metaphorik so rekonstruiert, dass Christus Haupt des Alls

Gott hat Christus die Herrschaft über alle irdischen Mächte übertragen und ihm »alles« unter die Füße gelegt, außerdem ihn der ἐκκλησία als Haupt gegeben, die nun sein Leib ist und, wie ein Gefäß vorgestellt, seine Fülle erfährt. Indem Christus als Haupt der Gemeinde vorgestellt wird, wird der Gedanke an eine einzelne Ortsgemeinde abgeblendet: Wie ein Mensch nur ein Haupt und einen Leib hat, so hat Christus doch wohl nur eine ἐκκλησία und diese nur ein Haupt.

Wenn es heißt, dass Gott Christus der ἐκκλησία als Haupt schenkte, so ist offenbar diese wie die Mächte und Gewalten bereits vorhanden, was aber nicht für die »Kirche« als Gemeinschaft der Glaubenden gelten kann, die ja erst mit Christi Wirken entstand. Das legt nahe, ἐκκλησία auch hier von der Wortbedeutung »Versammlung« her zu verstehen als »komprehensive Sammelbezeichnung«[68] von gläubigen Menschen. Diese Menschen gab es schon, bevor Gott ihnen »Christus als Haupt« gab. Indem sie so zum Leib Christi wurden, wurde die Versammlung zum Gefäß der Fülle Christi.

Der Versuch, die Bilder von allem, das unter Christi Füßen liegt, und der ἐκκλησία als seinem Leib zu systematisieren, eröffnet hochgreifende Spekulationen über die Rolle der Kirche in der Welt: Die Kirche stehe zwischen Christus und dem All, sie vermittele also die Gegenwart Christi; ja mit der Ausdehnung der Kirche solle sich die Macht Christi in der Welt durchsetzen.[69] Doch im Text stehen die Metaphern von Haupt und Leib einerseits und der Herrschaftsposition Christi über den Mächten sowie allem »unter seinen Füßen« unverbunden nebeneinander. Die ἐκκλησία als Leib wird mit den Mächten und Gewalten gar nicht in ein Verhältnis gesetzt. Pointe ist vielmehr die Subordination der ἐκκλησία unter dem »Haupt« Christus. Ein missionarischer Auftrag der Kirche, gar zur Rettung der Welt, wird hier nicht ins Bild gesetzt.

Eine hohe Interpretation des Kirchenbegriffs leitet sich auch aus jener berühmten Passage 5,22–33 ab, in der »die Kirche« als Braut Christi erscheint und als Vorbild für christliche Eheleute und Gen 2 als Mysterium auf die ἐκκλησία und Christus hin ausgelegt wird.

---

ist, das ihm zu Füßen liegt, und zugleich der ἐκκλησία, die sein Leib ist. Vgl. dagegen GERBER, Alte Braut (s. Anm. 47), 206.

[68] Vgl. MICHAEL WOLTER, Der Epheserbrief als nachpaulinischer Paulusbrief, in: DERS. (Hg.), Ethik als angewandte Ekklesiologie. Der Brief an die Epheser, SMBen.BE 17, Rom 2005, 189–210, hier 202, der ebenfalls die These einer »hohen« Ekklesiologie des Epheserbriefs kritisiert.

[69] Vgl. so besonders die Skizze PETR POKORNÝS (Der Brief des Paulus an die Epheser, ThHK 10,2, Leipzig 1992, 93), in der Christus als Haupt sowohl das All wie die Kirche, die innerhalb des Alls sein Leib ist, krönt.

In dieser Eheparänese wird die Leibmetaphorik mit der (aus der atl. Prophetie geläufigen) Ehemetaphorik kombiniert,[70] so dass eine Hierarchie sichtbar wird: Der Mann liebe seine Frau als seinen Leib, wie auch Christus die ἐκκλησία als seinen Leib geliebt hat. Ausdruck dieser Liebe ist seine Selbsthingabe, die Ehemännern als vorbildlich ausgemalt wird: »Ihr Männer, liebt eure Frauen, wie Christus die ἐκκλησία geliebt hat und sich selbst hingab für sie, damit er sie heilige, indem er sie reinige durch das Bad des Wassers im Wort, damit er selbst für sich selbst die ἐκκλησία ehrbar bereite, damit sie nicht Flecken oder Runzeln oder dergleichen habe, sondern heilig und fehlerlos sei« (5,25–27).

Versteht man ἐκκλησία als die empirische Kirchen transzendierende »Universalkirche«, so erhalten wir hier in der Tat eine im NT sonst unerhörte Aussage: Denn anders als sonst wird der Tod Jesu dann hier nicht als Erlösung des einzelnen Menschen interpretiert, sondern als Heilstat an der Kirche, als deren Reinigung und Heiligung von alten Flecken und Runzeln. In dieser Lesart kann tatsächlich die Vorstellung entstehen, dass die Zugehörigkeit zur heiligen Kirche die Rettung vermittele.[71] Aber dieses Verständnis ist problematisch: Denn es setzt voraus, dass die Kirche überhaupt vor Christus bereits bestanden hat als befleckte, der Rettung bedürftige. Viel plausibler ist es daher, wenn wir auch in diesem Text unter ἐκκλησία die Versammlung der Glaubenden verstehen: Es sind die glaubenden Menschen, die durch die Selbsthingabe Christi von ihren Sünden gereinigt und gerettet wurden und noch werden, so dass sie nun eine liebenswerte ἐκκλησία sein können. Dann wird hier kollektiv reformuliert, was 5,2 als Selbsthingabe Christi für die Einzelnen beschrieben hatte. Dass auch hier die Errettung nicht ekklesiologisch vermittelt vorgestellt wird, sondern wie immer als Tat Christi an den einzelnen Glaubenden, scheint entsprechend auch in V. 29 durch, wo die Figur vom Leib und den vielen Gliedern wieder auftaucht: »Denn niemand hat je sein eigenes Fleisch gehasst, sondern er nährt und hegt es, wie Christus die ἐκκλησία, weil wir Glieder seines Leibes sind« (5,29).

Einen weiteren Aspekt müssen wir allerdings zur Kenntnis nehmen: Diese ekklesiologische Vorstellung dient ja der Eheparänese, der Forderung an die

---

[70] Zur traditionsgeschichtlichen Analyse der Metaphorik vgl. bes. Ruben Zimmermann, Geschlechtermetaphorik und Gottesverhältnis. Traditionsgeschichte und Theologie eines Bildfelds in Urchristentum und antiker Umwelt, WUNT 2/122, Tübingen 2001, 300–385.

[71] Vgl. so z.B. Roloff, Kirche (s. Anm. 3), 236 mit Bezug auf 5,22–33: »Es ist sicher mehr als bloßer Überschwang bildhafter Rede, wenn die Kirche als handelndes Subjekt, als unmittelbares partnerschaftliches Gegenüber zu Christus und als Mittlerin des Heils erscheint. [...] Die Kirche ist die reale Partnerin Christi; auf sie bezieht sich sein Handeln – und nicht etwa auf die einzelnen Glaubenden.«

Männer, ihre Frauen zu lieben.[72] Mit der Hierarchisierung der Leibmetapher einher geht die Hierarchisierung der in der ἐκκλησία Verbundenen.[73] Der patriarchal geordnete Haushalt, der in der Haustafel 5,21–6,9 beschworen wird, wird Modell des Lebens in der ἐκκλησία, in Angleichung an Vorstellungen aus der Umwelt. Die egalitären Konzepte, namentlich der Ehe, in 1 Kor 7 werden damit geradewegs überschrieben.

4.4 Abgrenzungsrhetorik[74]

Schließlich können wir auch im Eph die Strategie beobachten, die Grenzen nach außen zu markieren: In der Paränese werden die fiktiven Adressatinnen und Adressaten eindringlich vor einem Rückfall in alte heidnische Gewohnheiten gewarnt. Der »neue Mensch« ist anzuziehen, der Lebenswandel des »alten Menschen« ist abzutun (5,23f.), denn das Verhalten der Völker folgt ihrer fehlenden Gotteserkenntnis:

> »Dies nun sage ich und beteure ich im Herrn, dass ihr nicht mehr wandelt wie die Völker in ihrem nichtigen Denken! Sie sind in ihrem Sinn verfinstert, entfremdet dem Leben von Gott durch die Unwissenheit, die in ihnen ist, und durch die Verhärtung ihres Herzens. Sie sind abgestumpft und haben sich selbst der Ausschweifung hingegeben, um jegliche Unreinheit mit Gier zu begehen. Ihr aber habt nicht so den Christus kennen gelernt [...]« (4,17–20, vgl. 5,3–8).

Wiederum geht es nicht um eine faire Beschreibung der paganen Umwelt oder der Vergangenheit der Angeschriebenen. Die Unterstellung, dass alle Adressierten ihre heidnische Vergangenheit erinnern, passt ohnehin nicht zu dem Konzept von bereits christlich geprägten Haushalten, wie es die Haustafel imaginiert (5,22–6,9). Vielmehr können wir auch diese Paränese als rhetorische Beschwörung eines spezifischen christlichen Ethos verstehen, das Identität stiften soll. Bemerkenswert ist allerdings, dass es gegenüber dem jüdi-

---

[72] Dass in Eph 5,22–33 die ekklesiologische Entfaltung der Eheparänese dient und nicht umgekehrt (so etwa ROLOFF, Art. ἐκκλησία [s. Anm. 21], 1008f. mit vielen anderen), ist m.E. daraus ersichtlich, dass der Text mittels der ekklesiologischen Vorstellung von der Versammlung als Leib Christi die Eheskepsis von 1 Kor 7 überschreibt: Leben die Glaubenden in einer patriarchal geordneten Ehe als Teil der ἐκκλησία, dann steht ihre Ehebeziehung nicht wie für Paulus (1 Kor 7,32–34) in einem Konkurrenzverhältnis zur Christusbeziehung des Einzelnen, da Christus sich der ἐκκλησία als ganzer als seinem Leib zuwendet; vgl. genauer GERBER, Alte Braut (s. Anm. 47), 211–214.

[73] Vgl. zum Paradigma und traditionellen Hintergrund der »Haustafel« SELLIN, Eph (s. Anm. 49), 426–433.

[74] Vgl. zu Folgendem RIKARD ROITTO, Behaving as a Christ-Believer. A Cognitive Perspective on Identity and Behavior Norms in Ephesians, ConBNT 46, Winona Lake, IN 2011, bes. 180–184.

schen Ethos und Glauben keine solche explizite Absetzung gibt.[75] Auch das ist Programm: Die Einheit, die so entworfen wird, ist eben die Einheit von jüdischen und nichtjüdischen Menschen, die sich in ihrem Christusglauben verbunden wissen. Die Brieffiktion selbst repräsentiert diese neue Gemeinschaft: Der Jude Paulus und die nichtjüdischen Adressatinnen und Adressaten wissen sich versöhnt im Christusglauben.

Diese Gemeinschaft der Glaubenden unabhängig von ihrer örtlichen Organisation und theologischen Prägung bekommt also *via negationis* Konturen, durch die gemeinschaftliche Abgrenzung vom Anderen, das als verdunkelt und Gott entfremdet beschrieben wird.

Fassen wir auch diese Beobachtungen zusammen, so zeigt sich der Epheserbrief in dieser Lektüre als Schreiben, das Sinn und Verstand für die Einheit derer vermitteln will, die Christus lieben, gerade in Abstraktion von konkreten Gemeinschaften und ihren Unterschiedlichkeiten. Dazu kann er aber nicht auf einen Begriff von »Kirche« oder einem Konzept von »Universalkirche« zurückgreifen, sondern muss diese Idee erst durch Einheitsbilder und Metaphern, insbesondere vom Leib, entwickeln. Die Vorstellung einer Egalität der Verschiedenen gerät dabei allerdings aus dem Blick.

5. Resümee

Dass die Probleme um Gemeinden und Kirche, was immer man darunter versteht, zu Zeiten des NT ganz andere waren als die, die wir heute diskutieren, ist offensichtlich. Was also kann die Relevanz und der Ertrag einer solchen exegetischen Analyse für das Tagungsthema sein, das sich der aktuellen Situation der Kirche in der Gesellschaft widmet?[76] Fünf Aspekte möchte ich abschließend nennen:

1) Es ist zunächst ganz grundsätzlich von Interesse, dass die Texte des NT erst zu einer Sprache über die Bedeutung der Gemeinschaft finden müssen. Die semantischen Verschiebungen, die Sprachkreativität, die Fülle von Metaphern stehen ja nicht einfach nur für »Wortfindungsstörungen«, sondern las-

---

[75] Vgl. detaillierter a.a.O., 190–204.

[76] Vgl. zu dieser Frage auch Martin Ebner, »Allgemeine Zugehörigkeit« oder: Christentum entscheidet sich in der Bindung an eine konkrete Gemeinde! Eine Stellungnahme zum Impulspapier »Kirche der Freiheit« auf der Grundlage paulinischer Schriften, in: Isolde Karle (Hg.), Kirchenreform. Interdisziplinäre Perspektiven, APrTh 41, Leipzig 2009, 253–268. Er will den historischen »Graben« mit einer Analogie überbrücken, indem er die paulinische Mission wie die in deren Tradition entstehende Ekklesiologie (auch des Eph) als Gegenprogramm zur hierarchischen Gesellschaftsordnung des römischen Imperiums unter dem Kaiser als dessen »Haupt« interpretiert und das mit der aktuellen Problematik der Kirchen verbindet.

sen den hermeneutischen Prozess durchscheinen, nämlich die mit der Sprachfindung erst mögliche denkerische Konzeption der Ekklesiologie, die über die Empirie der »Ortsgemeinde« hinausgeht. Auch wo der Gemeinschaftsbezug des Religiösen noch selbstverständlich ist, ist die theologische und christologische Bedeutung der Gemeinschaft jenseits dessen, was sich im Gottesdienst oder Gruppenleben vor Ort erfahren lässt, erst durch Abstraktionen und semantische Erweiterungen evident zu machen.

2) Von Interesse ist aber auch die Beobachtung, welche Strategien die Schriften dazu anwenden. Da ist zunächst ein bedenklicher Befund zu notieren: Eindringlicher als positive Beschreibungen dessen, was die Gemeinschaft ausmacht, sind oft die Abgrenzungen von den Anderen, seien es Nichtjuden oder, später zunehmend, Juden und andere Christusgläubige, die als »Irrlehrer« oder »Gegner des Paulus« gebrandmarkt werden.[77]

Die Exegese ist auf diese Strategie allzu oft hereingefallen, indem sie sie als Abbild historischer Verhältnisse las, statt ihre rhetorische Pragmatik zu durchschauen: Alterierung, Abgrenzung, Polemik dienen dazu, Zusammengehörigkeit und Identitätsbewusstsein zu schaffen. Es fällt bis heute wohl schwerer, Verschiedenheit innerhalb einer Gemeinschaft nicht nur auszuhalten, sondern gar zu würdigen, als Einheitsdiskurse über Negativabgrenzungen laufen zu lassen.

Aber das zeigt auch: Wo diese Strategie der Negativabgrenzung aus ethischen Erwägungen unmöglich wird oder an Plausibilität einbüßt, weil der qualitative Unterschied zu anderen nicht mehr evident ist bzw. die Verschiedenheit innerhalb der eigenen Gemeinschaft als Reichtum begriffen werden kann und soll – das ist nach meinem Eindruck unsere kirchliche Situation –, da wird die Aufgabe, das Selbstverständnis und die Bedeutung der Gemeinschaft positiv zu formulieren, umso dringlicher.

3) Blicken wir also auf die positiven Entfaltungen dessen, was Gemeinschaft ausmacht, so sehen wir: »Kirche« war nie ein »Selbstgänger«. Vielmehr musste die Bedeutung der Gemeinschaft vor Ort und die Idee der allgemeinen »*congregatio sanctorum*« (CA VII) jenseits der divergenten Gemeinschaften vor Ort erst plausibel gemacht werden.

Für die positive Entfaltung ziehen die Texte mangels begrifflich eingeführter Konzepte diverse Metaphern heran. Diese sind aus der Alltagserfahrung geschöpft. Auch wenn die Kirchen-Bilder[78] und Konzepte heute andere sind als zur Zeit des NT, bleibt es doch so, dass diese Bilder nie nur deskriptiv sind, sondern stets auch einerseits konstruktiv, andererseits aber unterkom-

---

[77] Vgl. dazu LIEU, Identity (s. Anm. 9), 269–297.

[78] Zur Rede vom »Kirchenbild« innerhalb des aktuellen kirchentheoretischen Diskurses s. EBERHARD HAUSCHILDT/UTA POHL-PATALONG, Kirche, Lehrbuch Praktische Theologie 4, Gütersloh 2013, 117–219.

plex, weshalb sie der gegenseitigen Ergänzung bedürfen. Statt einzelne Bilder zu fixieren, sollten sie und damit die Ekklesiologie stets disponibel gehalten werden, indem ihre Angemessenheit im Blick auf ihre Implikationen und Grenzen kritisch geprüft wird.

4) Anlass für solche Plausibilisierungen der Gemeinschaft war im 1 Kor wie im Eph gerade die mangelnde Sichtbarkeit dieser Einheit, waren Konkurrenzen und Konflikte. Vielleicht ist das auch entlastend: Wo zwei oder drei im Namen Jesu versammelt sind, da gab es wohl immer schon Probleme, Individualität und Kollektiv, Glauben der Einzelnen und Gemeinschaft, lokale Gemeinde und überregionale Institution zu vermitteln. War die ἐκκλησία einst als die auf Dauer gestellte gottesdienstliche Versammlung verstanden worden,[79] so kann man die Ekklesiologie sehen als auf Dauer gestellte Aushandlung von Spannungen, die mit der Realisierung von qualifizierter Gemeinschaft einhergehen.

Die Entwicklung vom 1 Kor zum Eph sowie die Geschichte der Kirchen selbst hinterlässt dabei den Eindruck, dass die Aufrechterhaltung einer egalitären Gemeinschaft von Verschiedenen (metaphorisch gesprochen) energetisch deutlich aufwändiger ist als eine Organisation, die Unterschiede hierarchisch ordnet. Wenn der Blick in die Schriften des Neuen Testaments die gegenwärtigen Kirchen und Gemeinden ob ihrer Konfliktträchtigkeit so entlasten mag, so gibt er doch auch den Impuls, den Einsatz nicht zu scheuen, dessen es bedarf, um einen geschwisterlichen Umgang miteinander zu üben und die familiären und gesellschaftlichen Grenzen zu überwinden.[80]

5) »Kirche«, das möchte ich schließlich in Erinnerung rufen, war zu allererst die Begegnung und Gemeinschaft der einzelnen Glaubenden. Die Idee einer »Universalkirche« erscheint selbst im Epheserbrief – so die hier vorgestellte These – nur als Abstraktion im Gefälle der Argumentation. Und auch im Epheserbrief tritt die »Kirchenmitgliedschaft« nicht soteriologisch vor den Glauben. Über die Heilsteilhabe, die endzeitliche Errettung entscheidet nicht die »Zugehörigkeit« zur Kirche, sondern der Christusglaube und das gelebte Ethos der Einzelnen. Aber gerade dieses individuelle Ethos zielt auf die Gemeinschaft der Glaubenden. Die Erfahrungen des besonderen geistgewirkten Miteinanders, einer dem Christusereignis verdankten Gleichheit der Ver-

---

[79] Vgl. zu dieser Formulierung Wolter, Paulus (s. Anm. 20), 268.

[80] Vgl. in diesem Sinne Ebner, »Allgemeine Zugehörigkeit« (s. Anm. 76), 45: »Eine Kirche, die sich mit Paulus ›christlich‹ nennen will, wird auch in Zukunft daran erkannt werden, ob in der Kirchengemeinde vor Ort gesellschaftlich etablierte Stratifikation durchkreuzt wird [...]«. Für ihn liegt der werbende Impuls der Kirchen heute wie zu Paulus' Zeiten darin, ein Gegenmodell zur hierarchischen Stratifikation der Gesellschaft zu bilden.

schiedenen und dessen Realisierung im und jenseits des Gottesdienstes sind der Ursprung der »Kirche«.

Der Ort der Kirche in der Gesellschaft

Optionen und Aporien aus sozialwissenschaftlicher und praktisch-theologischer Sicht

Claudia Schulz

1. Die Frage nach dem Ort der Kirche

Was lässt sich sagen über den »Ort der Kirche in der Gesellschaft«, darüber, wie die christliche Kirche ins soziale Gefüge der Gesellschaft eingebettet ist? Begrenzt man diese Frage auf die evangelische Kirche, wie sie sich als Evangelische Kirche in Deutschland darstellt, ist sie auf mehrere Arten zu beantworten. Zum einen lässt sich der Ort in einer Topografie der sozialen Situation insgesamt erfragen: Wo in der Gesellschaft ist die Kirche auf der personalen oder organisationalen Ebene verortet, wie ist ihre Reichweite zu beschreiben und wie verhält sie sich zu anderen sozialen Größen ähnlicher oder auch ganz anderer Art? Zum anderen ist dieser »Ort der Kirche« darin zu beschreiben, wo die Kirche aus der Sicht der Menschen zu verorten ist, welche Bedeutung ihr für welche Lebensbereiche zugeschrieben wird und welchen Ort sie auf diesem Weg im gesellschaftlichen Leben insgesamt einnimmt.

Um diese Fragen zu beantworten, lassen sich Daten zur Situation der evangelischen Kirche bzw. zum religiösen Leben in Deutschland heranziehen. Dafür steht grundsätzlich das umfangreiche Instrumentarium der empirischen Sozialforschung zur Verfügung, das bereits in zahlreichen großen Studien Anwendung findet, etwa in der Allgemeinen Bevölkerungsumfrage der Sozialwissenschaften (ALLBUS),[1] aber auch in zahlreichen Studien über protestantische Kirchen im deutschsprachigen Raum, etwa die Erhebungen über Kirchenmitgliedschaft der EKD als Zeitreihen-Studie seit 1972, aber auch weitere Studien mit soziologischer oder psychologischer Gewichtung.[2] Nun ist aus

---

[1] Die Allgemeine Bevölkerungsumfrage der Sozialwissenschaften verfügt speziell zum Thema Religion über Daten aus dem Jahr 2012, außerdem sind Zeitreihen-Auswertungen möglich; GESIS – Leibniz-Institut für Sozialwissenschaften, Allgemeine Bevölkerungsumfrage der Sozialwissenschaften ALLBUS 2012, GESIS Datenarchiv (ZA4614), Köln 2013.

[2] Die jüngste, fünfte EKD-Erhebung über Kirchenmitgliedschaft arbeitet ebenfalls mit Daten aus dem Jahr 2012, die umfassende Auswertung soll noch 2015 erscheinen;

Daten nicht unmittelbar abzuleiten, wie eine Verortung der Kirche – mit stärker makro- oder mikrosoziologischem oder religionspsychologischem Schwerpunkt – darzustellen und theoretisch zu erfassen wäre. So ist es notwendig, ausgehend von Ergebnissen der empirischen Forschung oder auch umgekehrt ausgehend von theoretischen Annahmen über die Kirche und ihr Funktionieren die empirischen Befunde und die theoretischen Einsichten in Theologie wie Religionssoziologie aufeinander zu beziehen.

Im Folgenden möchte ich dies aus drei Perspektiven exemplarisch unternehmen, indem ich jeweils einige Ergebnisse empirischer Untersuchungen heranziehe und anschließend diskutiere, welche Aussagen sich über eine Verortung der Kirche in der Gesellschaft treffen lassen oder welche Herausforderungen für Theologie und ihre interdisziplinären Diskurse sich daraus ergeben. Diese Perspektiven umfassen den Blick auf den Außenbereich des sozialen Gebildes Kirche, den Blick auf den Innenbereich sowie den Blick auf die Grenzen der Organisation, Fragen von Ausgrenzungsprozessen und Inklusionschancen.

2. Bisherige Verortungen der Kirche und damit verknüpfte Herausforderungen

Der Diskurs um eine Verortung der Kirche spiegelt sich in der Diskussion um ein angemessenes Verständnis der gegenwärtigen Sozialform der Kirche: Ist die evangelische Kirche auf dem Gebiet der Bundesrepublik Deutschland mit quasi-totaler Reichweite zu denken, als Volkskirche, in der prinzipiell alle Menschen ihren Platz finden? In diesem Sinn als Institution, als Teil des Regelsystems sozialer Wirklichkeit? Viele Aspekte der Einbettung der Kirche ins politische und soziale System sind als Indizien für eine solche Institutionsförmigkeit von Kirche zu bewerten – zunächst einmal unabhängig von sinkenden Mitgliederzahlen.[3] Ebenso lassen sich zentrale Handlungsmuster der Kirche, etwa die parochiale Versorgung der Mitglieder, innerhalb der institutionellen Logik verstehen, die von einer prinzipiellen Zugehörigkeit aller Menschen zur Kirche ausgeht. Seit vielen Jahren ist deutlich, dass dieses Verständnis nicht mehr umfassend greift, nicht nur weil der Mitgliederbestand abschmilzt, sondern auch weil organisationale Merkmale die Kirchen in Deutschland immer stärker prägen: Über die Mitgliedschaft ist im Verständnis

---

Evangelische Kirche in Deutschland (Hg.), Engagement und Indifferenz. Kirchenmitgliedschaft als soziale Praxis. V. EKD-Erhebung über Kirchenmitgliedschaft, Hannover 2014. Vgl. außerdem Bertelsmann Stiftung (Hg.), Religionsmonitor. Verstehen was verbindet. Religiosität und Zusammenhalt in Deutschland, Gütersloh 2013.

[3] So tragen zahlreiche aktuelle Publikationen, kirchliche Synoden, Kongresse oder Initiativen Titel, die die »Volkskirche« als wichtige Denkfigur für eine soziale Verortung der Kirche nutzen.

der meisten Menschen durch persönliche Reflexion und Wahl zu entscheiden, so dass der Grenze zwischen Innen und Außen eine große Bedeutung zukommt. Die Kirche ist für Menschen innerhalb und außerhalb gerade an ihren Kernprozessen zu erkennen, etwa in Gottesdiensten, Kasualien oder auch sozialen Dienstleistungen.[4] Aktuelle Analysen der Sozialformen der Kirche führen zu dem Vorschlag, die Kirche als soziale Größe anzusehen, die sowohl durch Merkmale der als Institution agierenden Volkskirche als auch durch Merkmale einer Organisation oder sogar noch anderer Merkmale wie etwa die sozialer Netzwerke geprägt ist. Die Kirche ist damit als soziale Größe zu erfassen, die zeitgleich Merkmale unterschiedlicher Organisationsformen aufweist und die gerade dadurch charakterisiert wird.[5]

Quer zu dieser Diskussion verläuft eine andere Frage, nämlich die, wie der abschmelzende Mitgliederbestand der großen Kirchen zu bewerten ist – und in Zusammenhang damit (oder auch in Teilen unabhängig davon) der Rückgang der Kasualien, der Zahl kirchlicher Gebäude oder der große Anteil von Kirchenmitgliedern, die sich nicht ins kirchliche Leben einbringen.[6] Welche Konsequenzen ergeben sich daraus für eine Verortung der Kirche? Die Säkularisierungsthese geht davon aus, dass Religion in der Moderne stark zurückgeht und darin Teil eines tiefgreifenden Wandlungsprozesses der Gesellschaft ist.[7] Ein zentraler Bestandteil dieses Wandels ist die Schrumpfung der Religionsgemeinschaften und der reine Rückgang religiöser Praxis, aber auch ein Schwund der Bedeutung von Religion für das öffentliche Leben, im Zuge dessen die Verortung der Kirche vor allem mit einer immer kleiner werdenden Grundfläche der Kirche im sozialen Raum zu rechnen hat. Zu dieser These gehört die Annahme, dass die sich immer weiter entwickelnde funktionale Differenzierung der Gesellschaft die Religion auf einen Teilbereich des Lebens reduziert hat und die Religion damit unweigerlich an Bedeutung verliert, weil der Bezug zwischen Religion und anderen Lebensbereichen stets schwächer wird. Die Kirche behält in diesem Wandlungsprozess im Wesentlichen ihre Funktionen, diese sind aber nur noch für eine deutlich kleinere Zahl

---

[4] Hiermit sind nur exemplarisch einige wenige Merkmale einer Organisation benannt, vgl. Jutta Allmendinger/Thomas Hinz, Perspektiven der Organisationssoziologie, in: Dies. (Hg.), Organisationssoziologie, KZfSS, Sonderheft 42 (2002), 9–28: 10–12.

[5] Erstmals Eberhard Hauschildt, Hybrid evangelische Großkirche vor einem Schub an Organisationswerdung. Anmerkungen zum Impulspapier »Kirche der Freiheit« des Rates der EKD und zur Zukunft der evangelischen Kirche zwischen Kongregationalisierung, Filialisierung und Regionalisierung, in: Pastoraltheologie 96 (2007), 56–66. Umfassend und aktualisiert: Eberhard Hauschildt/Uta Pohl-Patalong, Kirche, Lehrbuch Praktische Theologie 4, Gütersloh 2013, 216–219.

[6] Hier handelt es sich nach den Daten der Fünften EKD-Erhebung über Kirchenmitgliedschaft im Jahr 2012 um 75% der evangelischen Kirchenmitglieder.

[7] Ausgehend etwa von: Pippa Norris/Ronald Inglehart, Sacred and Secular. Religion and Politics Worldwide, Cambridge 2004.

von Menschen von Belang, und die Reichweite ihrer Bedeutung ist insgesamt kleiner.[8]

Diese These bleibt jedoch nicht unbestritten. Lässt man einmal Diskurse unberücksichtigt, in denen den diese These vertretenden Fachleuten ein deterministisches Verständnis des sozialen Wandels oder sogar eine Mitwirkung am Bedeutungsverlust von Religion und Kirchen vorgeworfen wird oder in denen umgekehrt gerade die Moderne als religionsbedürftig dargestellt wird,[9] finden sich wichtige Anhaltspunkte dafür, die Diskussion über die These der Säkularisierung und ihre Implikationen zumindest zu hinterfragen. Diese wurzeln beispielsweise in der Beobachtung, dass die empirische Basis für die Säkularisierungsthese vor allem in leicht messbaren Faktoren privater und öffentlicher Religiosität liegt: Die Mitgliedschaft in einer Religionsgemeinschaft, die Teilnahme an religiösen Veranstaltungen und die private Religionsausübung in den bekannten und damit leicht abfragbaren Formen wie Gebet oder Lektüre heiliger Schriften gehen seit vielen Jahrzehnten deutlich zurück und lassen den Schwund der Religion als evident erscheinen. Gleichzeitig verweisen Studien, die Religiosität breiter oder individueller erfassen, auf eine durchaus vitale Religiosität oder auch eine erhebliche Ansprechbarkeit vieler, auch wenig kirchenverbundener Menschen auf religiöse Themen.[10] So liegt es für etliche Forschende, vor allem aus dem Bereich der Theologie, nahe, die beobachtbaren Prozesse weniger als Schrumpfung zu verstehen als vielmehr als Transformation,[11] in der die Individualisierung als Motor zahlreicher Prozesse oder der Bedeutungswandel von Religion im Vordergrund stehen und etwa religiöse Praktiken oder religiöse Kommunikation stärker auf den sozialen Nahraum oder individuelle Lebensdeutungen konzentriert werden, während die Bedeutung der Kirche als soziale Größe und vor allem die Bedeutung der Religion für die Individuen im Wesentlichen erhalten bleiben.

---

[8] DETLEF POLLACK (Hg.), Säkularisierung – ein moderner Mythos? Studien zum religiösen Wandel in Deutschland, Tübingen 2003, 162–164.

[9] Vgl. DETLEF POLLACK, Rekonstruktion statt Dekonstruktion. Für eine Historisierung der Säkularisierungsthese, in: Zeithistorische Forschungen/Studies in Contemporary History 7 (2010), 433–439.

[10] Beispielhaft und auf den Diskurs um die Bedeutung aktueller Religiosität zugespitzt dargestellt etwa bei ARMIN NASSEHI, Religiöse Kommunikation: Religionssoziologische Konsequenzen einer qualitativen Untersuchung, in: BERTELSMANN STIFTUNG (Hg.), Was glaubt die Welt? Analysen und Kommentare zum Religionsmonitor 2008, Gütersloh 2008, 169–203.

[11] Im Rückgriff auf CHARLES TAYLOR, Die Formen des Religiösen in der Gegenwart, stw 1568, Frankfurt a.M. 2001. Weitere Deutungsmodelle wie etwa das »Marktmodell« sind zu nennen, sollen hier aber nicht weiter diskutiert werden. Vgl. GERT PICKEL, Säkularisierung, Individualisierung oder Marktmodell? Religiosität und ihre Erklärungsfaktoren im europäischen Vergleich, in: Kölner Zeitschrift für Soziologie und Sozialpsychologie 62 (2010), 219–245.

An dieser Stelle möchte ich nicht die vorliegenden Modelle diskutieren, sondern anhand der drei Perspektiven auf den Innen- und den Außenbereich der Kirche sowie auf den Grenzbereich zwischen beiden und anhand ausgewählter Ergebnisse aktueller empirischer Studien zeigen, welche Herausforderungen sich für zukünftige Deutungen – auch für eine theologische Deutung der Situation – ergeben.

3. Verortung von aussen: Ausgetretene / Konfessionslose

Betrachtet man die christliche Kirche und ihren Ort in der Gesellschaft aus der Perspektive derer, die entweder noch nie Mitglied einer Kirche waren oder aus der Kirche ausgetreten sind, dann ergibt sich ein Bild aus gegenläufigen Befunden. Zum einen erscheint die Kirche selbst in der Tat offenbar für Menschen außerhalb der Kirche deutlich weniger verortbar, als das häufig angenommen wird. Noch vor einigen Jahren verwiesen Studien auf eine relativ große Nähe von Ausgetretenen zur christlichen Kirche oder zumindest eine hohe Wertschätzung gegenüber den Kirchen auch durch Menschen ohne Konfessionszugehörigkeit. So zeigten Ergebnisse der vierten EKD-Erhebung über Kirchenmitgliedschaft, dass vor allem in den alten Bundesländern auch Konfessionslose durchaus ein Interesse an Religion und dem christlichen Glauben haben, dass ein beachtlicher Teil von ihnen betet oder zu hohen Feiertagen oder anderen Anlässen Gottesdienste besucht und dass die Erwartungen an die Kirche in Fragen der Unterstützung von Menschen in Krisen und sozialen Notlagen oder in Arbeitsfeldern wie Altenhilfe und Beratung hoch sind.[12]

Auch wenn solche Erwartungen Konfessionsloser an die Kirche, etwa in Bezug auf ihre sozialen Dienstleistungen, durchaus in aktuellen Studien noch zu finden sind, so erscheint in der EKD-Erhebung von 2012 die Differenz zwischen »innen« und »außen« in Bezug auf die Verortbarkeit der Kirche erheblich, wie die folgende Abbildung zeigt:

[12] Wolfgang Pittkowski, Konfessionslose in Deutschland, in: Wolfgang Huber u.a. (Hg.), Kirche in der Vielfalt der Lebensbezüge. Die vierte EKD-Erhebung über Mitgliedschaft, Gütersloh 2006, 89–110: 100–108. Ähnliche Schlüsse lassen sich beispielsweise aus Eintrittsstudien ziehen, die gerade aus den christlichen Kirchen ausgetretene Menschen als Gruppe von stark am Eintritt Interessierten ausmachen; vgl. Rainer Volz, Massenhaft unbekannt – Kircheneintritte. Forschungsbericht über die Eintrittsstudie der Evangelischen Landeskirche in Baden (Kurzfassung: Michael Nüchtern), Karlsruhe 2005.

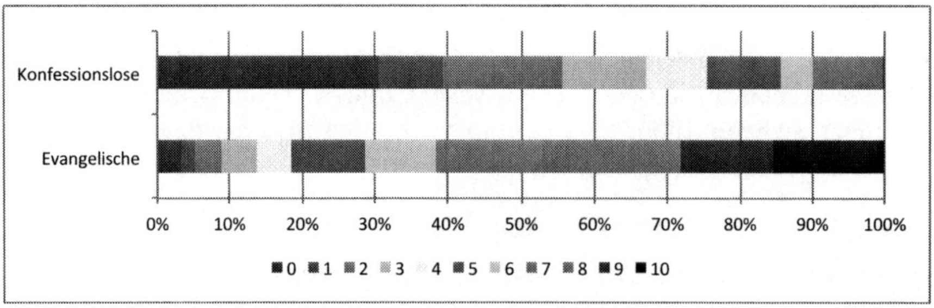

Abbildung 1: Wie gut passt die Kirche Ihrer Meinung nach eigentlich in unsere Zeit? – KMU V (2012)
(Antwortmöglichkeiten: 0 = passt überhaupt nicht in unsere Zeit / 10 = passt sehr gut in unsere Zeit)

Eine negative Passung der »Kirche in unsere Zeit«, mit einem geringeren Wert als dem neutralen Mittelwert »5«, wird nur von weniger als 20% der Kirchenmitglieder angenommen, aber von etwa 75% der Nichtmitglieder. Offenbar bestehen hier erhebliche Unterschiede zwischen Mitgliedern und Nichtmitgliedern über die Frage, ob die Kirche überhaupt in »unserer Zeit« verortbar ist, also auf plausible Weise Raum im gesellschaftlichen Leben finden kann, der von mehr als nur einer spezifischen Interessengruppe bedient wird.[13] Dass die christlichen Kirchen insgesamt Aufgaben übernehmen, die für die Gesellschaft (auch für die Menschen außerhalb der Kirchen) interessant sein können, scheint demnach eine Deutung zu sein, die sich zumindest für einen großen Teil der Befragten mit der grundsätzlichen Diagnose, die Kirche passe »nicht in unsere Zeit«, nicht widerspricht. Eine so betrachtete Kirche ist nützlich, erhält aber als Player im sozialen Leben keine Funktion im eigentlichen Sinn. Hierin zeigt sich eine gewisse Akzeptanz der Kirche als Institution (also als soziale Regel), unabhängig von ihrer potenziellen Relevanz für die Individuen. Diese entscheiden sich – wie gegenüber einer Organisation – für oder gegen die Sinnhaftigkeit ihrer Existenz für die soziale Topographie und für oder gegen die Sinnhaftigkeit der eigenen Unterstützung dieser Organisation in Form der Mitgliedschaft.

Von hier aus eröffnet sich die Frage, wie eine solche Verortung denn von den Rändern der Organisation Kirche, von den Menschen mit geringer Beteiligung oder anderen Distanzfaktoren, vorgenommen wird und inwiefern hier

---

[13] Mit diesem Befund korrelieren andere wie beispielsweise die von Gert Pickel, der zeigt, wie gering die Neigung zum Wiedereintritt unter ehemaligen Evangelischen ist; GERT PICKEL, Konfessionslose. Rückgewinnbare Kirchendistanzierte oder überzeugte Religionslose?, in: EVANGELISCHE KIRCHE IN DEUTSCHLAND (Hg.), Engagement (siehe Anm. 2), 80–83.

der Kirche eine Funktion zugeschrieben wird, die sehr wohl eine positive Verortung im sozialen Leben insgesamt ermöglicht.

4. Verortung der Kirche in der Betrachtung ihrer Ränder

Der Kirchenmitgliederbestand ist bekanntlich ebenso wie die Verbundenheit der Mitglieder mit ihrer Kirche innerhalb der evangelischen Kirche als sehr stabil zu bezeichnen. Auch wenn eine stetige Zahl von Austritten zu verzeichnen ist und vor allem durch die demografische Entwicklung die Zahl der Mitglieder insgesamt sinkt, so ist doch die Erwartung der Mitglieder gegenüber ihrer Kirche beständig und die Veränderung darin als sehr gering zu bezeichnen. Interessant sind darum die Bereiche, in denen Abbrüche auszumachen sind und in denen sich echte Veränderungsprozesse beobachten lassen, etwa bei den Kasualien und einzelnen Bindungsfaktoren. Zu beiden Bereichen möchte ich einige Erkenntnisse aus aktuellen Studien betrachten.

Die Gründe, die evangelische Kirchenmitglieder für ihre Kirchenmitgliedschaft angeben, sind seit Beginn der Kirchenmitgliedschaftsforschung der EKD stabil. Zentrale Bereiche des kirchlichen Handelns (Gottesdienste, Kasualien, Kommunikation christlicher Inhalte und soziales Engagement) erreichen eine hohe Zustimmung.[14] Vergleicht man jedoch unterschiedliche Bündel solcher Begründungen, so ergeben sich doch wichtige Veränderungen darin, wie die Mitglieder ihre Kirche in ihrem Leben verorten. Eine Auswahl der Mitgliedschaftsgründe, denen die Mitglieder im Zeitvergleich steigende Zustimmung zukommen lassen, zeigt das:

[14] Aktuelle Details in der Fünften EKD-Erhebung über Kirchenmitgliedschaft, etwa bei Anja Schädel/Gerhard Wegner, Verbundenheit, Mitgliedschaft und Erwartungen. Die Evangelischen und ihre Kirche, in: Evangelische Kirche in Deutschland (Hg.), Engagement (siehe Anm. 2), 86–92; hier v.a. 89.

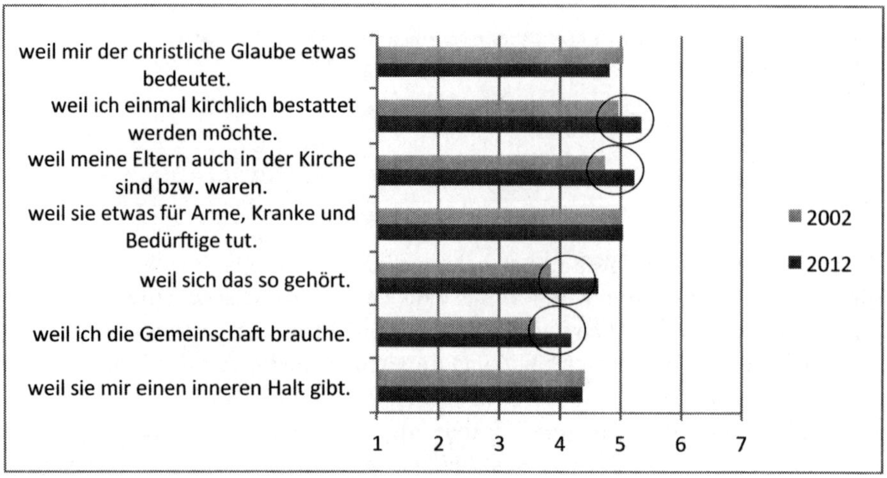

Abbildung 2: Mitgliedschaftsgründe evangelischer Kirchenmitglieder im Zeitvergleich. KMU IV (2002) und KMU V (2012)
Ich bin in der Kirche, weil ... – (Mittelwerte: 1 = trifft überhaupt nicht zu / 7 = trifft voll und ganz zu)

Grundsätzlich handelt es sich hier um überschaubare Verschiebungen einiger Zustimmungswerte nach oben, die jeweils für sich genommen nicht überbewertet werden dürfen. Während aber beispielsweise die Mitgliedschaftsgründe »weil mir der Glaube etwas bedeutet«, »weil sie [die Kirche] mir einen inneren Halt gibt« oder »weil sie etwas für Arme, Kranke und Bedürftige tut« stabil geblieben oder gar etwas rückläufig sind, finden jetzt solche Mitgliedschaftsgründe eine höhere Zustimmung, die auf Tradition, die vertrauten lebensbegleitenden »Amtshandlungen« der Kirche oder die Gemeinschaft anderer, am kirchlichen Leben teilnehmenden Menschen abzielen. Untersucht man nun speziell solche Mitglieder mit einer geringen Verbundenheit oder einer erhöhten Austrittneigung, wie es Anja Schädel und Gerhard Wegner unternommen haben,[15] so findet man dort einmal mehr eine Zunahme der Bedeutung solcher Mitgliedschaftsgründe. Dies führt zu der Hypothese, dass unter der Oberfläche einer grundsätzlich stabilen Erwartung an die Kirche durchaus Abbrüche, Schließungen und vielleicht sogar Ausgrenzungsprozesse zu finden sind: Wo die auf Tradition ausgerichteten Bedeutungsdimensionen der Kirche bei ihren Mitgliedern anschlussfähig sind, dort steigen sie in ihrer Bedeutung – vor allem bei solchen Mitgliedern, die nur noch geringe emotionale Bindung zu ihrer Kirche verspüren und über einen Austritt nachdenken. Man könnte ebenso vermuten: Wo Mitglieder wenig Bindung verspüren und den Austritt erwägen, dort überzeugen traditionelle Mitgliedschaftsgründe, dort nicht, wo Mitglieder diesen Aspekt von Kirche und Christentum für wenig plausibel halten. So finden traditionsorientierte Mitglieder überdurchschnittlich leicht

[15] A.a.O., 90.

in diesem Aspekt des kirchlichen Lebens einen Grund für ihre Mitgliedschaft, während andere gerade durch diesen impliziten Schließungsprozess der Verstärkung eines Bedeutungssegments innerhalb der Kirche einen Abstoßungseffekt erleben.[16] Vereinfacht ausgedrückt: Die stark auf traditionelle Elemente ansprechbaren Mitglieder verbleiben in der Kirche, was die dort verbliebenen Mitglieder ohne diese Interessen noch stärker abstößt, als das in einer Gemeinschaft von Menschen mit stark divergierenden Interessen der Fall sein kann. Je weiter sich in diesem Sinn die Kirche von der volkskirchlichen Form entfernt und zu einer Organisation mit klar profilierten Erkennungszeichen entwickelt, desto stärker dürften solche Effekte an Dynamik gewinnen. Interessant wäre nun ein Abgleich mit dem Gegenteil, mit modernen, öffnenden und Diversität explizit erschließenden Anteilen des kirchlichen Lebens, wie sie in den vergangenen Jahrzehnten im kirchlichen Leben vielfach entwickelt und etabliert worden sind. Dies ist leider auf der Basis der EKD-Daten bislang nicht möglich.

Ein ähnlicher Effekt wie hier in Bezug auf die Traditionsorientierung dargestellt könnte für die leicht gestiegene Bedeutung der »Gemeinschaft« als Mitgliedschaftsgrund gelten. Sie war in den bisherigen Studien als ein eher abseitiger Kirchenmitgliedschaftsgrund betrachtet worden: Nur eine Minderheit sieht darin einen tatsächlich wesentlichen Grund dafür, der Kirche anzugehören. Wo jedoch solche Mitglieder, die in diesem, häufig als Kernbereich kirchlichen Lebens betrachteten Bereich gemeinschaftlichen Engagements, vorzugsweise in der Ortsgemeinde, wenig Reizvolles finden können, deutlich stärker austrittsgeneigt sind als Vergleichsgruppen, kann auch dieser Anstieg auf einen Schließungsprozess hinweisen: Hier verstärkt sich auf der einen Seite mit dem Schwerpunkt auf Gemeinschaft eine Funktion kirchlichen Handelns in ihrer Bedeutung – und dies stößt auf der anderen Seite Menschen ab, für die dies keinen Anschluss zu bieten vermag. Mit Blick auf den Diskurs rund um einen Bedeutungsverlust oder Bedeutungswandel der Kirchen ist zu vermuten, dass sich tatsächlich mit den beschriebenen Erkenntnissen ein Wandel nachzeichnen lässt, der Schließungsprozesse und Abbrüche beinhaltet und zugleich in der jeweils individuellen Deutung von Religion neue Bedeutungsgehalte plausibel macht oder bestehende Plausibilitäten verstärkt.

Ein zweiter Blick auf die »Ränder« der Kirche geht zu den evangelischen Eltern, die ihr Kind oder ihre Kinder nicht haben taufen lassen und die dies

---

[16] Auf ganz ähnliche Ergebnisse kommen auch die Untersuchungen zu Milieuaspekten der Kirchenmitgliedschaft, nach denen gerade die Traditionsorientierung vieler Mitglieder starke Bindungskräfte besitzt; vgl. Claudia Schulz u.a., Dimensionen des Lebensstils, in: Evangelische Kirche in Deutschland (Hg.), Engagement (siehe Anm. 2), 77–79. Detaillierter: Claudia Schulz u.a., Zwischen kirchlichem Mainstream und der Macht der Milieudifferenzen. Lerneffekte aus Milieus, Lebensstilen und Lebenslagen, erscheint im Auswertungsband der Fünften EKD-Erhebung über Kirchenmitgliedschaft, 2015.

auch nicht vorhaben. Aus einer kleinen Studie zur Taufunterlassung in Großstadtgemeinden ergibt sich, dass Eltern, die in Bezug auf die Taufe ihrer Kinder »noch nicht sicher« sind, spezifische Gründe für ihre Taufunterlassung angeben, die die Problematik des »Randes« der Kirche verdeutlichen helfen.[17] Eltern, die ihre Kinder »auf jeden Fall« oder »wahrscheinlich« taufen lassen wollen, benennen als bisherige Hinderungsgründe Probleme, Paten zu finden, oder geben an, bisher noch keine Gelegenheit zur Planung der Taufe gehabt zu haben oder mit terminlichen Schwierigkeiten zu kämpfen. Dagegen zeigt sich in der Gruppe der mit Blick auf die Taufe unsicheren Eltern ein ganz anderes Bild:

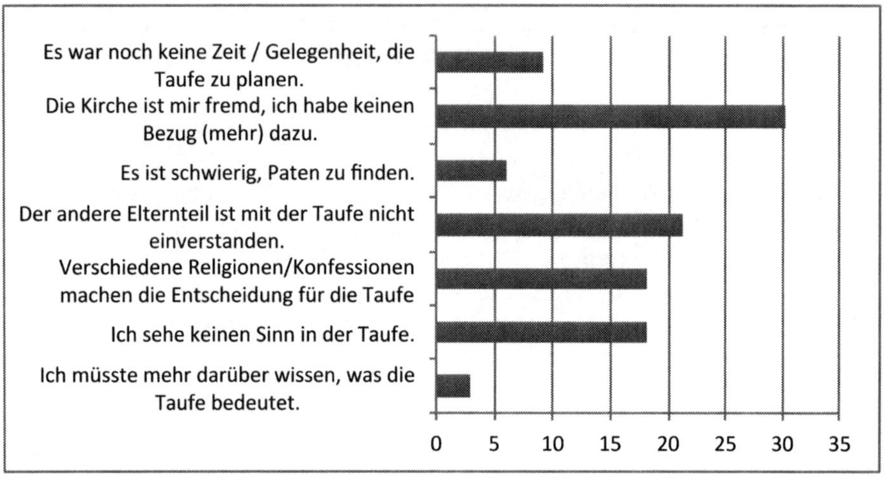

Abbildung 3: Hindernisse zur Taufe – Fendler/Schulz 2013
»Was spricht für Sie im Moment gegen die Taufe?« Anteil der Zustimmung unter Eltern, die sich »noch nicht sicher« waren, ob ihr Kind getauft werden soll, in Prozent

Sehr zur Überraschung der beteiligten Kirchengemeinden, in denen die befragten Eltern wohnen, sind nicht etwa ein Informationsdefizit über das zuständige Pfarramt (in der Abbildung mangels Nennungen durch die Befragten nicht aufgeführt) oder mangelnde Kenntnis über die Kasualie ein Grund zur

[17] In dieser Studie hat im Jahr 2013 ein Stuttgarter Kirchenbezirk diejenigen seiner Kirchenmitglieder befragt, deren Kinder zwischen einem und zwölf Jahren noch nicht getauft waren. Insgesamt haben 162 Eltern an der Befragung teilgenommen, ein Viertel von ihnen war sich »noch nicht sicher«, ob ihr Kind getauft werden soll. FOLKERT FENDLER/CLAUDIA SCHULZ (Hg.), Taufentscheidungen erkunden und verstehen, Hildesheim 2013. Trotz der geringen Zahlen sind die Ergebnisse vor allem dort durchaus vielsagend, wo sie sehr deutlich sind und Gruppen von Befragten sich klar voneinander unterscheiden lassen.

Taufunterlassung. Ebenso wenig sind diese Eltern durch die Probleme berührt, die grundsätzlich taufaffine Eltern benannt hatten (Paten, Gelegenheit bzw. Termin). Hier kommt nun eine Dimension zum Tragen, die den Hauptamtlichen und dem Kreis der engagierten Mitglieder häufig verschlossen bleibt: die grundsätzliche lebensweltliche Entfernung der Befragten von ihrer Kirche und ihren Handlungsformen und im Gefolge Probleme damit, einen »Sinn« in diesen Handlungen zu erkennen. Außerdem zeigt sich hier ein neues Problemfeld, das in deutlichem Zusammenhang mit der Tatsache steht, dass in den betroffenen Parochien nur noch 50% der Menschen einer christlichen Konfession angehören und von den an der Befragung teilnehmenden Eltern nur noch 15% in einem Haushalt mit einem weiteren evangelischen Elternteil leben: Der jeweils andere Elternteil muss (wie ein guter Teil der Befragten selbst) von der Taufe erst noch überzeugt werden, oder es sind die familiären und vermutlich auch religiösen Konstellationen derart, dass die Abstimmung über die Religionszugehörigkeit des Kindes keine leicht zu beantwortende Frage ist. Möglicherweise bedingen und verstärken sich diese Hinderungsgründe zur Taufe auch zusätzlich gegenseitig.

Von hier aus lässt sich nun die Frage nach dem Ort der Kirche noch einmal neu stellen: Menschen an den »Rändern« der Kirche sind (erwartbar) weniger eindeutig in ihrer Verortung der Kirche, die sie etwa bei der Taufe als Entscheidung für einen christlich-religiösen und auch organisationalen Kontext für die eigene Lebenssituation vornehmen würden. Unter Menschen mit unterdurchschnittlicher Kirchenbindung erweisen sich dann einzelne Bindungsfaktoren als wirksam – oder gerade diese Bindungsfaktoren entfalten auf der anderen Seite Ausgrenzungspotentiale. In einer solchen Dynamik sind einerseits die Bindungskräfte der Kirche weiterhin aktiv – und die Mehrheit der Mitglieder verortet die Kirche weiterhin derart in der Gesellschaft, dass hier von einer hohen Stabilität der Kirche als soziale Größe von erheblicher Relevanz ausgegangen werden kann. Andererseits lassen sich Abbrüche verzeichnen, die zumindest teilweise auf einer wechselweisen Verstärkung von Faktoren beruhen, die langfristig die Kirchenbindung vieler Menschen stark schwächen und eine klare Verortung der Kirche als relevante Größe im sozialen Leben erschweren können.

5. Verortung von innen: religiöse Praxis und religiöse Kommunikation

Zuletzt möchte ich den Blick auf den »Innenraum« des kirchlichen Lebens richten, der gegenwärtig stark im Fokus kirchensoziologischer Untersuchungen steht. Auch hier, im Kernbereich dessen, was den christlichen Glauben ausmacht, im Glaubensleben des einzelnen Menschen und dem, was sich in der »Gemeinschaft der Glaubenden« davon teilen und weitergeben lässt, findet sich dieselbe Heterogenität der Diagnosen, die sich schon in den vorangegangenen Abschnitten zeigte: Auf der einen Seite lässt sich mit Blick auf die Relevanz der individuellen religiösen Kommunikation festhalten, dass nur ein dramatisch kleiner Anteil der Kirchenmitglieder diesem Bereich des Lebens in der Kommunikation eine mehr als geringe Bedeutung zuschreibt. Auf der anderen Seite, fragt man Kirchenmitglieder nach ihrer Selbsteinschätzung in Bezug auf den Glauben und das Wissen um ihn sowie nach ihrer Fähigkeit, darüber einschlägig Auskunft zu geben, scheint sich die Rede von einer Prekarität der kirchlich-religiösen Bindungskräfte oder der Relevanz religiöser Themen in der Kommunikation gerade zu verbieten.

Im Rahmen der Fünften EKD-Erhebung über Kirchenmitgliedschaft gibt es eine erhöhte Aufmerksamkeit für die religiöse Praxis, wie sie sich gerade im überindividuellen Bereich zeigt, in der Kommunikation religiöser Themen im sozialen Nahraum. Zentral war zunächst die Frage »Wie häufig tauschen Sie sich über religiöse Themen aus?«, auf die 56% der befragten Kirchenmitglieder mit »nie« geantwortet haben. Von den verbliebenen 44% der Mitglieder, die angaben, zumindest »selten« mit anderen über religiöse Themen zu sprechen, konnte sich wiederum, gefragt nach den Personen, mit denen in den vergangenen zwei Monaten ein Austausch stattgefunden hat, knapp die Hälfte, nämlich 21% der befragten Kirchenmitglieder, nicht an eine Person erinnern, mit der sie in diesem Zeitraum über religiöse Themen gesprochen hätten. Somit beruht in Folge die Untersuchung der konkreten religiösen Kommunikation evangelischer Kirchenmitglieder auf knapp 24% der Mitglieder – ein sicher für viele überraschend kleiner Anteil. Ähnlich verhält es sich, um nun auf die Verortung von Kirche zurückzukommen, wenn die Mitglieder (diejenigen, die überhaupt über religiöse Themen kommunizieren) nun nach der Relevanz dieser Kommunikation gefragt werden:

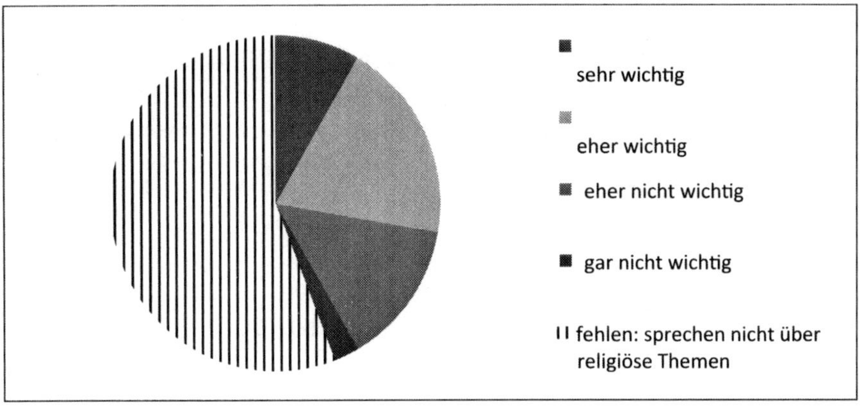

Abbildung 4: Wie wichtig ist Ihnen persönlich der Austausch über religiöse Themen? – KMU V (2012)

Von der Gesamtzahl der Kirchenmitglieder sind zunächst die 56% der Befragten, die angaben, gar nicht über religiöse Themen zu sprechen, nicht nach der Relevanz religiöser Kommunikation für sie gefragt worden. Von den übrigen bezeichneten 8% dies als »sehr wichtig«, 19% als »eher wichtig«. Dies ergibt immerhin ein gutes Viertel der Mitglieder, die diesem Aspekt einen positiv konnotierten Stellenwert in ihrem sozialen Leben zuweisen. Weitere 14% bezeichneten den Austausch über religiöse Themen als »weniger wichtig«, nur knapp 3% bezeichnen ihn als »gar nicht wichtig«. So lässt sich sagen, dass zwar die rechnerische Mehrheit der Mitglieder angibt, sich »nie« über religiöse Themen auszutauschen, jedoch nur ein Bruchteil der Mitglieder einen solchen Austausch für unwichtig hält. Dieser Befund ist nicht leicht zu interpretieren. Berücksichtigt man Erkenntnisse wie die, dass Religion als Lebensbereich selbst für die meisten Menschen in Deutschland im Vergleich mit anderen Lebensbereichen einen eher geringen Stellenwert hat und dass vor allem die Querbezüge zwischen der Religion und anderen Lebensfragen in den vergangenen Jahrzehnten stark verblasst sind,[18] dann lässt sich nicht nur konstatieren, dass diese Zahlen nachweisbarer Relevanzsetzung für Kirche und religiöse Fragen eher gering sind. Es ist auch zu fragen, wo denn im Lebensverlauf Gelegenheiten sind, über Religion zu sprechen, und wie dies dann derart in das eigene Leben und seine Deutung eingebettet wird, dass religiöse Themen und die Religionsgemeinschaft, die ihre Mitglieder in solchen Prozes-

[18] Bertelsmann Stiftung (Hg.), Religionsmonitor 2013 (s. Anm. 2), 13–15.

sen stützt, als relevanter Bestandteil des sozialen Lebens betrachtet werden. Es ist zumindest plausibel, anzunehmen, dass Religion und Kirche auch dort eine Relevanz entfalten, wo sie nur optional oder punktuell, aber nicht umfassend und das alltägliche Leben prägend wahrgenommen werden.[19]

Ergänzend zu diesen Betrachtungen werfe ich einen letzten Blick auf Ergebnisse empirischer Untersuchungen, hier noch einmal der jüngsten EKD-Erhebung. Während allerorts von kirchlich Aktiven die geringe Beteiligung der meisten Kirchenmitglieder am kirchlichen Leben (nachweisbar in Statistiken wie in Befragungsdaten) beklagt wird und darüber hinaus ein Verblassen religiösen Wissens sowie der Kompetenz, den eigenen Glauben zu kommunizieren, angenommen wird,[20] ergeben die neuen Ergebnisse der EKD-Erhebung, jetzt aus der Sicht der befragten Kirchenmitglieder, ein ganz anderes Bild. Gefragt nach ihrer Selbsteinschätzung zur Bibelkenntnis und der eigenen Kompetenz über den eigenen »Glauben Auskunft« zu »geben«, konnten sich die Befragten zwischen zwei extremen Polen sowie zwei Möglichkeiten der abgeschwächten Einschätzung »eher« in die eine oder andere Richtung entscheiden.

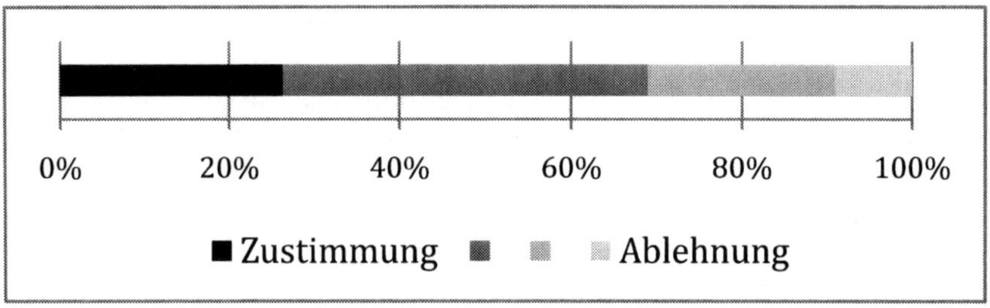

Abbildung 5: Zustimmung zur Selbstaussage »Ich weiß gut, was in der Bibel steht« gegenüber der Selbstaussage »Ich weiß kaum, was in der Bibel steht« (= Ablehnung) – KMU V (2012)

[19] Vgl. die Erkenntnisse aus CLAUDIA SCHULZ, Kinder – Zukunft der Kirche!? Empirische Erkenntnisse über Ideale und Fiktionen, in: DIES./HEIKE STAMMER (Hg.), Von der Kinder- und Jugendhilfe zur frühkindlichen Bildung. Multiperspektivische Zugänge zu einer aktuellen Herausforderung, Stuttgart 2011, 123–147: 141–144.

[20] Dieser Schluss ist z.B. naheliegend auf der Basis der Analyse von Gruppendiskussionen im Rahmen der KMU IV. Hier erwiesen sich selbst Kirchenmitglieder, ehemals kirchlich aktive Menschen und sogar Mitarbeitende als nur begrenzt in der Lage, religiöse Inhalte zu kommunizieren; vgl. CLAUDIA SCHULZ, Kirche in Veränderung. Wahrnehmungen einer sich wandelnden Organisation, in: JAN HERMELINK U.A. (Hg.), Kirche in der Vielfalt der Lebensbezüge. Die vierte EKD-Erhebung über Kirchenmitgliedschaft, Bd. 2: Analysen zu Gruppendiskussionen und Erzählinterviews, Gütersloh 2006, 195–228: 220–224.

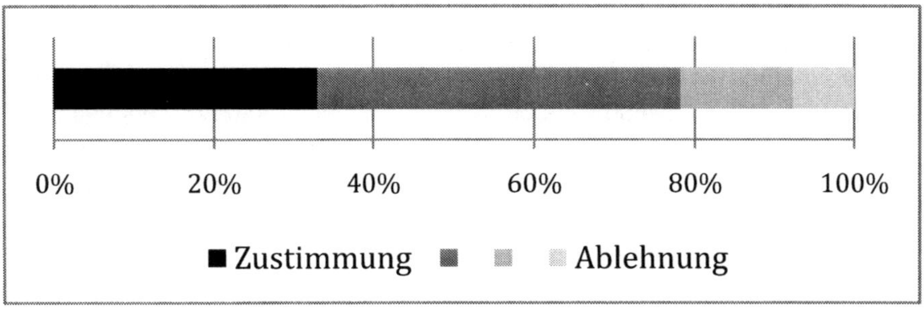

Abbildung 6: Zustimmung zur Selbstaussage »Wenn ich danach gefragt werde, kann ich über meinen Glauben Auskunft geben« gegenüber der Selbstaussage »Wenn ich danach gefragt werde, kann ich über meinen Glauben keine Auskunft geben« (= Ablehnung) – KMU V (2012)

Diese Zahlen überraschen doch angesichts der geringen Beteiligungsquoten und auch angesichts der geringen Werte für die alltäglich erlebte religiöse Kommunikation. Wie, wenn nicht über Begegnung mit anderen Menschen, die an Fragen von Religion und Kirche Interesse zeigen, erhält sich über viele Lebensjahre die Kenntnis der Bibel und die Fähigkeit zur Kommunikation über den eigenen Glauben, geht man einmal von einer stark prägenden und auf eine derartige Kommunikation vorbereitenden religiösen Sozialisation in Familie, Religions- und Konfirmandenunterricht aus? Sieht man einmal von derartigen Überlegungen ab, die sich angesichts dieser Zahlen quasi von selbst einstellen mögen, dann ist doch das Selbstbewusstsein der befragten Kirchenmitglieder beachtlich – und die Rede von einer Prekarität des christlich-religiösen Wissensbestandes und der entsprechenden kommunikativen Kompetenzen innerhalb der Kirche bedarf zumindest deutlich einer Relativierung. Hier mischen sich nun in meiner Betrachtung bereits vermehrt Analysen des empirischen Materials und praktisch-theologische sowie handlungspraktische Fragen des kirchlichen Lebens. Letztere Aspekte sollen im letzten Abschnitt noch einmal gesondert zur Sprache kommen. Zuvor ist zusammenzufassen, welche Schlüsse spezifisch aus der Betrachtung des Innenbereichs der evangelischen Kirche gezogen werden können:

Auch hier kann von einer stark heterogenen Ergebnislage auf der Basis der verfügbaren Datenbestände gesprochen werden. Zahlreiche Hinweise sind zu finden, wenn es um ein Verblassen von Religion geht, um das Verschwinden von religiösen Themen aus dem alltäglichen Leben – und einmal mehr für das Verschwinden von Relevanz, wenn es um religiöse Themen und ihre Kommunikation geht. Hierin bestätigen sich zum Teil deutlich die theoretischen Annäherungen, wie sie sich etwa über die Säkularisierungsthese erschließen lassen. Zugleich erscheint in vieler Hinsicht der Befund nicht eindeutig: Immer wieder weisen Ergebnisse nicht nur auf ein Verblassen von Religion und ihrer Relevanz hin, sondern auf eine zumindest nicht bewusst erfolgende »Nicht-Verortung« der Kirche im sozialen Raum durch die meisten Kirchenmitglieder. Auch wenn Religion und Kirche als Themen der Kommunikation im sozialen Nahraum eher selten vorkommen und noch seltener dort eine Relevanz für das religiöse Individuum entfalten, erfolgt die Verortung der Kirche durch die meisten Mitglieder doch bewusst und ausdrücklich dort, wo es um Erwartungen geht und die Begründung für die eigene Mitgliedschaft. Nur selten äußern Mitglieder explizit Desinteresse oder eine Abwertung kirchlicher Handlungsbereiche, kaum jemand bestreitet explizit eine zumindest gewisse Relevanz religiöser Kommunikation, auch wenn diese nur selten stattfindet.

6. Ergebnisse: Verortung der Kirche zwischen Verblassen der Religion und selbstbewusster Relevanzsetzung durch die Mitglieder

Eine Verortung der Kirche im sozialen Raum geschieht – das ist selbstverständlich – durch die Kirchenmitglieder ebenso wie durch Menschen außerhalb der Kirche immer abhängig von der jeweiligen Perspektive. Sie erfolgt – je nach Perspektive – durchaus eigenwillig und für die empirische Forschung schwer nachvollziehbar. Die Ergebnisse sind, wie oben gezeigt, stark gegenläufig: Die volkskirchliche Logik, nach der Kirche gleich einer Institution selbstverständlicher Teil des gesellschaftlichen Lebens sowie der eigenen Lebensführung ist, greift einerseits noch in erheblicher Breite, andererseits sind in den Außenperspektiven starke Entfernungen auszumachen. Mit Blick auf den Bestand im Inneren sind starke Anzeichen für eine trotz diverser Schrumpfungsdynamiken stabile Bindung einerseits und durchaus eine Prekarität der Mitgliedschaft und innere Abkopplungsprozesse andererseits festzustellen. Betrachtet man jedoch die Perspektive der Mitglieder, so ist dort kein umfassendes Bewusstsein von Prekarität der eigenen Religionszugehörigkeit, Religiosität oder religiös-kommunikativer Kompetenz auszumachen.

Es zeigt sich, dass im Sinn der gegenläufigen Diagnosen eine Verortung der Kirche insgesamt offenbar nur in Modellen erfolgen kann, die von gleichzeitig existierenden oder zumindest gleichzeitig wahrgenommenen sozialen Systemen ausgehen, indem unterschiedliche, sich zum Teil wiedersprechende Verortungen gleichzeitig sinnvoll vorgenommen werden können. Dies ist beispielsweise denkbar, indem Menschen Vorstellungen von einer öffentlich auftretenden Kirche mit durchaus unterschiedlichen Bedeutungen (Kirche als Teil der Öffentlichkeit, Kirche als Institution, Kirche als kulturelle Mittlerin, Kirche als Gegenwelt, Kirche als Dienstleisterin, Kirche als Heimat) mit Vorstellungen individueller Religiosität vereinen, zu der sich dann die eigene religiöse Kommunikation verhalten kann oder muss. Auf diese Weise ist es nachvollziehbar, dass Menschen auf der einen Seite von sich sagen, dass sie nie über religiöse Themen kommunizieren, auf der anderen Seite aber davon ausgehen, dass eine solche Kommunikation durchaus stattfinden könnte – wenn denn das Setting plausibel erscheint oder die Notwendigkeit dazu besteht.

An dieser Stelle muss für ein angemessenes Verständnis der Verortung der Kirche die Deutung von Daten und die Einpassung von Deutungen in größere Theoriegebäude (wie die Säkularisierungsthese oder Modelle der Transformation) reflektiert werden, damit nicht nur einzelne Ergebnisse generiert und in ihrer Plausibilität gegeneinander gerechnet werden, sondern in größerem Umfang ein vertieftes Verständnis für das Denken und Handeln von Mitgliedern gewonnen werden kann. Dafür kann gerade die Analyse komplexer Ergebnisse mit gegenläufigen Logiken ausgesprochen hilfreich sein, wie ich sie in den obigen Abschnitten begonnen habe. Von hier aus dürfte dann so manche Neubewertung altbekannter Phänomene gelingen. So ist es in der Praktischen Theologie zwar üblich, den Besuch eines Gottesdienstes als Signal für eine tiefgreifende Verbundenheit von Menschen mit ihrer Kirche zu interpretieren (und zwar recht unabhängig von der Frequenz, wenn denn nur eine Bedeutsamkeit oder Regelmäßigkeit dahinter steckt, wie sie etwa mit einer Feiertags-Religiosität besteht), nicht jedoch die regelmäßige Zahlung von Kirchensteuern, was ja durchaus im intermediären Sinn als religiöse Kommunikation verstanden werden kann.

Die darin sichtbaren Dynamiken der Deutung von Kirche und des Verständnisses der Wechselwirkungen zwischen Kirche, Gesellschaft und eigener Person, die im Datenbestand zunächst für diverse Forschungsfragen rund um Kirche, Mitgliedschaft, Bindung, Glaube oder Beteiligung als verwirrende Ergebnisse erscheinen, können darum auch gegenläufige Dynamiken sein. Das lassen Ergebnisse vermuten, die auf Prozesse der Schließung und Ausgrenzung einerseits und zugleich auf Prozesse der Öffnung und Verallgemeinerung andererseits hindeuten. Darin erweist sich wiederum die bereits recht fortgeschrittene Organisationswerdung der Kirche, wodurch immer größere Anteile des kirchlichen Lebens von ihren Mitgliedern organisationsförmig verstanden und behandelt werden (Kasualien, Beteiligungsangebote, Mitgliedschaft und Austritt) und anders als Bestandteile einer Institution stärker Zustimmung und Ablehnung erfahren (müssen), damit die Kirche überhaupt aus der jeweils eigenen Position heraus im sozialen Raum verortet werden kann.

Deutlich ist in der Interpretation der Daten, dass tatsächlich erst in Ansätzen erforscht ist, welche Logiken der Verortung der Kirche im sozialen Raum sich hier auswirken und welche Zusammenhänge mit anderen Lebensbereichen die Menschen genau herstellen. Hier mahnen etliche Forschende seit einiger Zeit vertiefte Untersuchungen an oder erstellen bereits Studien, die zumindest Teilbereiche dieser Fragestellung berücksichtigen, meist mit konkreten, lebensweltbezogenen Fragestellungen.[21] Interessanterweise werden derartige Forschungsdesiderate auch von anderer Seite angemahnt, etwa aus der Sozialarbeitswissenschaft, wo zunächst häufig die Zurückhaltung der Fachkräfte in religiösen Fragen fokussiert wird, seit einiger Zeit jedoch ebenso die bleibend hohe Bedeutung religiöser Fragen im Umgang mit Klientinnen und Klienten in den Fokus rückt, und zwar ganz unabhängig davon, ob Klientinnen und Klienten oder Professionelle überhaupt religiös oder Mitglied einer Religionsgemeinschaft sind.[22] So kommt der Frage nach der Religiosität – als Frage nach der Verortung der Kirche in der Gesellschaft durch Mitglieder und Nichtmitglieder – trotz aller Diskussionen über Schrumpfungsprozesse und deren heftige Auswirkungen auf die großen Kirchen – eine bleibend wichtige Bedeutung zu, wenn es um eine praktisch-theologische Reflexion der Ergebnisse empirischer Forschung geht. Hängen doch an der Frage nach der Verortung der Kirche im sozialen Leben zugleich die Frage nach Wesen und Gestalt der Kirche und vor allem nach den daraus abzuleitenden theologischen Leitlinien kirchlichen Handelns: Welche Funktion oder Bedeutung haben hier beispielsweise Kasualien, Seelsorge oder der Gottesdienst? Wie können oder sollen Ergebnisse empirischer Forschung auf theologische Begründungen solchen Handelns bezogen werden? Wie verhalten sich normative Setzungen beispielsweise in Bezug auf die Bedeutung der Kirche zu Mitgliederinteressen oder dem sozialen Wandel? An dieser Stelle liegt eine vielversprechende Option im interdisziplinären Dialog – und die Aporie in einer Analyse, die die Heterogenität empirischer Befunde und ihrer Deutung sowie die dahinter liegende Komplexität der Bedeutungsstrukturen von Kirche im sozialen Gefüge ausblendet.

---

[21] Beispielhaft FRANZISKA HUBER/EMMANUEL SCHWEIZER, Religion und Partnerschaft. Eine empirische Studie zur Deutung und Bedeutung der Religion in interreligiösen Beziehungen am Beispiel jüdisch-christlicher Partnerschaften, unveröffentlichte Masterarbeit, Universität Bern 2013.

[22] AXEL BOHMEYER, Soziale Arbeit und Religion. Sozialwissenschaftliche und anthropologische Spurensuche in postsäkularer Gesellschaft, in: neue praxis. Zeitschrift für Sozialarbeit, Sozialpädagogik und Sozialpolitik 5 (2009), 439–450.

Hat die Kirche einen Öffentlichkeitsauftrag?

Evangelische Kirche und Politik seit 1945

Claudia Lepp

»Kirche und Politik«, so lautete das Thema der Reformationsdekade für das Jahr 2014. Aus diesem Anlass nahmen exponierte Protestanten zum sogenannten Öffentlichkeitsauftrag der Kirche Stellung. Nach Auffassung des damaligen Ratsvorsitzenden der EKD, Nikolaus Schneider, ruft das Evangelium die Kirchen zur Wahrnehmung politischer Verantwortung auf. Es bietet aber keine eindeutigen ethisch-politischen Handlungsanweisungen für die konkreten Aufgaben und Fragen des politischen Alltags.[1] Als Themen kirchlicher Äußerungen nannte Schneider das Eintreten für ein gerechtes Wirtschaften, für Sozialstaatlichkeit und eine aktive Friedenspolitik. Kirche sollte sich einmischen, aber nicht bevormunden, so lautete die Kernaussage von Katrin Göring-Eckardt, der früheren Präses der EKD-Synode.[2] Die Kirche sollte ihre Stimme gegen alle Versuche erheben, Menschen auf ihre Arbeitskraft und ihre Konsumkraft zu reduzieren. Ganz anders äußerte sich der Theologe Karl Richard Ziegert. Im Deutschen Pfarrerblatt warf er der EKD vor, sie wolle sich zum privilegierten Träger einer ›öffentlichen Religion‹ erklären und würde eine eindimensionale Politisierung des Evangeliums vorantreiben.[3]

Diese Klage über eine »Überpolitisierung« der Kirche ist nicht neu. Wie der Öffentlichkeitsauftrag der Kirchen zu verstehen und wie er auszufüllen sei, darüber wird unter evangelischen Christen in der Bundesrepublik seit den fünfziger Jahren gestritten. Dies soll im nachfolgenden historisch-kritischen Streifzug durch die bundesdeutsche Geschichte deutlich werden. Dabei wird das Thema nicht systematisch-theologisch, praktisch-theologisch oder staatskirchenrechtlich angegangen, sondern vielmehr nach der historischen Praxis des Verhältnisses von Kirche, Staat und Gesellschaft, nach dem politischen Selbstverständnis und Agieren von kirchlichen Amtsträgern und Laienchris-

---

1 Vgl. http://www.luther2017.de/25670/evangelium-als-kompass-nikolaus-schneider-zur-politischen-verantwortung-der-kirchen?contid=25079 (Zugriffsdatum: 9.01.2015).

2 http://www.luther2017.de/25515/goering-eckardt-kirche-soll-sich-einmischen-aber-nicht-bevormunden?contid=25079 (Zugriffsdatum: 9.01.2015).

3 Karl Richard Ziegert, Dieses Spiel ist aus. Über das verdrängte Sterben der EKD-Kirchenwelt, in: Deutsches Pfarrerblatt 10 (2014), 558–563.

ten, nach der Verflechtung von religiösem und politischem Diskurs in öffentlichen Debatten sowie nach der Verwendung von theologischen Deutungsmustern der Verbindung von christlichem Glauben und politischer Existenz gefragt.

1. DAS VERHÄLTNIS VON EVANGELISCHEM CHRISTENTUM UND POLITIK IN DER FRÜHEN NACHKRIEGSZEIT

Der 8. Mai 1945 war auch im Verhältnis von Protestantismus und Politik keine »Stunde Null«.[4] Viele alte Deutungs-, Einstellungs- und Verhaltensmuster wurden mit in die Nachkriegszeit hineingenommen. Der Mehrheitsprotestantismus brachte gleich ein ganzes Bündel davon aus dem 19. und frühen 20. Jahrhundert mit: eine starke nationale Orientierung, eine ausgeprägte Staatsfixierung, gesellschaftliche Homogenitätsvorstellungen, eine Aversion gegen politische Parteien und die liberal-parlamentarische Demokratie sowie antikapitalistische Ressentiments.

Doch es gab auch Transformationen, die sich schon in der frühen Bundesrepublik abzeichneten oder bereits zum Tragen kamen. Als Reaktion auf politische und moralische Versäumnisse während der NS-Herrschaft fand die evangelische Kirche nach Kriegsende über theologische Schulen und kirchenpolitische Gruppen hinweg zu einer neuen Anerkennung des jetzt so genannten kirchlichen Öffentlichkeitsauftrages. Überwiegend berief man sich auf die Barmer Theologische Erklärung (These 2 und 5), die den Anspruch Jesu Christi auf alle Lebensbereiche proklamierte und der Kirche die Aufgabe zuwies, »an Gottes Reich, an Gottes Gebot und Gerechtigkeit und damit an die Verantwortung der Regierenden und Regierten« zu erinnern.[5] Ein Öffentlichkeitsmandat wurde bereits in dem »Wort zur Verantwortung der Kirche für das öffentliche Leben«[6] reklamiert, das im August 1945 der Kirchenversammlung in Treysa vorgelegt worden war. Ihm lag das Deutungsmuster der Säkularisierungsthese zugrunde, das auch in der Ökumene vertreten wurde. Nach ihrer deutschen Variante hatte die Abkehr von Gott die Deutschen in die Katastrophe geführt, und folglich konnte das Heil nur in einer umfassenden Rechris-

---

[4] Vgl. hierzu und zum Folgenden: CLAUDIA LEPP, Einleitung, in: KLAUS FITSCHEN U.A. (Hg.), Die Politisierung des Protestantismus. Entwicklungen in der Bundesrepublik Deutschland während der 1960er und 70er Jahre, AKiZ.B 52, Göttingen 2011, 11–24.

[5] Zitiert nach: http://www.ekd.de/glauben/bekenntnisse/barmer_theologische_erklaerung.html (Zugriffsdatum: 17.08.2015).

[6] Treysa 1945. Die Konferenz der evangelischen Kirchenführer 27.–31. August 1945, hg. von FRITZ SÖHLMANN, Lüneburg 1946, 102ff. Zu Entstehung und Wirkung des Wortes vgl. REINHARD SCHMEER, Volkskirchliche Hoffnungen und der Aufbau der Union. Evangelische Kirche und CDU/CSU in den ersten Nachkriegsjahren, SVRKG 150, Köln 2001, 33–48.

tianisierung von Staat und Gesellschaft liegen.[7] Die in dem Wort formulierte und fortan in allen Besatzungszonen auch in Handeln umgesetzte Bereitschaft der Kirche und insbesondere der Laien, sich von einem rein innerlich-individualistischen Heilsverständnis abzukehren und sich aktiv gesellschaftspolitisch zu engagieren, zählte zu den fundamentalsten Wandlungen im protestantischen Selbstverständnis nach 1945. Hinter diesem neuen Willen standen jedoch noch wenig theoretische Vorarbeit, wenig konkrete Vorstellung und noch weniger praktische Erfahrung.[8]

Nach der Kirchenfeindschaft des NS-Systems fanden in der Bundesrepublik Staat und Kirchen zu einem partnerschaftlichen Verhältnis zueinander. Die christlichen Parteien übernahmen die Wahrnehmung der kirchlichen Interessen und profitierten selbst wie auch die junge Bonner Republik von der kirchlichen Legitimierung ihrer zunächst noch schwachen Autorität. Jedoch endete die Kooperationsbereitschaft der Bundesregierung und ihres Kanzlers Konrad Adenauer mit den Kirchen stets dann, wenn diese versuchten, ihre gesellschaftlichen und kulturellen Vorstellungen kompromisslos durchzusetzen. So wurde die Bundesrepublik nicht zum klerikalen Staat, auch nicht zu einem katholischen, wie in protestantischen Kreisen zunächst befürchtet. Die Kirchlichkeit war aber auch in der sich modernisierenden westdeutschen Wiederaufbaugesellschaft noch hoch und die beiden Großkirchen waren angesehene und einflussreiche Institutionen. In nahezu allen Lebensbereichen der Gesellschaft waren sie als Körperschaften des öffentlichen Rechts an verantwortlicher Stelle präsent: im Bildungs- und Erziehungsbereich, im Sozialbereich, im Gesundheitswesen, im Strafvollzug, bei Rundfunk, Film und Fernsehen und später auch in der Bundeswehr. Die evangelischen Landeskirchen schlossen seit Mitte der fünfziger Jahre mit den Bundesländern partnerschaftlich ausgestaltete Staatskirchenverträge ab. Diese bewahrten ihre im Grundgesetz und in den Landesverfassungen abgesicherte privilegierte Stellung und regelten Art und Umfang ihres »Öffentlichkeitsauftrages«.[9] In der sogenannten Koordinationslehre wurde daraus in der frühen Nachkriegszeit von Staatskirchenrechtlern eine besondere Stellung der Kirche in der Öffentlichkeit abgeleitet, die auch eine herausgehobene Rolle im Bereich der öffentlichen Meinungsbildung umfasste. Faktisch erhielten die Kirchen in der jungen

---

[7] Vgl. Martin Greschat, ›Rechristianisierung‹ und ›Säkularisierung‹. Anmerkungen zu einem europäischen konfessionellen Interpretationsmodell, in: Jochen-Christoph Kaiser/Anselm Doering-Manteuffel (Hg.), Christentum und politische Verantwortung. Kirchen im Nachkriegsdeutschland, KoGe 2, Stuttgart u.a. 1990, 1–24.

[8] Vgl. Karl Schmitt, Konfession und Wahlverhalten in der Bundesrepublik Deutschland, Ordo Politicus 27, Berlin 1989, 86.

[9] Vgl. zur Gesamtthematik und zur Auslegung des »Öffentlichkeitsanspruchs« der Kirche im Sinne der Koordinationslehre bis Ende der 1960er Jahre: Götz Klostermann, Der Öffentlichkeitsauftrag der Kirchen – Rechtsgrundlagen im kirchlichen und staatlichen Recht, JusEcc 64, Tübingen 2000.

Bundesrepublik einen großen Handlungsspielraum für eine christliche Prägung der Gesellschaft.

Dem veränderten Bewusstsein über die eigene Rolle in der Öffentlichkeit trug die evangelische Kirche in einem konstruktiven Dialog mit Staat und Gesellschaft Rechnung. Er wurde in neuen Formen und auf vielfältige Weise geführt: Durch ihren ständigen Beauftragten am Sitz der Bundesregierung und dessen Büro in Bonn war die Kirche im politischen Entscheidungszentrum präsent.[10] Von hier wurden die Kontakte zu den Ministerien, Parteien und gesellschaftlichen Verbänden auf Bundesebene gepflegt. Keine andere Organisation »erhielt auf vergleichbar breiter Ebene einen solch privilegierten und vor allem frühzeitigen Zugang zu politisch relevanten Informationen und Entscheidungsträgern«, wie die beiden Großkirchen.[11] Kirchenvertreter führten regelmäßig Gespräche mit den Parteien. In Kammern und Ausschüssen setzten sich Laien und Theologen mit sozialethischen Fragen auseinander und berieten die kirchlichen Leitungsgremien, die sich wiederum in »Worten« an die Öffentlichkeit wandten. »Kirche« und »Gesellschaft« begegneten sich auf den Massenveranstaltungen des Deutschen Evangelischen Kirchentages oder in den Evangelischen Akademien und gaben sich wechselseitig Impulse. Die protestantischen Laien wurden von den Kirchenleitungen aufgefordert, sich in das parlamentarisch-demokratische Staatswesen einzubringen und in Parteien und Parlamenten mitzuarbeiten. Auf Grund der gemeinsamen Wertvorstellungen geschah dies in den frühen Jahren der Bundesrepublik vornehmlich in den neuen, interkonfessionellen, christlichen Parteien CDU und CSU. Erhebliche Teile der evangelischen Kirche unterstützten die christlich-konservative Regierungspolitik Adenauers einschließlich ihres ausgeprägten Antikommunismus.[12]

Trotz der unbestrittenen Stärkung des konservativen Lagers durch evangelische Christen und Kirche kann jedoch die Kirchengeschichte der Nachkriegszeit nicht pauschal mit dem Begriff »Restauration« gefasst werden, weder in kultureller noch in politischer Hinsicht.[13] Getragen vom Leitbild einer

---

[10] Zur Arbeit des evangelischen und des katholischen Bevollmächtigten während der 1950er Jahre vgl. KRISTIAN BUCHNA, Ein klerikales Jahrzehnt? Kirche, Konfession und Politik in der Bundesrepublik während der 1950er Jahre, Historische Grundlagen der Moderne 11, Baden-Baden 2014.

[11] A.a.O., 527.

[12] Zum Verhältnis des westdeutschen Protestantismus zu den politischen Parteien in der frühen Bundesrepublik vgl. allgemein MICHAEL KLEIN, Westdeutscher Protestantismus und politische Parteien. Anti-Parteien-Mentalität und parteipolitisches Engagement von 1945 bis 1963, Tübingen 2005.

[13] Vgl. u.a. MARTIN GRESCHAT, Weder Neuanfang noch Restauration. Zur Interpretation der deutschen evangelischen Kirchengeschichte nach dem Zweiten Weltkrieg, in: URSULA BÜTTNER (Hg.), Das Unrechtsregime. Internationale Forschung über den Nationalsozialismus. Festschrift für Werner Jochmann zum 65. Geburtstag. Bd. 2: Verfol-

christlichen Renovatio kämpften protestantische Theologen und Laien zwar zunächst gegen die Erscheinungen der modernen Gesellschaft westlicher Prägung, gegen »Materialismus«, »Technisierung« und »Vermassung«. In den frühen fünfziger Jahren verfielen sie dann aus Enttäuschung über eine ausbleibende Rechristianisierung der deutschen Gesellschaft in eine kulturpessimistische Stimmung. Doch schon in der zweiten Hälfte des Jahrzehnts ließ man sich bereits mehrheitlich im Sinne eines modernen Konservativismus auf die moderne Gesellschaft und ihre soziokulturellen Veränderungen ein.[14]

Auch in der Schule der Demokratie machte der westdeutsche Protestantismus während der fünfziger Jahre erste Fortschritte. Hier hatten die evangelischen Kirchen in Deutschland ein langes antidemokratisches Erbe abzutragen.[15] Zwar lehnten die westdeutschen Kirchen nach den Schreckenserfahrungen in einem totalitären System und angesichts des Demokratisierungsdrucks der westlichen Besatzungsmächte die Etablierung einer parlamentarischen Demokratie 1945 nicht mehr offen ab, wie sie es noch 1918 getan hatten. Sie arbeiteten vielmehr konstruktiv in ihr mit.[16] Jedoch überwog unter den Kirchenvertretern zunächst ein innerer Vorbehalt gegenüber den demokratischen Machtordnungsverhältnissen. Viele orientierten sich weiterhin am Leitbild des starken Staates und an nicht-pluralistischen Gesellschaftsmodellen. Andere Teile der evangelischen Kirche wiederum hofften auf eine grundlegende Neuordnung des politischen Lebens jenseits aller bisherigen Systeme.[17]

Die fünfziger Jahre waren im westdeutschen Protestantismus vor allem ein Jahrzehnt der großen politischen Debatten, die – verallgemeinernd gesprochen – zwischen einem lutherisch geprägten Mehrheitsprotestantismus und einem von Karl Barths Theologie beeinflussten Minderheitsprotestantismus geführt wurden. Im Kern gingen die Auseinandersetzungen zum einen um das Selbstverständnis als integrative Volks- oder vorkämpferische Grup-

---

gung – Exil – Belasteter Neubeginn, Hamburger Beiträge zur Sozial- und Zeitgeschichte 22, Hamburg 1986, 326–357.

[14] Vgl. AXEL SCHILDT, Die Modernisierung in der westdeutschen Wiederaufbau-Gesellschaft der 50er Jahre und einige Anmerkungen zur Rolle der Kirche in der sich modernisierenden Gesellschaft, in: KLAUS ERICH POLLMANN (Hg.), Kirche in den fünfziger Jahren. Die Braunschweigische evangelisch-lutherische Landeskirche, Braunschweig 1997, 13–35: 35.

[15] KURT NOWAK, Protestantismus und Demokratie in Deutschland. Aspekte der politischen Moderne, in: MARTIN GRESCHAT/JOCHEN-CHRISTOPH KAISER, Christentum und Demokratie im 20. Jahrhundert, KoGe 4, Stuttgart u.a. 1992, 1–18.

[16] Vgl. FREDERIC SPOTTS, Kirchen und Politik in Deutschland, Stuttgart 1976, 305f. und JEON CHON-HUN, Die deutsche evangelische Sozialethik und die Demokratie seit 1945. Der Beitrag der EKD-Denkschriften zur Demokratie, Frankfurt a.M. u.a. 1997, 179.

[17] Zu den politischen Leitbildern und Vorstellungen im deutschen Protestantismus der unmittelbaren Nachkriegszeit vgl. DOROTHEE BUCHHAAS-BIRKHOLZ, »Zum politischen Weg unseres Volkes«. Politische Leitbilder und Vorstellungen im deutschen Protestantismus 1945–1952. Eine Dokumentation, Düsseldorf 1989.

penkirche. Zum anderen kreisten sie um die Frage einer ethisch verantwortbaren Deutschland- und Verteidigungspolitik. Thematisch ging es in der ersten Hälfte des Jahrzehnts um die westdeutsche Westintegration und Wiederbewaffnung, in der zweiten Hälfte um Militärseelsorgevertrag und Atombewaffnung. Grundfragen der politischen Ethik verwoben sich darin mit friedensethischen Überlegungen und diese wiederum mit nationalen Motiven. Mehr als einmal gelangte die evangelische Kirche hierbei an den Rand der Spaltung.[18]

Ein Teil der kirchlichen Funktionsträger, vor allem konfessionelle Lutheraner, sah vor dem Hintergrund der lutherischen Zwei-Reiche-Lehre in der Frage nach den Wegen der Friedenssicherung allein ein Problem der menschlichen Vernunft. Er lehnte es ab, eine politische Frage mit der Autorität der Bibel zu beantworten und als Kirche zu vertreten. Persönlich schlossen sich diese Protestanten, darunter Eberhard Müller und Eugen Gerstenmaier, aus politischen Erwägungen den Vorstellungen der Adenauer-Regierung an. Sie hielten die Wiederbewaffnung zum Schutz der Bundesrepublik für notwendig und die Westbindung mit der Wiedervereinigung im Konzept einer Politik der Stärke für vereinbar. Auf der anderen Seite standen der bruderrätliche Flügel der EKD und namentlich Martin Niemöller sowie Gustav Heinemann. Sie waren auf der Grundlage einer Ethik der Königsherrschaft Christi in allen Lebensgebieten dazu bereit, im Bewusstsein der deutschen Schuld wie der Hoffnung auf Wiedervereinigung wegen auf einen deutschen Verteidigungsbeitrag zur westlichen Allianz zu verzichten. Doch obgleich in der gesamtdeutschen EKD Theorien eines Dritten Weges zwischen den ideologischen Blöcken sowie Modelle eines neutralen, wiedervereinigten Deutschlands mit einer Brückenfunktion zwischen Ost und West eine größere Rolle spielten als andernorts, waren sie auch hier nicht mehrheitsfähig.

Auch war es nur eine Minderheit unter den westdeutschen Protestanten, die sich aktiv an dem politischen Protest der »Ohne-mich-Bewegung«,[19] den Volksbefragungsaktionen, der Paulskirchenbewegung und der Kampagne »Kampf dem Atomtod«[20] beteiligten. Gleichwohl waren mit Niemöller, Heine-

---

[18] Zu den Debatten vgl. bislang: Johanna Vogel, Kirche und Wiederbewaffnung. Die Haltung der Evangelischen Kirche in Deutschland in den Auseinandersetzungen um die Wiederbewaffnung der Bundesrepublik 1949–1956, AKiZ.B 4, Göttingen 1978; Ulrich Möller, Im Prozess des Bekennens. Brennpunkte der kirchlichen Atomwaffendiskussion im deutschen Protestantismus 1957–1962, NBST 24, Neukirchen-Vluyn 1999.

[19] Vgl. Michael Werner, Die »Ohne-mich«-Bewegung. Die bundesdeutsche Friedensbewegung im deutsch-deutschen Kalten Krieg (1949–1955), Münster 2006.

[20] Vgl. Holger Nehring, Politics, Symbols and the Public Sphere: The Protests against Nuclear Weapons in Britain and West Germany, 1958–1963, in: Zeithistorische Forschungen/Studies in Contemporary History 2 (2005), 180–202; Axel Schildt, »Atomzeitalter« – Gründe und Hintergründe der Proteste gegen die atomare Bewaffnung der Bundeswehr Ende der 50er Jahre, in: Forschungsstelle für Zeitgeschichte in Ham-

mann, Helmut Gollwitzer u.a. sehr prominente Protestanten und Adenauer-Gegner darin mit Gleichgesinnten aus den Gewerkschaften und der SPD öffentlichkeitswirksam aktiv. Sie brachten eine religiös-moralische Deutung von Politik in die Protestbewegungen ein und luden die Protestsemantik religiös auf. Der Versuch Heinemanns, durch eine eigene Parteigründung, die Gesamtdeutsche Volkspartei, Einflussmöglichkeiten zu eröffnen, scheiterte indes bereits bei der Bundestagswahl 1953.

Bleibendes Erbe der Auseinandersetzungen der fünfziger Jahre aber war eine dauerhafte Beschäftigung mit der Friedensfrage sowie das Eintreten für den Schutz der Kriegsdienstverweigerung – beides Ausdruck eines gewandelten protestantischen Selbstverständnisses. Denn die evangelischen Kirchen in Deutschland gehörten nicht zu den klassischen Friedenskirchen des Christentums, sondern fanden mehrheitlich erst nach dem Zweiten Weltkrieg zu einer protestantischen Friedensethik. Das hieß jedoch nicht, dass man sich über die Wege zum Erhalt des Friedens einig gewesen wäre. Die letzte der Kontroversen in den fünfziger Jahren, die Atomdebatte von 1957 bis 1959, machte dies abermals deutlich.[21] Die erbitterte Auseinandersetzung um die Frage, ob die Kirche die Atomrüstung generell als ethisch nicht zu rechtfertigen ablehnen müsse, endete in einer »Ohnmachtsformel«: in der Willensbekundung, unter dem Evangelium zusammenzubleiben und sich um die Überwindung der Gegensätze zu bemühen.

Diese Diskurse waren immer auch Auseinandersetzungen um Gestalt und Grenzen einer »Politisierung« der Kirche, um theologische Interpretationen des Verhältnisses von Politik und Christentum und um die religiöse Qualifizierung politischer Fragen als Glaubensfragen. So wandte sich der Erlanger Theologe Walter Künneth auf der Synode der EKD im Jahr 1958 »mit Leidenschaft gegen jede Politisierung der Kirche und gegen jede Überfremdung der Kirche durch politische Gesichtspunkte«[22]. In den sechziger und siebziger Jahren sollten diese Diskurse dann unter veränderten gesellschaftlichen Bedingungen erneut geführt werden.

2. Die neue Politisierung des Protestantismus während der sechziger Jahre

Seit Ende der fünfziger Jahre schien der westdeutsche Protestantismus zunehmend in der Demokratie anzukommen. Dabei spielten zwei Faktoren eine

---

burg (Hg.), »Kampf dem Atomtod!«. Die Protestbewegung 1957/58 in zeithistorischer und gegenwärtiger Perspektive, Hamburg 2009, 39–56.

[21] Vgl. Ulrich Möller, Im Prozeß des Bekennens. Brennpunkte der kirchlichen Atomwaffendiskussion im deutschen Protestantismus 1957–1962, Neukirchen-Vluyn 1999.

[22] Zitiert nach KJ 85 (1958), 61.

Rolle:[23] Zum einen rückte allmählich die Generation in die Verantwortung, die das Jahr 1945 als Jugendliche erlebt hatten. Bei ihnen führten die NS-Erfahrungen zusammen mit den Prägungen der Nachkriegszeit zu einer demokratischen Haltung. Zum anderen wirkte die Macht des Faktischen: Die Gesellschaft der Bundesrepublik funktionierte politisch und wirtschaftlich immer besser.[24] Ausdruck eines zunehmend liberalen Staatsverständnisses einschließlich eines weltanschaulichen Pluralismus' war auch die Tatsache, dass es seit Beginn der sechziger Jahre einer wachsenden Zahl von überzeugten evangelischen Christen möglich war, die SPD zu wählen. In den Jahren zuvor hatte ein kleiner Kreis führender Protestanten die Verständigung mit der Sozialdemokratie stetig vorangetrieben, während sich umgekehrt die Partei in ihrem Godesberger Programm 1959 den Kirchen angenähert hatte.[25] Im Bundestagswahlkampf von 1961 votierten nun etliche Geistliche öffentlich für die SPD. Im selben Jahr wurde der SPD-nahe Berliner Bischof Kurt Scharf zum Vorsitzenden des Rates der EKD gewählt.

Unter Scharfs Ratsvorsitz entstanden auch die ersten Denkschriften der EKD. Mit ihnen fand die evangelische Kirche in einem sich wandelnden Mediensystem[26] eine moderne Form, ihre öffentliche Verantwortung wahrzunehmen.[27] Waren die früheren kirchlichen Worte knapp gehalten und trugen Weisungscharakter, so hatten die Denkschriften zu Grundfragen des politischen und gesellschaftlichen Lebens einen argumentativen, zur Diskussion anregenden Stil. Erarbeitet wurden sie von interdisziplinär zusammengesetzten Fachgremien. Konsensbildung und Profilschärfe bestimmten diesen Versuch, die Gesamtkirche angemessen in der Öffentlichkeit auch jenseits der eigenen Klientel zu Wort kommen zu lassen.[28] Gleichzeitig dienten die Denkschriften aber auch der »innerkirchlichen Meinungs- und Willensbildung«.[29]

---

[23] Vgl. Kurt Nowak, Evangelische Kirche in Deutschland 1945–1995. Beitrag zu einer historischen Bilanz, in: ZEE 40 (1996), 266–275: 267.

[24] Vgl. ebd.

[25] Vgl. Daniela Heimerl, Evangelische Kirche und SPD in den fünfziger Jahren, in: KZG 3 (1990), 187–200.

[26] Nicolai Hannig, Die Religion in der Öffentlichkeit. Kirche, Religion und Medien in der Bundesrepublik 1945–1980, Geschichte der Religion in der Neuzeit 3, Göttingen 2010.

[27] Zum Verhältnis von Kirchen und Medien während der sechziger Jahre vgl. Frank Bösch/Lucian Hölscher, Die Kirchen im öffentlichen Diskurs, in: Dies. (Hg.), Kirchen – Medien – Öffentlichkeit. Transformationen kirchlicher Selbst- und Fremddeutungen seit 1945, Geschichte der Religion in der Neuzeit 2, Göttingen 2009, 7–30.

[28] Wolf-Dieter Hauschild, Evangelische Kirche in der Bundesrepublik Deutschland zwischen 1961 und 1979, in: Siegfried Hermle/Claudia Lepp/Harry Oelke (Hg.), Umbrüche. Der deutsche Protestantismus und die sozialen Bewegungen in den 1960er und 70er Jahren, AKiZ.B 47, Göttingen ^{2}2012, 51–90: 82.

[29] Wolfgang Huber, Aufgaben und Grenzen kirchlicher Äußerungen zu gesellschaftlichen Fragen (1970). Einführung, in: Kirchenamt der Evangelischen Kirche in Deutschland/Sozialwissenschaftliches Institut der Evangelischen Kirche in

Das »Zeitalter der Denkschriften«[30] setzte 1962 mit der Schrift ›Eigentumsbildung in sozialer Verantwortung‹ ein und erreichte bereits seinen Zenit mit der sogenannten Ostdenkschrift von 1965. Schon damals urteilten kundige Beobachter, dass mit ihr eine neue Phase der kirchlichen Öffentlichkeitsverantwortung eingeleitet worden sei, und bis heute hat sich dies Urteil immer wieder bestätigt.[31] Man kann das »Zeitalter der Denkschriften« insofern auf die Jahre zwischen 1962 und 1983 begrenzen, als damals diese Form kirchlicher Partizipation am politischen Diskurs der bundesdeutschen Gesellschaft noch innovative Impulse geben konnte.[32] So brachten die Ostdenkschrift und ihr Appell zur Versöhnung mit dem polnischen Volk in der Bundesrepublik Bewegung in erstarrte politische Positionen. Sie erweiterte den Spielraum politischen Handelns und ebnete damit der »neuen Ostpolitik« der sozial-liberalen Koalition den Weg. Zugleich signalisierte sie öffentlich den Abschied von der Prädominanz des Nationalprotestantismus.[33] Innerprotestantisch hatte sie eine stark polarisierende Wirkung und wurde gerade für konservative Protestanten zum Signum einer Fehlentwicklung der evangelischen Kirche. National und antipluralistisch eingestellte Protestanten formierten sich 1966 in der »Notgemeinschaft evangelischer Deutscher«. Die im gleichen Jahr gegründete, wesentlich erfolgreichere »Bekenntnisbewegung ›Kein anderes Evangelium‹« wandte sich gegen eine »Politisierung der Kirche«, wie sie in der Denkschrift zum Ausdruck komme. Die Bekenntnisbewegung opponierte insgesamt gegen den in den sechziger Jahren sich beschleunigenden Prozess der Auflösung des traditionellen Verständnisses der Bibel als Gottes Wort bzw. generell gegen die Traditionsabbrüche in Kirche und Gesellschaft.[34] Einen Höhepunkt erlebte die Auseinandersetzung um eine »Politisierung der Kirche« in den Jahren 1967 bis 1972 vor dem Hintergrund von Entwicklungen, welche die Bundesrepublik insgesamt betrafen. Diese erlebte während der »langen« sechziger Jahre eine Politisierung ihrer Bürger sowie von bis

Deutschland/i-public Agentur für Kommunikation und Multimedia Gemeinschaftswerk der Evangelischen Publizistik GmbH (Hg.), Die Denkschriften der Evangelischen Kirche in Deutschland 1962–2002, Hannover 2002. Digitale Edition auf CD-ROM.

30 Vgl. Ludwig Raiser, Die Denkschriften der Evangelischen Kirche in Deutschland als Wahrnehmung des Öffentlichkeitsauftrages der Kirche, in: Die Denkschriften der Evangelischen Kirche in Deutschland Bd.1/1: Friede, Versöhnung und Menschenrechte, hg. von der Kirchenkanzlei der Evangelischen Kirche in Deutschland, Gütersloh 1978, 9–39: 11.

31 Hauschild, Evangelische Kirche (s. Anm. 28), 81.

32 Vgl. a.a.O., 82.

33 Vgl. »Das rechte Wort zur rechten Zeit« – Genese und Rezeption der Ostdenkschrift der Evangelischen Kirche in ihren gesellschaftlichen und kirchlichen Kontexten, in: JSKG 90, 2011 [2012], 81–107.

34 Vgl. hierzu Gisa Bauer, Evangelikale Bewegung und evangelische Kirche in der Bundesrepublik Deutschland. Geschichte eines Grundsatzkonflikts (1945 bis 1989), Göttingen 2012.

dahin vorpolitischen Räumen.[35] Die Bereitschaft nahm zu, für die Mitgestaltung der gesellschaftlichen Ordnung Verantwortung zu übernehmen. Universalistische oder kollektive Werte wie Solidarität, Frieden und Gerechtigkeit gewannen an Bedeutung.[36] Zugleich wuchs die Kritik an den institutionellen und sozialen Ordnungen der Bundesrepublik und der westlichen Gesellschaft. Intensiv wurde über die »Demokratisierung« der Gesellschaft debattiert. Es entstand ein breites Geflecht politischer Reformbewegungen, aber auch von Gegenreaktionen. Ein Kampf um die Hegemonie politischer Deutungsmuster, um Lebensstile und Wertesysteme entbrannte.

Im Kontext dieser Politisierung der bundesdeutschen Gesellschaft, aber auch angestoßen durch Impulse aus der internationalen Ökumene, erlebte der westdeutsche Protestantismus eine neue Teilpolitisierung von unten. Seit den siebziger Jahren erreichte diese auch Breitenwirksamkeit. Forderungen nach mehr Demokratie und Partizipation in Staat und Kirche wurden lauter und führten zur Konstituierung neuer (kirchen-)politisch ausgerichteter Gruppierungen.[37] Ab Ende der sechziger Jahre wurde dann der globale Nord-Süd-Konflikt zu einem zentralen Thema. Neben das humanitär-diakonische Engagement trat nun auch das politische Engagement für Befreiung und Gerechtigkeit in der »Dritten Welt«.[38] Dabei spielten insbesondere in den evangelischen Studierendengemeinden, die sich den Politisierungstendenzen am weitesten öffneten, auch neomarxistische Theorien eine Rolle.[39] Zwar wurde eine ökumenisch-weltweite Orientierung zunächst vor allem von Aktionsgruppen getragen, doch diese beeinflussten zunehmend die Mentalität der jüngeren Pfarrer und Gemeindeglieder. Das Eintreten für Menschenrechte konzentrierte sich auf den Kampf gegen Rassismus und Neokolonialismus und fand im Antirassismus-Programm des Ökumenischen Rates einen internationalen Rahmen. Später kam auch der Einsatz für Frauenrechte hinzu, nachdem Impulse der US-amerikanischen feministischen Befreiungstheologie aufgenommen wurden.[40]

---

[35] Vgl. u.a. DETLEF SIEGFRIED, Politisierungsschübe in der Bundesrepublik 1945 bis 1980, in: FITSCHEN U.A. (Hg.), Politisierung (s. Anm. 4), 31–50.

[36] DETLEF POLLACK, Der Protestantismus in Deutschland in den 1960er und 70er Jahren. Forschungsprogrammatische Überlegungen, in: Mitteilungen der Evangelischen Arbeitsgemeinschaft für Kirchliche Zeitgeschichte 24 (2006), 103–126: 117.

[37] Für Bayern vgl. ANGELA HAGER, Ein Jahrzehnt der Hoffnungen. Reformgruppen in der bayerischen Landeskirche 1966–1976, AKiZ.B 51, Göttingen 2010.

[38] Vgl. ULRICH WILLEMS, Entwicklung, Interesse und Moral. Die Entwicklungspolitik der Evangelischen Kirche in Deutschland, Opladen 1998.

[39] Vgl. hierzu STEPHAN LINCK, »Jetzt hilft nur noch eine Flugzeugentführung!« Die Radikale Linke und die Evangelische Studierendengemeinde in Hamburg 1973 bis 1978, in: FITSCHEN U.A. (Hg.), Politisierung (s. Anm. 4), 77–89.

[40] Zur feministischen Theologie vgl. KORNELIA SAMMET, Feministische Theologie und die Politisierung evangelischer Theologinnen, in: FITSCHEN U.A. (Hg.), Politisierung (s. Anm. 4), 168–190.

Während der sechziger Jahre fand international wie national eine Politisierung der Theologie statt.[41] Diese neue politische Theologie ist in Deutschland mit den Namen Jürgen Moltmann und Dorothee Sölle verbunden. Sie beanspruchte in Abgrenzung zu älteren politischen Theologien eine kritisch-aufgeklärte Kompetenz. Sie war bestrebt, die eschatologische Botschaft des Neuen Testaments in politische Bewegung umzusetzen. Christen und Kirchen sollten zum Stoßtrupp einer Humanisierung der Gesellschaft werden. Diese theologischen Entwürfe fanden gerade bei jüngeren Christen Resonanz, die versuchten, sie in ihre politische und private Praxis umzusetzen.

Sozialethische Fragen von globaler Dimension drangen über Diskussionen in der Ökumene ab Ende der sechziger Jahre auch in die Amtskirche vor und blieben in den Folgejahren auf der kirchlichen Tagesordnung.[42] Die evangelische Kirche engagierte sich vermehrt sozial- und friedenspolitisch sowie zugunsten der »Dritten Welt«. Die mit der westdeutschen Wohlstandsentwicklung erweiterten finanziellen Spielräume konnten hierfür genutzt werden. Die kirchliche Positionierung in diesen Feldern kann auch als Versuch gedeutet werden, der wachsenden Entkirchlichung und Institutionenkritik zu begegnen.

Das zunehmende Engagement vor allem von Basisgruppen und ihren theologischen Leitfiguren auf verschiedenen Politikfeldern sowie die damit verbundene Forderung nach einer Politisierung von Religion, Kirche und Theologie wurden von einem starken innerkonfessionellen Polarisierungsprozess begleitet. In ihm waren politische und religiöse Konfliktlinien miteinander verwoben. Konservative Protestanten sahen das Gottesverhältnis gegenüber der Weltverantwortung vernachlässigt und wehrten sich gegen Versuche einer linken Indoktrinierung. In der breiten öffentlichen Debatte zwischen 1968 und 1972 avancierte »Politisierung« zum Kampfbegriff.[43] In diesem historischen Kontext veröffentlichte der Rat der EKD 1970 eine Denkschrift seiner Kammer für soziale Ordnung zu den ›Aufgaben und Grenzen kirchlicher Äußerungen zu gesellschaftlichen Fragen‹. Darin wurde zu Fragen nach Legitimation und Legitimität, nach Anlass, Form und Adressatenkreis kirchlicher Äußerungen zu politischen Themen Stellung genommen. Zurückhaltend hieß es, die Kirche sollte gesellschaftliche Entwicklungen »mitdenkend beglei-

---

[41] Vgl. hierzu Annegreth Strümpfel, »Theologie der Hoffnung – Theologie der Revolution – Theologie der Befreiung«. Zur Politisierung der Theologie in den »langen sechziger Jahren« in globaler Perspektive, in: Fitschen u.a. (Hg.), Politisierung (s. Anm. 4), 150–167.

[42] Für Württemberg vgl. Karin Oehlmann, Die Synoden als Foren der Politisierung, in: Fitschen u.a. (Hg.), Politisierung (s. Anm. 4), 61–76.

[43] Pascal Eitler, Politik und Religion. Semantische Grenzen und Grenzverschiebungen in der Bundesrepublik Deutschland 1965–1975, in: Ute Frevert/Heinz-Gerhard Haupt (Hg.), Neue Politikgeschichte. Perspektiven einer historischen Politikforschung, Frankfurt a.M./New York 2005, 268–303: 272f.; Hauschild, Evangelische Kirche (s. Anm. 28), 76f.

ten«.[44] »Entscheidend für die Kirchlichkeit einer Äußerung« zu gesellschaftlichen und politischen Fragen war nach der Denkschrift »allein deren Schrift- und Sachgemäßheit, die sich im Vollzug bewähren und erweisen muß«.[45] Die Denkschrift schloss die Auseinandersetzung um eine Politisierung der Kirche nicht ab. Mitte der siebziger Jahre kreiste die öffentliche Diskussion dann um die These, zwischen Christentum und Sozialismus bestehe eine inhaltliche Affinität, ein Christ müsse hinsichtlich seiner gesellschaftlichen Zielvorstellung Sozialist sein.[46] Die »Politisierung« spielte aber auch eine Rolle in den innerkirchlichen Auseinandersetzungen um das Antirassismus-Programm sowie in der innerkirchlichen wie allgemeinen Terrorismusdebatte. Auch die Massenmedien kritisierten unter diesem Stichwort kirchliche Gesellschaftsreformer und warnten davor, dass aus der christlichen Jenseitsreligion die Caritas werde.[47]

3. Die siebziger und achtziger Jahre: Die Kirche und die neuen Friedens- und Umweltbewegungen

Bereits seit Ende der sechziger Jahre setzte im Protestantismus eine intensivere Auseinandersetzung mit Friedensfragen ein. So war die Forschungsstätte der Evangelischen Studiengemeinschaft in Heidelberg bereits seit 1967 in der Friedensforschung aktiv.[48] Wichtige Impulse für eine kirchliche Friedensbewegung kamen aus der internationalen Ökumene. Mit den ökumenischen »Friedenswochen« etablierte sich in der Bundesrepublik seit 1980 eine eigenständige christliche Friedensarbeit. Die erste Friedenswoche fand unter dem Motto »Frieden schaffen ohne Waffen« im November 1980 an etwa 350 Orten statt. 1981 riefen bereits 14 der 17 evangelischen Landeskirchen zur Beteiligung an den Friedenswochen auf.

Die Auseinandersetzungen um den sogenannten NATO-Doppelbeschluss ließen dann eine neue Friedensbewegung entstehen, der sich auch viele junge Christen anschlossen. Sie entwickelte sich zu einer Massenbewegung, in der die christlichen Friedensinitiativen einen gewichtigen Teil ausmachten. Die Initialzündung zur Formierung der Friedensbewegung erfolgte auf dem Kir-

---

[44] Aufgaben und Grenzen kirchlicher Äußerungen zu gesellschaftlichen Fragen. Eine Denkschrift der Kammer für soziale Ordnung der Evangelischen Kirche in Deutschland, hg. vom Rat der Evangelischen Kirche in Deutschland, Gütersloh 1970, 12.

[45] A.a.O., 19.

[46] Vgl. Wolf-Dieter Hauschild, Kirchliche und theologische Grundsatzfragen, in: KJ 103/104 (1976/1977), 17–107: 92–98.

[47] Vgl. hierzu Nicolai Hannig, Axel Springer, Rudolf Augstein und die mediale Politisierung der Religion, in: Fitschen u.a. (Hg.), Politisierung (s. Anm. 4), 198–220.

[48] Vgl. Claudia Lepp, Die Forschungsstätte der Evangelischen Studiengemeinschaft als Think Tank während der sechziger und siebziger Jahre, in: Klaus Tanner (Hg.), Zeitdiagnose. Zum 100sten Geburtstag von Georg Picht, Baden-Baden 2015.

chentag 1981 in Hamburg.[49] Schon seit den siebziger Jahren hatte auf dem Kirchentag die Behandlung weltpolitischer Probleme und eine basisbezogene Kommunikation Einzug gehalten.[50] In den achtziger Jahren wurde der Kirchentag dann zum Kooperationsraum für Rüstungsgegner.[51]

In ihrer Friedensethik bezogen sich die christlichen Friedensgruppen stark auf die Bergpredigt, wobei konkrete Entscheidungen oft mit relativ direktem Rückgriff auf biblische Aussagen begründet wurden.[52] Die Gruppen vertraten einen umfassenden Friedensbegriff, der neben den militärischen Aspekten auch Fragen der globalen Friedensordnung durch soziale Gerechtigkeit in der »Dritten Welt«, Umweltfragen, aber auch individuelle Verhaltensänderungen beinhaltete. Mehrheitlich befürworteten sie einseitige, kalkulierte Abrüstungsvorleistungen, um einem dogmatischen Gleichgewichtsdenken zu entkommen.[53]

In der Friedensbewegung bildeten die christlichen Positionen nur einen Teil des pluralistischen Spektrums. So waren etwa in den Demonstrationsaufrufen der Aktionskonferenzen spezifisch christliche Argumentationsfiguren oft nur mit Hintergrundwissen wiederzuerkennen.[54] Das Mischungsverhältnis von Religion und Moral in der Friedenssemantik hatte sich seit den sechziger Jahren deutlich gewandelt. So enthielt zum Beispiel der Topos der »Apokalypse« in der Bewegungssprache keine religiösen Elemente mehr, sondern diente als Metapher für die in wissenschaftlicher Sprache beschriebenen Folgen einer Nuklearwaffenexplosion. Nur die Friedenssemantik christlicher Gruppen blieb religiös konnotiert.[55]

Trotz des rückläufigen semantischen Einflusses spielten die Gruppen, Institutionen und Einzelpersonen aus dem kirchlichen Bereich für die neue Bewegung eine wichtige Rolle. Da einzelne christliche Gruppen schon seit Mitte der siebziger Jahre sicherheitspolitische Fragen thematisiert hatten, konnten sie sofort profund in die Diskussion eingreifen. Christen waren für

---

[49] Vgl. HELMUT ZANDER, Die Christen und die Friedensbewegungen in beiden deutschen Staaten. Beiträge zu einem Vergleich für die Jahre 1978–1987, Berlin 1989, 344.

[50] Zum Kirchentag vgl. HARALD SCHROETER-WITTKE, Der Deutsche Evangelische Kirchentag in den 1960er und 70er Jahren – eine soziale Bewegung?, in: SIEGFRIED HERMLE/CLAUDIA LEPP/HARRY OELKE (Hg.), Umbrüche. Der deutsche Protestantismus und die sozialen Bewegungen in den 1960er und 70er Jahren, AKiZ.B 47, Göttingen 2007, 213–225.

[51] Vgl. RÜDIGER SCHMITT, Die Friedensbewegung in der Bundesrepublik Deutschland. Ursachen und Bedingungen der Mobilisierung einer neuen sozialen Bewegung, Opladen 1990, 152.

[52] Vgl. a.a.O., 353.

[53] Vgl. a.a.O., 358.

[54] Vgl. a.a.O., 351.

[55] Vgl. HOLGER NEHRING, Sicherheitstherapien. Religiöse und moralische Semantiken des Friedens in den britischen und westdeutschen Protesten gegen Atomwaffen 1957–1983, in: HELKE STADTLAND (Hg.), »Friede auf Erden«. Religiöse Semantiken und Konzepte des Friedens im 20. Jahrhundert, Essen 2009, 231–254: 244.

die Durchführung der großen Demonstrationen 1981 verantwortlich; bei den Folgedemonstrationen gehörten sie zum Kern der Organisatoren. Evangelische Akademien boten den Rahmen für Dialoge zwischen Bewegungsakteuren und ihren Kritikern. Aus dem Protestantismus kamen auch einige Integrations- und Symbolfiguren der Friedensbewegung, die dieser in bürgerlichen Schichten Gehör verschafften – zu ihnen zählten erneut Helmut Gollwitzer, Martin Albertz und Erhard Eppler. Letzterer war in der Hochphase des Friedensprotestes auch Kirchentagspräsident. Unter den Aktivisten der Friedensbewegung machten die Protestanten im September/Oktober 1981 65,7 Prozent aus, wobei der Radius von kirchennahen bis zu kirchenfernen Christen reichte.[56] In der evangelischen Bevölkerung unterstützten zwischen Oktober 1981 und Mai 1983 durchschnittlich 24,3 Prozent die Friedensbewegung, 21,25 Prozent sympathisierten mit ihr, aber 54,45 Prozent standen ihr distanziert gegenüber.[57] Denn auch innerhalb der evangelischen Kirche waren die Positionen und das Vorgehen der Friedensbewegung umstritten.

Die innerkirchlichen Debatten besaßen in der nunmehr stärker pluralisierten und säkularisierten Gesellschaft aber nicht mehr dieselbe öffentliche Aufmerksamkeit wie noch in den fünfziger Jahren. Sie drehten sich wie damals erstens um die Frage, ob nukleare Abschreckung mit christlicher Ethik vereinbar sei, und zweitens um die Frage der Relevanz christlicher Ethik für das politische Handeln des Einzelnen wie für politische Entscheidungsträger. Die zwei Grundmuster politischer Ethik fruchtbar aufeinander zu beziehen, unternahm in sehr differenzierter Weise 1981 die EKD-Denkschrift ›Frieden wahren, fördern und erneuern‹. In einem ›Wort zur Friedensdiskussion im Herbst 1983‹ bat der Rat der EKD die an der Friedensdebatte in Kirche und Öffentlichkeit beteiligten Christen, diskussionsfähig und in ihren Aktionsformen gesetzeskonform zu bleiben. Dezidiert wandte er sich gegen die Legitimation von Protesthandlungen durch den Verweis auf den Widerstand gegen den Nationalsozialismus[58] – ein Deutungs- und Argumentationsmuster, das neben den christlichen Rüstungsgegnern auch christliche Atomkraftgegner verwandten.

Auch das zweite zentrale politische Thema in den bundesdeutschen Debatten der siebziger und achtziger Jahre, der Umweltschutz und die Kernenergie, wurde schon früh in der evangelischen Theologie und Kirche diskutiert.[59] Vordenker waren hier u.a. Günther Altner, Jürgen Moltmann, Fulbert

---

[56] Schmitt, Friedensbewegung (s. Anm. 49), 300.

[57] A.a.O., 156.

[58] In: Die Denkschriften der Evangelischen Kirche in Deutschland, hg. vom Kirchenamt der EKD, Bd. I/3: Frieden, Menschenrechte, Weltverantwortung, Gütersloh 1993, 119–127: 124f.

[59] Vgl. auch zum Folgenden: Michael Schüring, Jahre der Angst. Die Evangelischen Kirchen in der Bundesrepublik und der Konflikt um die Atomenergie, in: Mitteilungen zur kirchlichen Zeitgeschichte 6 (2012), 185–195; Ders., West German Protestants

Steffensky und Dorothee Sölle. Zentral für ihre Überlegungen waren der göttliche Ursprung der Welt und die daraus abzuleitende bewahrende Aufgabe der Christen. Es wurde danach gefragt, inwiefern eine vornehmlich an Wirtschaftswachstum und materiellem Wohlstand orientierte Lebensweise überhaupt mit den Prinzipien einer christlichen Ethik in Einklang zu bringen sei. In der konkreten Debatte um den Ausbau der Kernenergie ging es darum, ob die Industriegesellschaft ihren Lebensstandard auch um den Preis des Einsatzes einer als lebensbedrohlich eingestuften Technologie aufrechterhalten wollte. Kernkraftgegner unter den Pastoren und wissenschaftlichen Theologen verwiesen auf das prophetische Amt der Kirche, argumentierten in Bezug auf die militärische und zivile Nutzung der Atomenergie mit einer drohenden säkularen Apokalypse und forderten zur Umkehr sowie zum Verzicht auf. Ängste und die Vorstellung, an einem zivilisationsgeschichtlichen Wendepunkt angekommen zu sein, befeuerten die Atomkraftgegner in der Auseinandersetzung. Innerkirchlich wurde darüber gestritten, ob die Kirche kompetent und autorisiert sei, zur zivilen Nutzung atomarer Energie Position zu beziehen. Konflikte entstanden zwischen Kirchenführern und Basisgruppen, aber auch unter den Kirchengliedern. Die Kirchenleitungen bemühten sich in der aufgeheizten Stimmung um Vermittlung und Ausgleich. Tagungen der Evangelischen Akademien sowie die Ernennung von Umweltbeauftragten zeugen von einer Verstetigung des gesellschaftlichen Dialoges zur Atomenergie im Bereich der Kirchen.

Die Friedens- und die Umweltthematik wurden in der zweiten Hälfte der achtziger Jahre in dem internationalen Konziliaren Prozess zu den Themen »Frieden, Gerechtigkeit und Bewahrung der Schöpfung« gemeinsam verhandelt,[60] wobei unter westdeutschen Protestanten das Thema Umweltschutz an Bedeutung zunahm. Insbesondere nach dem Reaktorunfall von Tschernobyl wurden in den evangelischen Kirchen in der Bundesrepublik im Kontext der Umweltthematik die Gefahren der Kernenergie erneut diskutiert.[61]

Zusammenfassend lässt sich für die siebziger und achtziger Jahre sagen, dass die evangelische Kirche in dieser Zeit als »dialogische Institution«[62] agierte und ihre politisch-theologischen Positionen sachlich-argumentativ in den gesellschaftlichen Diskursen artikulierte.[63] Zugleich aber behielt sie auf

---

and the Campaign against Nuclear Technology, in: Central European History 45 (2012) 04, 744–762.

[60] Zum konziliaren Prozess vgl. KATHARINA KUNTER, Erfüllte Hoffnungen und zerbrochene Träume. Evangelische Kirchen in Deutschland im Spannungsfeld von Demokratie und Sozialismus (1980–1993), AKiZ.B 46, Göttingen 2006.

[61] Vgl. HANS DIEFENBACHER U.A., Energiepolitik und Gefahren der Kernenergie – Kirchliche Stellungnahmen, in: KJ 113 (1986), 131–312.

[62] POLLACK, Protestantismus (s. Anm. 36), 122.

[63] Vgl. hierzu und zum Folgenden: CLAUDIA LEPP, Zwischen Konfrontation und Kooperation. Kirchen und soziale Bewegungen in der Bundesrepublik (1950–1983), in:

der Grundlage eines partnerschaftlichen Verhältnisses ihre Nähe zum Staat, blieb mit dem politischen Raum der Parteien verflochten und versuchte auch durch nicht-öffentliches Einwirken auf das politische System ihre Positionen durchzusetzen.[64] Auf dem Gebiet der öffentlichen Moral agierte sie verstärkt in der zivilgesellschaftlichen politischen Arena. Bindeglieder zu den dort ebenfalls wirkenden neuen sozialen Bewegungen waren Bewegungsgruppen innerhalb und am Rande der Kirche, die oft auch transkonfessionell agierten. Ihre Mitglieder wählten in Reaktion auf Individualisierungsprozesse neue, religiöse Gemeinschaftsformen und engagierten sich in universellen Solidaritätsbezügen. Sie beförderten innerhalb der Bewegungen eine Moralisierung der Politik und in ihren Kirchen eine Politisierung der Religion. Den Anliegen der »Dritte-Welt«-Bewegung, der Friedensbewegung und der Umweltbewegung verschafften die Kirchen zusätzliche moralische Reputation. Auch kam es hier zur Bereitstellung von kirchlichen materiellen, personellen und organisatorischen Ressourcen. Gegenüber staatlichen Kräften übernahmen Kirchenvertreter mitunter eine Vermittlerrolle; teilweise gerieten sie dabei aber auch zwischen die Fronten. Mit ihrem Engagement – vor allem in der Friedensfrage – steigerte die Kirche temporär auch ihre eigene zivilgesellschaftliche Präsenz. Dies alles schlug sich aber nicht in einer erhöhten institutionellen Bindekraft der Kirche innerhalb der Nachkriegsgeneration nieder, von denen die neuen sozialen Bewegungen vornehmlich getragen wurden.

Der Praktizierung öffentlicher Verantwortung in einem demokratischen Staat und einer pluralistischen Gesellschaft folgte seitens der evangelischen Kirche sehr spät eine theoretische Verhältnisbestimmung. Erst 1985 veröffentlichte die EKD ihre Denkschrift ›Evangelische Kirche und freiheitliche Demokratie. Der Staat des Grundgesetzes als Angebot und Aufgabe‹.[65] Sie war von der Kammer für öffentliche Verantwortung unter dem Vorsitz des Münchener Professors für Systematische Theologie, Trutz Rendtorff, erarbeitet worden. Die Ethik des Politischen wird darin bestimmt von den »Prinzipien Menschenwürde, Demokratie, Partizipation, Rechtsstaatlichkeit und Verantwortung«.[66] Der demokratische Staat wird nicht als identisch mit seinen Institutionen und Mandatsträgern verstanden, sondern als Sache aller Bürger, die zur aktiven Mitgestaltung aufgefordert sind. Die Formel des »Öffentlichkeitsauftrags der Kirchen« kommt in der Denkschrift nicht vor. Stattdessen werden der Kirche zwei Aufgaben zugewiesen: »Indem sie die ethische Seite des

Zeithistorische Forschungen 7 (2010) 3, 364–385: 384f. (www.zeithistorische-forschungen.de/site/40209073/default.aspx [Zugriffsdatum: 17.08.2015]).

[64] Vgl. Karl Gabriel, Kirchen, Religion und Religiosität in Deutschland, in: Tobias Mörschel (Hg.), Macht Glaube Politik? Religion und Politik in Europa und Amerika, Göttingen 2006, 103–114: 114.

[65] Eine Denkschrift der Evangelischen Kirche in Deutschland, hg. vom Kirchenamt i. A. des Rates der EKD, Gütersloh 1985.

[66] Arnulf von Scheliha, Protestantische Ethik des Politischen, Tübingen 2013, 214.

Glaubens betont und die Protestanten zur Wahrnehmung ihrer politischen Mitverantwortung ermutigt, stützt und stärkt sie die für das Funktionieren der freiheitlichen Demokratie notwendige sittliche Substanz.«[67] Die andere Aufgabe besteht darin, »die fachpolitischen Debatten auf die ethischen Prinzipien hin durchsichtig zu machen und bei denjenigen politischen Entscheidungen, deren mögliche Lösungen direkt ethische Fragen berühren, die christlichen Grundeinsichten in den politischen Prozess einzubringen.«[68] Insgesamt wird in der Demokratie-Denkschrift die Rolle der Kirche zurückhaltend und ihr Verhältnis zum Staat eher in zivilgesellschaftlicher Richtung beschrieben.[69]

4. Öffentliche Verantwortung in der neuen Bundesrepublik

Die gesellschaftlichen Rahmenbedingungen, unter denen sich die evangelische Kirche mit religiösen Überzeugungen und Werthaltungen an den öffentlichen Debatten beteiligt, veränderten sich seit den neunziger Jahren. So sank der ohnehin abnehmende Anteil der Kirchenmitglieder an der Gesamtbevölkerung mit der deutschen Vereinigung noch einmal deutlich. In Politik, Wirtschaft, Wissenschaft und Medien nahm die Zahl derer zu, die entweder keiner Kirche angehörten oder nur eine sehr schwache kirchliche Bindung hatten. Zugleich wuchs durch die Zuwanderung aus europäischen und nichteuropäischen Ländern die Zahl der weltanschaulich-religiösen Ausrichtungen und Orientierungen in der pluralistischen Gesellschaft. Eine weitere Veränderung vollzog sich in den medialen und kommunikativen Rahmenbedingungen für kirchliche Äußerungen. Der starke Bedeutungszuwachs der Medien findet seinen Niederschlag in Begriffen wie »Mediengesellschaft« und »medialisierte Demokratie«. Die Kirche musste sich auf mediale Strategien wie Personalisierung, Emotionalisierung und Skandalisierung einstellen. Dabei tat sich die evangelische Kirche auf Grund ihres Kirchen- und Amtsverständnisses mit dem Prinzip der Personalisierung schwerer als die katholische Kirche, die sich in der Person des Papstes oder des Bischofs mediengerecht darstellen lässt.[70] Doch auch im protestantischen Bereich entwickelten sich einzelne

---

[67] A.a.O., 217.

[68] A.a.O., 218.

[69] Vgl. Hermann-Josef Grosse Kracht, Zwischen Zivilreligion und Zivilgesellschaft? Überlegungen zum ›Öffentlichkeitsauftrag‹ der Kirchen im demokratischen Staat, in: Joachim Wiemeyer u.a. (Hg.), Der Öffentlichkeitsauftrag der Kirche: Begründung – Wege – Grenzen, Schriften des Instituts für Christliche Sozialwissenschaften der Westfälischen Wilhelms-Universität Münster 42, Münster 1999, 7–27: 21.

[70] Vgl. Hermann Barth, Rat geben – nicht bevormunden. Einige Überlegungen zur Wahrnehmung öffentlicher Verantwortung durch die Kirchen. Vortrag in der Her-

Amtsträger zu »Medienstars« wie Wolfgang Huber oder in noch stärkerem Umfang Margot Käßmann. Innerkirchliche Differenzierungen werden indes in dem stark reduzierenden und pointierenden System der Medien entweder nicht oder negativ wahrgenommen.

Die veränderte gesellschaftliche und mediale Situation führte dazu, dass die EKD – nach 1970 – im Jahr 2008 eine zweite sogenannte Denkschriften-Denkschrift herausgab.[71] Unter dem Titel ›Das rechte Wort zur rechten Zeit‹ wurde darüber reflektiert, welche Kriterien berücksichtigt sein sollten, wenn sich die evangelische Kirche »als Partner«[72] mit einer Denkschrift in den öffentlichen gesellschaftlichen Diskurs einschaltete. Der Titel der Denkschrift von 2008 nimmt eine Formulierung aus dem biblischen Buch der Sprüche auf und nennt damit exemplarisch zwei Kriterien für das öffentliche Wort der Kirche: Die Stellungnahmen sollten erstens in der Sache angemessen und hilfreich sein, und sie sollten zweitens den richtigen Zeitpunkt treffen. Bleibende Aufgabe der durchaus selbstbewusst als »sperrig«[73] bezeichneten kirchlichen Denkschriften sei es, »Denkanstöße zu geben, eine Fragestellung von großer öffentlicher Bedeutung in grundlegender Weise zu erörtern und Argumente für die Diskussion zu liefern.«[74] Die Denkschriften hätten ihre Themen ebenso sachgemäß wie in glaubwürdiger seelsorgerlicher Weise zu behandeln.[75] Die Äußerungen sollten unter den gesellschaftlichen Bedingungen des Pluralismus »pluralismusfähig« sein[76] und im Rahmen von nachhaltig wirkenden Kommunikationsstrategien stehen, welche den Inhalt der Denkschriften durch vielfältige Maßnahmen und Aktionen einer möglichst breiten inner- und außerkirchlichen Öffentlichkeit vermitteln.[77]

Die EKD reagierte auch noch auf andere Weise auf die veränderten gesellschaftlichen Bedingungen. Das betraf zum einen den Entstehungsprozess ihrer Äußerungen zu gesellschaftlichen und politischen Fragen. Um Transparenz und Partizipation zu erhöhen, führte sie das Verfahren eines gestuften Konsultationsprozesses ein.[78] Zunächst wird ein vorläufiges »Zerreißpapier« in Konsultationsgesprächen mit verschiedenen inner- und außerkirchlichen Verbänden und Gruppen besprochen. Anschließend erarbeitet eine Kommission ein sogenanntes Impulspapier, das anschließend in einer zweiten Phase

---

mann-Ehlers-Akademie in Kiel am 11.05.2006, http://www.ekd.de/vortraege/barth/060511_barth_oeffentliche_verantwortung_kirchen.html (Zugriffsdatum: 14.01.2015).

[71] Das rechte Wort zur rechten Zeit. Eine Denkschrift des Rates der Evangelischen Kirche in Deutschland zum Öffentlichkeitsauftrag der Kirche, Gütersloh 2008.

[72] A.a.O., 47.

[73] A.a.O., 55.

[74] A.a.O., 28.

[75] A.a.O., 33.

[76] A.a.O., 47.

[77] A.a.O., 55.

[78] Vgl. hierzu: Frank Surall, Dekret oder Diskurs? Die implizite Ekklesiologie evangelischer Denkschriften, in: ZEE 54 (2010), 249–262: 255f.

des Konsultationsprozesses mit kirchlichen, gesellschaftlichen und politischen Gruppen zur Diskussion gestellt wird. In den abschließenden Text gehen dann die gemachten Erfahrungen und eingegangenen Voten ein. Auf diese Weise entstand u.a. das Wort ›Für eine Zukunft in Solidarität und Gerechtigkeit‹[79], das nach einem Konsultationsprozess zur wirtschaftlichen und sozialen Lage in Deutschland 1997 vom Rat der EKD und der katholischen Deutschen Bischofskonferenz gemeinsam beschlossen wurde und große öffentliche Aufmerksamkeit erregte. Hier zeigt sich ein weiteres Signum in der Wahrnehmung der öffentlichen Verantwortung: Die ökumenische Zusammenarbeit in gemeinsamen ethischen Stellungnahmen. Diese setzte bereits 1979 ein. In der Grundwertedebatte der späten siebziger Jahre und in der Umweltdiskussion der achtziger Jahre war jeweils eine umfangreiche Stellungnahme entstanden.[80] Seit den neunziger Jahren nahm die Tendenz noch zu, sich in der Öffentlichkeit zu ethischen Fragestellungen auf der Grundlage des gemeinsamen christlichen Glaubens miteinander zu positionieren. Als weiteres Beispiel wäre die Denkschrift ›Demokratie braucht Tugenden‹ zu nennen.[81] Gemeinsame Erklärungen, so die Hoffnung, stoßen auf mehr Aufmerksamkeit und haben ein stärkeres Gewicht im gesellschaftlichen Diskurs. Hinzu kommt, dass die Medien ohnehin zu einer entdifferenzierten Wahrnehmung der beiden christlichen Großkirchen tendieren. Innerkirchlich gab es auf beiden Seiten aber auch kritische Stimmen zu den gemeinsamen Erklärungen. Sie drängten auf ein eindeutigeres evangelisches oder römisch-katholisches Profil.[82]

Eine besondere Form der Wahrnehmung öffentlicher Verantwortung stellt es dar, dass die Kirchen in Angelegenheiten, die sie selbst betrafen oder in denen es um politische Grundfragen ging, auf Länder- wie auf Bundesebene vielfach die Gelegenheit erhielten, in parlamentarischen Anhörungsverfahren ihre Position darzulegen.[83] Diese Äußerungen wirkten teilweise über den unmittelbaren Anlass hinaus, wie etwa die schriftliche Stellungnahme, die anlässlich der Anhörung im Rechtsausschuss des Deutschen Bundestages am 25. März 1998 zum »Menschenrechtsübereinkommen zur Biomedizin« des Euro-

[79] Für eine Zukunft in Solidarität und Gerechtigkeit. Wort des Rates der EKD und der Deutschen Bischofskonferenz zur wirtschaftlichen und sozialen Lage in Deutschland, Hannover/Bonn 1997.

[80] Vgl. zur Entwicklung gemeinsamer Stellungnahmen: Ole Grossjohann, Evangelische Kirche auf dem Weg zur Bioethik. Die gemeinsame Erklärung »Gott ist ein Freund des Lebens« als kirchliche Antwort auf die Herausforderungen der Bioethik, Diss. Göttingen 2013, 124–134.

[81] Demokratie braucht Tugenden. Gemeinsames Wort des Rates der Evangelischen Kirche in Deutschland und der Deutschen Bischofskonferenz zur Zukunft unseres demokratischen Gemeinwesens, hg. vom Kirchenamt der EKD, Hannover 2006.

[82] Vgl. Barth, Rat geben (s. Anm. 68).

[83] Vgl. ebd.

parates vom Bevollmächtigten des Rates der EKD abgegeben wurde.[84] Darüber hinaus nutzen die Kirchen die Möglichkeit, fachkundige Vertreter in Kommissionen zu entsenden, die vom Deutschen Bundestag, der Bundesregierung oder von öffentlichen Körperschaften wie der Bundesärztekammer eingerichtet werden. Diese Form der Wahrnehmung öffentlicher Verantwortung durch die Kirchen hat an Bedeutung zugenommen.[85] Zu nennen ist hier die Mitarbeit von Kirchenvertretern in den vom Deutschen Bundestag 2000 und 2003 eingesetzten Enquête-Kommissionen zu medizinethischen Fragen. Auch in den von der Bundesregierung 2001 eingesetzten Nationalen Ethikrat, der seit 2007 als ein von Bundestag und Bundesregierung gemeinsam getragener Deutscher Ethikrat fortgeführt wird, wurden Kirchenvertreter und Universitätstheologen berufen.[86] Dort wird vor allem über bioethische Fragestellungen beraten.

Dieses Themenfeld bildet seit Ende der achtziger Jahre einen der neuen Schwerpunkte kirchlicher Äußerungen. Hierzu zählen Stellungnahmen zur Medizinethik, zur Tierethik und Umweltethik. Auf der Grundlage des christlichen Menschenbildes und Weltverständnisses möchte die evangelische Kirche durch eine kritische Begleitung des wissenschaftlichen Fortschrittes dazu beitragen, die Würde des einzelnen Menschen und insbesondere derer, die sich nicht äußern können, zu sichern.[87] Ihre Erklärungen, Stellungnahmen und Diskussionsbeiträge zu diesen Problemfeldern richten sich an unterschiedliche Zielgruppen: an Kirchenmitglieder, an gesellschaftliche Gruppierungen, an Verantwortliche in Politik, Wissenschaft und Wirtschaft, zum Teil auch direkt an den Gesetzgeber. Viele der Texte wurden ökumenisch verfasst, so bereits die grundlegende Gemeinsame Erklärung aller christlichen Kirchen und kirchlichen Zusammenschlüsse in Deutschland ›Gott ist ein Freund des Lebens‹ aus dem Jahr 1989. Es folgte 1990 eine gemeinsame Erklärung zur Organtransplantation, 1998 zur Xenotransplantation. Seit 1994 beteiligt sich der Rat der EKD an der 1991 auf Initiative des Zentralkomitees der deutschen Katholiken sowie der Deutschen Bischofskonferenz initiierten »Woche für das Leben«. In dieser jährlichen Aktionswoche mit wechselnden Themenschwerpunkten wollen die Kirchen das gesellschaftliche Bewusstsein für den Wert und die Würde des Lebens fördern und zu dessen Schutz in allen Lebensphasen aufrufen.[88] 1997 beschäftigte sie sich beispielsweise mit der umstrittenen Pränataldiagnostik. Die ebenfalls gesellschaftlich umstrittene Gentechnik war

---

84 Die Stellungnahme ist abgedruckt in: KJ 125 (1998), 4–10.

85 Vgl. Barth, Rat geben (s. Anm. 68).

86 Zur Rolle von Religionsvertretern in Ethikkommissionen vgl. Walter Reese-Schäfer/Christian Mönter, Politische Ethik. Philosophie, Theorie, Regeln, Wiesbaden 2013, 167–184.

87 Vgl. http://www.ekd.de/bioethik/einleitung.html (Zugriffsdatum: 30.01.2015).

88 Vgl. http://www.woche-fuer-das-leben.de/2012/engagiert-f%C3%BCr-das-leben (Zugriffsdatum: 3.02.2015).

Gegenstand einer Studie des Rates der EKD aus dem Jahr 1991, in der unter dem Begriff »Einverständnis mit der Schöpfung« ein neues Naturverständnis gefordert wurde.[89] 2011 plädierte die EKD für eine nachhaltige Landwirtschaft. 2012 äußerte sie sich aus christlicher Sicht zu Biopatenten und Ernährungssicherung. Im Bereich des Umweltschutzes nahm sie zur Energie- und Klimaproblematik Stellung.

Ein weiterer Schwerpunkt kirchlicher Stellungnahmen der letzten Jahre waren Fragen der Wirtschafts- und Sozialethik in einem erweiterten Europa und in einer globalisierten Welt. Die evangelischen Kirchen in der Bundesrepublik bemühten sich, differenziert mit der Thematik Globalisierung umzugehen. Im Unterschied zu manchen ökumenischen Äußerungen zum Thema verurteilten sie das kapitalistische Wirtschaftssystem nicht gänzlich und zeigten sich auch dazu bereit, mit wirtschaftlichen Akteuren zu sprechen und zusammenzuarbeiten,[90] was ihnen Kritik von Seiten politischer Bündnisse und Netzwerke einbrachte.[91] Die Kirchen forderten jedoch eine Regulierung der internationalen Finanzmärkte nach ethischen Kriterien und einen Abbau von Handelsschranken für Importe aus armen Ländern.[92] In der Globalisierung sahen sie eine Herausforderung für den Sozialstaat.[93] Der Rat der EKD war sich 1997 mit der Deutschen Bischofskonferenz darin einig, dass »Solidarität und Gerechtigkeit« zu den entscheidenden Maßstäben einer »zukunftsfähigen und nachhaltigen Wirtschafts- und Sozialpolitik« werden müssten.[94] Im Juni 2009 wurde in einem Wort des Rates der EKD die Entwicklung einer sozial, ökologisch und global verpflichteten Marktwirtschaft gefordert.[95]

Zwischen der kapitalismuskritischen Bewegung, sei es in Gestalt von attac oder occupy, und den Kirchen gab es von beiden Seiten nur wenig Kontakt.[96] Gerade in den Lagern der occupy-Demonstranten finden sich vor allem

---

[89] Vgl. http://www.ekd.de/bioethik/einleitung.html (Zugriffsdatum: 30.01.2015).

[90] Eberhard Hitzler, Die Kirchen und die Globalisierung. Zur Kundgebung der EKD-Synode 2001, in: Mitteilungen aus Ökumene und Auslandsarbeit 2002. Texte zur Ökumene.

[91] Epd vom 4.06.2007, http://www.ekd.de/aktuell_presse/news_2007_06_04_3_kas_studie_globalisierung.html (Zugriffsdatum: 2.02.2015).

[92] Ebd.

[93] Manfred Kock, Globalisierung als Herausforderung für den Sozialstaat aus Sicht der Evangelischen Kirche, http://www.ekd.de/vortraege/kock/030519_kock_globalisierung.html (Zugriffsdatum: 2.02.2015).

[94] Für eine Zukunft in Solidarität und Gerechtigkeit. Wort des Rates der Evangelischen Kirche in Deutschland und der Deutschen Bischofskonferenz zur wirtschaftlichen und sozialen Lage in Deutschland, http://www.ekd.de/EKD-Texte/44676.html (Zugriffsdatum: 17.08.2015).

[95] »Wie ein Riss in einer hohen Mauer«. Wort des Rates der Evangelischen Kirche in Deutschland zur globalen Finanzmarkt- und Wirtschaftskrise, EKD-Texte 100, hg. vom Kirchenamt der EKD, 2009.

[96] Eine Ausnahme stellt der Präses des Evangelischen Dekanats Frankfurt-Nord, Wolf Gunter Brügmann-Friedeborn, dar, der auf der Occupy-Kundgebung in Frankfurt am

Konfessionslose, die allerdings in kalten Wintertagen durchaus Versorgung in kirchlichen Räumen annahmen.[97] Im Unterschied zur Friedens- und Umweltbewegung der achtziger Jahre engagieren sich keine prominenten bundesdeutschen Protestanten in dieser neuen, internationalen sozialen Bewegung. Bislang gibt es nur Mutmaßungen für die mangelnde Kooperation: Die Kirche in der Bundesrepublik habe sich vom Finanzsystem abhängig gemacht und sie fürchte um den inneren Frieden in der Volkskirche, so argumentiert der Sozialethiker Franz Segbers.[98]

Eine theologische Auseinandersetzung mit Fragen der Sozialethik sowie der öffentlichen Bedeutung von Religion findet in den letzten Jahren vornehmlich unter dem Stichwort »Öffentliche Theologie« statt. In Deutschland stehen für diese vor allem Wolfgang Huber und Heinrich Bedford-Strohm.[99] Beide schreiben der Kirche eine aktive Rolle in der kommunitär-liberalen Zivilgesellschaft zu. Der von Bedford-Strohm verfolgte Ansatz einer »Öffentlichen Kirche« zielt auf die Verbindung eines klaren theologischen Profils mit dem Bemühen, »die damit verbundenen ethischen Orientierungen im Diskurs der pluralistischen Gesellschaft zu plausibilisieren.«[100] Kirche müsse aus ihren Traditionen heraus eine inspirierende Kraft für die ganze Gesellschaft entfalten. Ihre öffentliche Rede verfüge über vier Dimensionen: die pastorale, die diskursive, die politikberatende sowie die prophetische. Letztere sei auf besondere Situationen zu beschränken und dürfe nicht den Diskurs verschließen.

Am Ende bleibt zu fragen, wie die Kirchenmitglieder die Praktizierung des kirchlichen Öffentlichkeitsauftrages seit den siebziger Jahren bis heute wahrnehmen? Dies geschieht vor dem Hintergrund neuer Forschungsergebnisse, nach denen die quantitative Beteiligung der religiösen Akteure in den Medien im Umfeld von gesetzgebenden Verfahren im Zeitraum zwischen 1970 und

---

Main am 28. Juli 2012 eine Rede hielt, in der er den Erhalt des Occupy-Camps forderte. http://www.frankfurt-evangelisch.de/der-komplette-beitrag/items/occupykundgebung 07-2012.html (Zugriffsdatum: 5.02.2015).

[97] Vgl. Franz Walter, Bürgerlichkeit und Protest in der Misstrauensgesellschaft, in: Stine Marg u.a. (Hg.), Die neue Macht der Bürger. Was motiviert die Protestbewegungen?, Bonn 2013, 299–341: 314.

[98] Sehr kritisch hierzu: Franz Segbers, Königin ohne Land, in: http://zeitzeichen.net/geschichte-politik-gesellschaft/occupy-und-kirche-in-deutschland (Zugriffsdatum: 9.01.2015).

[99] Huber gründete 1993 die Buchreihe »Öffentliche Theologie«, die er seit 2009 gemeinsam mit Heinrich Bedford-Strohm bei der Evangelischen Verlagsanstalt in Leipzig herausgibt.

[100] Heinrich Bedford-Strohm, Öffentliche Theologie und Kirche. Abschiedsvorlesung an der Universität Bamberg am 26. Juli 2011, 8f. (http://www.bayern-evangelisch.de/www/landesbischof/oeffentliche-kirche.php [Zugriffsdatum: 17.08. 2015]).

2004 keine markanten Veränderungen aufzeigt.[101] Schwankungen in der Zu- oder Ablehnung kirchlicher Stellungnahmen im politischen Diskurs durch die Kirchenmitglieder sind somit nicht auf Zu- oder Abnahmen solcher Stellungnahmen zurückzuführen. Bei den Kirchenmitgliedern, so lässt sich konstatieren, hatte die Wahrnehmung der öffentlichen Verantwortung nie einen besonders hohen Stellenwert unter den kirchlichen Aufgaben. Auf die Frage, ob sich die evangelische Kirche zu politischen Grundsatzfragen äußern sollte, antworteten 1972 lediglich 22 Prozent der in der Kirchenmitgliedschaftsuntersuchung befragten Protestanten mit ja; 1982, auf dem Höhepunkt der Friedensbewegung, waren es 41 Prozent, 1992, als »Politikverdrossenheit« von der Gesellschaft für deutsche Sprache zum Wort des Jahres erklärt wurde, votierten immerhin 52 Prozent der westdeutschen Protestanten dafür.[102] Zwischen der ersten und der dritten Mitgliedschaftsuntersuchung lässt sich also eine deutliche Steigerung ausmachen. Im Jahr 2002 erfolgte dann ein Einbruch: Der Anteil der positiven Voten sank auf 22 Prozent. Hierfür wird in der Studie folgender, nicht wirklich überzeugender Erklärungsansatz angeboten: Die Kirche sei dort kaum gefragt, »wo die moderne Gesellschaft funktional spezialisierte Organisationen und Institutionen zur Bearbeitung der gesellschaftlich anfallenden Aufgaben bereitstellt«.[103] Nach der fünften Kirchenmitgliedschaftsuntersuchung aus dem Jahr 2014 sind immerhin wieder 47% der evangelischen Kirchenmitglieder in Ost- und Westdeutschland dafür, dass sich die evangelische Kirche zu politischen Grundsatzfragen äußert.[104] Die Studie zieht daraus den Schluss, dass »gesellschaftspolitische Themen wie Gerechtigkeit, Frieden und Umwelt eine geringere Bedeutung für die Identifikation religiöser Dimensionen und Kompetenzen der Kirche« haben als »existenzielle Themen«.[105] Und die Autoren der Studie fragen:

> »Aber hat nicht die innerkirchliche intellektuelle und finanzielle Ressourcenverwendung eine andere Gewichtung? Sind nicht auch viele Äußerungen von Kirchenleitungen thematisch anders fokussiert, nicht zuletzt aus der Sorge heraus, die Kirche könne ohne gesellschaftspolitische Relevanz ihrer Aussagen leichter ins Private abgedrängt werden? Ohne hier eine falsche Alternative aufzubauen, sollte der Frage nachgegangen werden, ob nicht eine gewisse Vernachlässigung typisch individueller Frömmigkeitsfragen im kirchlichen Diskurs zu konstatieren und also zu prüfen sei, was es bedeutet, wenn die Kirche für eine markante Mehrheit der eigenen Mitglieder Themen ›bespielt‹,

---

[101] Vgl. Judith Könemann u.a., Religiöse Interessenvertretung. Kirchen in der Öffentlichkeit – Christen in der Politik, Schriften des Instituts für Christliche Sozialwissenschaften. Neue Folge 4, Paderborn 2015, 230.

[102] Zu den Zahlen vgl. Kirche – Horizont und Lebensrahmen. Weltsichten, Lebensstile, Kirchenbindung. Vierte EKD-Erhebung über Kirchenmitgliedschaft, hg. vom Kirchenamt der EKD, Hannover 2003, 26.

[103] Ebd.

[104] Evangelische Kirche in Deutschland (Hg.), Engagement und Indifferenz. Kirchenmitgliedschaft als soziale Praxis. V. EKD-Erhebung über Kirchenmitgliedschaft, Hannover 2014, 93.

[105] A.a.O., 130.

> die an deren Erwartungen vorbeigehen? Hängt die Zukunft der Kirche daran, dass sie ihre Kompetenz in genuin religiösen Fragen stärker sichtbar macht?«[106]

Aus historischer Sicht sollte diese Alternative in der Tat nicht aufgemacht werden, belegt doch die verstärkte Partizipation der Kirchen am gesellschaftlichen politischen Diskurs ihr Angekommensein in der freiheitlichen Demokratie und der pluralistischen Gesellschaft der Bundesrepublik. Wie stark jedoch in diesen öffentlichen Stellungnahmen eine religiöse Argumentation benutzt wird und werden sollte, um einer »Selbstsäkularisierung« zu entgehen, steht auf einem anderen Blatt.[107] Ihren religiös begründeten Anspruch, die Gesellschaft auf der Grundlage der christlichen Botschaft mitzugestalten, sollte die Kirche jedoch nicht selbst aufgeben.

---

[106] Ebd.

[107] Die Autoren einer neuen Studie zu den Jahren 1970 bis 2004 kommen zu dem Ergebnis, dass religiöse Akteure deutlich weniger unter Rekurs auf explizit religiöse Begründungen argumentieren als vermutet und selbst eher zurückhaltend im Gebrauch religiöser Argumente sind. Deren Verwendung erweist sich zudem als themenabhängig. Vgl. JUDITH KÖNEMANN U.A., Religiöse Interessenvertretung (s. Anm. 99), 234f.

»An Christi Statt« – Stellvertretung als Deutungskategorie der Ekklesiologie[1]

Doris Hiller

0. Einleitung: Vertretbarer Anspruch – Stellvertretung im Raum der Kirche

»Lasst die Kirche im Dorf!« – Dies ist eine der häufig gehörten Beschwörungsformeln, die in der Auseinandersetzung mit dem inzwischen fast zehn Jahre alten, aber immer noch diskutierten Impulspapier der EKD ›Kirche der Freiheit‹ zu hören ist.[2] Der Grund dafür liegt in dessen Bestrebungen, wesentliche strukturelle Veränderungen kirchlicher Organisation voranzutreiben, die vor allem zu Lasten traditioneller ortskirchlicher und ortsgemeindlicher Arbeit gehen sollen. Dass damit zugleich wesentliche, d.h. das Wesen betreffende Veränderungen im Verständnis des Kirche-Seins vorgenommen werden und damit nicht nur ökonomische, sondern insbesondere theologische Orientierungen in Frage stehen, wird aus strategischen Gründen nur marginal eingesehen.

Die Mahnung zu theologischer Reflexion in Sachen Kirche-Sein wird bereits bei Eberhard Jüngel laut, der seine Bibelarbeit bei der Eröffnung des Zukunftskongresses der EKD 2007 mit der Hoffnung beendet, dass die Kirche »immer wieder einmal so frei ist, Gott einen Altar zu bauen mit Gedanken, Worten und Werken, sei es nun neben einer Terebinthe oder einfach dadurch, dass sie – in, mit und unter allen Perspektiv-Planungen – die Kirche im Dorfe lässt«[3].

Christian Möller schreibt ein ganzes Buch mit diesem Titel und setzt den aus seiner Sicht irrlichternden Leuchtfeuern kritische Einwände entgegen.

---

[1] Grundlage des vorliegenden Textes ist der gleichnamige Habilitationsvortrag vor der Theologischen Fakultät der Ruhr-Universität Bochum 2010. Zu der Zeit war die Verfasserin Pfarrerin in zwei Landgemeinden in der Evangelischen Landeskirche in Baden und beteiligt an kirchenbezirklichen Reformprozessen zur Öffnung kirchlicher Räume.

[2] Rat der EKD (Hg.), Kirche der Freiheit. Perspektiven für die Evangelische Kirche im 21. Jahrhundert. Ein Impulspapier, Hannover 2006.

[3] Eberhard Jüngel, in: Rat der EKD (Hg.), Zukunftskongress der Evangelischen Kirche in Deutschland. Lutherstadt Wittenberg 25.–27. Januar 2007, 129.

Seine zentrale These spitzt zu: »Lasst die Kirche im Dorf!«, wendet euch dem Nächstliegenden zu, lasst die Kirche also dort, »wo sie in einem überschaubaren Raum mit ihren Glocken alltäglich zum Gebet und sonntäglich zum Gottesdienst einlädt«[4].

Auch aus Bochum kommt Kritik und als eine Klippe auf dem Reformkurs der EKD wird die Auflösung der Ortsgemeinde genannt.[5] Im Reformeifer kirchlicher Organisation gerät die Ortsgemeinde unter erheblichen Druck. Es soll in dieser Kritik keinem parochialen Traditionalismus das Wort geredet werden. Vielmehr wird der Sorge vor dem Verlust eines Ortes der Kirche Ausdruck verliehen, verstanden als Verlust des Raumes, in dem Gottes Geschichte zukunftsoffen erzählt, der Name Jesu Christi erinnernd vergegenwärtigt und das Wort vom Kreuz gehört werden kann.

»Lasst die Kirche im Dorf!« – Diese aus dem säkularen Sprichwortschatz für den kirchlichen Raum zurückgewonnene Formulierung verliert sich nicht in parochialer Romantik, sondern birgt – wie die angezeigten kritischen Resonanzen auf eine reformstressbedingte Ortlosigkeit verdeutlichen – eine theologisch höchst spannende und spannungsreiche Frage: Wer die Kirche im Dorf reklamiert, der geht davon aus, dass die Kirche einen Platz in der Welt hat, dass sie Raum beansprucht und an einer bestimmten Stelle zu stehen hat. Umgekehrt heißt dies: Ist die Kirche nicht (mehr) da, fehlt etwas, das auch nicht so ohne weiteres ersetzt werden kann. Das wiederum bedeutet: Kirche steht *für* etwas. Kirche vertritt etwas oder jemanden. Wenn sie fehlt, dann fehlt dem Dorf nicht nur ein Gebäude, vielmehr fehlt der Welt ein überschaubarer und dennoch allen zugänglicher, lebensdienlicher Raum – eben der Ort, an dem die Kirche Jesu Christi Gestalt gewinnt, der Heilsraum, in welchem Versöhnung mit Gott und Gemeinschaft untereinander lokalisierbar und kommunizierbar ist.

Ausgehend von der grundsätzlichen Wesensbestimmung von Kirche als Versammlung der Glaubenden (CA 7) in ihrer auf Christus bezogenen Gemeinschaft, kann gesagt werden, worauf Kirche steht, d.h. worin sie gegründet ist. Sie ist zwar bekanntlich nicht von Jesus Christus gegründet, hat aber in ihm ihren Grund und ihre Ursache. In ihm hat sie auch ihre Aufgabe, denn sie hat das Evangelium rein zu predigen und die Sakramente recht zu verwalten. Darin gibt sie die ihr gewährte Gemeinschaft in Christus weiter und ermöglicht ihrerseits solche Gemeinschaft. Oder anders formuliert: Kirche vertritt die Gemeinschaft in Jesus Christus. Als solche steht sie in Raum und Zeit.

Mit der Existenz der Kirche ist ein Vertretungsanspruch in Raum und Zeit erhoben. Es handelt sich dabei nicht um eine Selbstermächtigung, sondern um

---

[4] CHRISTIAN MÖLLER, Lasst die Kirche im Dorf. Gemeinden beginnen den Aufbruch, Göttingen 2009, 138.

[5] Vgl. GÜNTER THOMAS, Zehn Klippen auf dem Reformkurs der Evangelischen Kirche in Deutschland. Oder: Warum die Lösungen die Probleme vergrößern, in: EvTh 67 (2007), 361–387 und ISOLDE KARLE, Kirche im Reformstress, Gütersloh 2010.

eine Beauftragung, die ihre Begründung am Ende des Matthäusevangeliums findet (Mt 28). In Bezug auf die Predigt Jesu vom Reich Gottes und der damit verbundenen Botschaft von der befreienden Umkehr *erhebt* Kirche keinen Anspruch, sie *vertritt* einen Anspruch, indem sie ansprechend auftritt. Angesprochen von Jesus Christus ist sie Botschafterin an Christi Statt.

Darin hat sie, so kann die bisher thetische Argumentation zusammengefasst werden, eine in weltlichem Horizont räumliche und in eschatologischer Dimension zeitlich begrenzte Vertretungsfunktion. Der Leitauftrag der Kirche ist Stellvertretung. In theologischer Reflexion bedeutet dies: Stellvertretung ist eine ekklesiologische Deutungskategorie.

Bei diesen Überlegungen steht ein Verständnis von Dogmatik im Hintergrund[6], das auch für die Lehre von der Kirche den stetigen Diskurs um die Sprachfähigkeit des christlichen Glaubens als gegenwärtige Verantwortung der überlieferten Glaubenszeugnisse vorantreiben will. Das Forum dieser Verantwortung ist nicht allein ein binnentheologisches oder innerkirchliches, sondern die Welt in ihrer säkularen und weltanschaulich pluralen Gestalt. Geht es dabei fundamentaltheologisch und dogmatisch um eine grundsätzliche Standortbestimmung in Sachen des christlichen Glaubens, konzentriert und konkretisiert sich diese Aufgabe für die Ekklesiologie in der Frage nach dem Standort der Kirche in der Welt, wobei in der hermeneutischen Ausrichtung der dogmatischen Reflexion die Frage nach dem Ort der Kirche (Wo steht sie?) und die Frage nach ihrer Aufgabe (Wofür steht sie?) korrespondieren. Vor diesem Hintergrund also wird Stellvertretung als ekklesiologische Deutungskategorie im Folgenden zu reflektieren sein.

Nun mag sich in der Berufung auf das Thema Stellvertretung in der Ekklesiologie sogleich theologisches Unbehagen, wenn nicht gar theologisches Widersprechen erheben. Dieses stellt sich mit Blick auf die klassische protestantische Dogmatik ein. Stellvertretung ist nun gerade kein Begriff der Ekklesiologie. Der ureigene, wenngleich nicht wenig umstrittene Gebrauch von Stellvertretung weist in die Soteriologie, verbunden mit der Deutung des Todes Jesu als »für uns/für euch geschehen«. Auch wenn Dietrich Bonhoeffers Formel »Kirche für andere« durchaus prägende Kraft für die politisch-gesellschaftliche Verantwortung der Kirche hat und Wolfgang Huber im Anschluss daran in der Stellvertretung die »Grundform kirchlicher Existenz«[7] sieht, so bleibt Stellvertretung als Deutungskategorie für das Wesen und die Aufgabe der Kirche doch innerhalb dogmatischer Entwürfe bemerkenswert unterbelichtet. Als Desiderat ist es allerdings erkannt, wenn – so die Schlussbemerkung des TRE-Artikels ›Stellvertretung. Kirchengeschichtlich und systematisch-theologisch‹ – bemerkt wird, dass sich die »Weiterarbeit an der Kategorie der Stellvertretung [...] für eine ökumenische *Ethik* und *Ekklesiolo-*

---

[6] Vgl. Doris Hiller, Dogmatik, in: Eve-Marie Becker/Doris Hiller (Hg.), Handbuch Evangelische Theologie, Tübingen/Basel 2006, 221–261.

[7] Wolfgang Huber, Kirche, Stuttgart 1979, 178.

gie impulsgebend auswirken«[8] kann. Vor dieser ökumenischen Öffnung bedarf es allerdings der Klärung insbesondere des ekklesiologischen Anspruchs auf eine Lehre von der Stellvertretung.

Dieser Aufgabe soll hier nachgegangen werden. Mit den folgenden Überlegungen sollen Impulse für eine evangelische Ekklesiologie gegeben werden, die ausgehen von der Frage, wofür Kirche in der Welt steht. Die Deutungskategorie, die dieses »Stehen-Für« entfaltet, birgt der Begriff »Stellvertretung«. Er wird in drei Dimensionen zu entfalten sein, ausgehend von seiner Grundbedeutung einer zeitlich begrenzten Übernahme einer »Stelle«, d.h. einer Funktion und Aufgabe, die anstelle eines anderen ausgeführt wird, eben so lange, bis dieser wiederkommt.

Zunächst ist jene Dimension zu beschreiben, mit der die theologische Grundbedeutung von Stellvertretung erfasst ist: Die Deutung des Todes Jesu »für uns«. Aus ihr hat, wie schon erwähnt, Dietrich Bonhoeffer im Raum der Kirche die ethische Konsequenz des Daseins »für andere« gezogen. In dieser zweiten, ethisch motivierten Dimension des Vertretungsgeschehens ist bereits eine soteriologisch-ekklesiologische Verklammerung der theologischen Deutungskategorie angezeigt. Sie ist noch einmal um eine dritte Dimension zu erweitern, mit der die Aufgabe der Kirche als Stellvertretung beschrieben wird, insofern sie »für Christus« steht, d.h. gemäß 2 Kor 5,20 an Christi Statt zur Botschafterin der Versöhnung mit Gott berufen ist.

Mit diesen drei Dimensionen – »für uns/für andere/für Christus« – sind auch die Stellen umrissen, die hier zur Vertretung ausgeschrieben sind. Im »Für uns« des Christusgeschehens geht es um nicht weniger als das Leben schlechthin, d.h. stellvertretend wird Lebensraum ermöglicht. In der Konsequenz des Daseins »für andere« ist der Freiraum zum Handeln geöffnet, in dem das Versöhnungsgeschehen in die Welt hinein wirkt. Im Raum der Kirche ist dabei auf die grundsätzliche Aufgabe verwiesen, eben diesem Grundgeschehen in Jesus Christus Sprache zu verleihen. Als Botschafterin an Christi Statt, d.h. »für Christus« ermöglicht sie einen Sprachraum, in dem sie diese Botschaft von der Versöhnung vertritt.

In der Entfaltung der Räume, die das Stellvertretungsgeschehen erschließt, wird die Frage aufgenommen, die Christof Gestrich in seiner Studie zu Fundament und Potential der Stellvertretungskategorie stellt: »Was meint beim Stellvertreten die ›Stelle‹?«[9] – Dies ist, wie Gestrich zurecht feststellt und wie sich im Übertrag der Frage in die Ekklesiologie zeigen wird, eine »gewagte, eine noch fast neue Frage.«[10] – In der folgenden Beschreibung der Stelle in

[8] Christof Gestrich/Till Hüttenberger, Art. Stellvertretung V. Kirchengeschichtlich und systematisch-theologisch, in: TRE 32, 2001, 152.

[9] Christof Gestrich, Das ontologische Fundament und das Potential der Stellvertretungs-Kategorie, in: J. Christine Janowski u.a. (Hg.), Stellvertretung. Theologische, philosophische und kulturelle Aspekte, Neukirchen-Vluyn 2006, 159.

[10] Ebd.

ihren drei Dimensionen werden die Wechselwirkungen und Überschneidungen der Räume deutlich, an denen sich dann auch Stellvertretung als ekklesiologische Deutungskategorie profilieren lässt.

1. »Für uns« – Stellvertretung als Ermöglichung von Lebensraum

Der klassische dogmatische Ort der Rede von Stellvertretung ist die Christologie bzw. die Soteriologie oder, um es gleich auf den Punkt zu bringen: die Christologie als Soteriologie. Wenn Jesus Christus als Stellvertreter bezeichnet wird, dann lassen sich Person und Werk Christi zwar unterscheiden, aber nicht trennen. In seiner Person steht Jesus Christus für Gott ein, in seinem Werk tritt er für den Menschen ein. Die biblisch begründete Lehre vom dreifachen Amt, d.h. der Identifikation des Gottessohnes mit den messianisch-repräsentativen Ämtern des Königs, des Priesters und des Propheten beschreibt das vermittelte Beziehungsgeschehen zwischen Gott und Mensch als wechselseitige Vertretung: Christus vertritt einerseits Gott bei den Menschen, andererseits die Menschen vor Gott.

Worin das christologische Problem der Trennung von Person und Werk besteht, macht die Antwort auf die alte Frage *Cur Deus homo?* deutlich, in der Anselm von Canterbury letztlich das Heilsgeschehen um der Person willen in einen rationalen, metaphysischen Gottesbegriff hinein auflöst. Trotz der Logik, dass nur ein Gott-Mensch die durch die Sündhaftigkeit des Menschen verlorene Ehre Gottes wieder herstellen kann, kann Anselm die Menschlichkeit der Person Jesu nicht konsequent zu Ende denken. Christus repräsentiert nicht den sündigen Menschen, tritt also nicht an seine Stelle. Er stellt ihm mit seinem Tod nur das Rechtsmittel zur Verfügung, das er vor Gott zu seiner Verteidigung geltend machen kann. Die Genugtuung wird also nicht in einer personalen Stellvertretung geleistet. Anselm von Canterbury hat zwar eine dogmatische Deutung des Todes Jesu angestoßen, seine Satisfaktionslehre liefert allerdings keine Stellvertretungslehre, wohl aber Motive für die weitere Diskussion um diese soteriologische Deutungskategorie.

Es ist dann Karl Barth, der die Frage Anselms nach der Notwendigkeit der Menschwerdung Gottes wieder aufnimmt, sie jedoch nicht im Horizont der *satisfactio*, sondern der Stellvertretung beantwortet und dabei die gottmenschliche Wechselseitigkeit des Geschehens betont. Dabei tritt die dem Priesteramt eignende Funktion des Richters in den Vordergrund. Das ordnende und urteilende Prinzip des Richtens wird in Bezug auf Jesus Christus als stellvertretendes Geschehen begriffen und von Barth in vierfacher Weise entfaltet in der Beschreibung des an unserer Stelle richtenden, gerichteten, getöteten und rechttuenden Richters.[11] So stellt Christus den sündigen Menschen vor Gott,

[11] Vgl. die Gliederung in Karl Barth, KD IV/1, §59, 2.

wird zum Stellvertreter des Menschen vor Gott und vertritt Gott bei den Menschen, weil mit ihm das Urteil »des gnädigen Gottes, der in der Dahingabe dieses Sohnes an unserer Stelle und – wieder an unserer Stelle – in dessen demütigen Gehorsam die Welt mit sich selber versöhnte [...]«[12]. Barth interpretiert das stellvertretende Handeln des Gottessohnes exklusiv. Auch wenn wir und unser Heil in das göttliche Tun eingeschlossen sind[13], ist ein menschliches Tun und Entscheiden ausgeschlossen. Das göttliche Urteil der Gnade schließt unser Tun, auch unsere Zustimmung aus. Jesus Christus ist »an unsere, an vieler Menschen Stelle getreten, um daselbst in Sachen unserer Versöhnung mit Gott [...] ohne unsere Mitwirkung, in unserer Vertretung, in unserem Namen und so gültig und kräftig für uns zu handeln«[14].

Mit Blick auf die Unmöglichkeit der Übertragung von Schuld hatte schon die Aufklärungsphilosophie gegen die Exklusivität des Stellvertretens polemisiert. Ebenfalls auf die Verantwortung und die Würde des Menschen bezogen kritisiert Dorothee Sölle den exklusiven Charakter des Stellvertretungsgeschehens bei Karl Barth. Wie auch immer man zu diesem Protestbuch nachtheistischer Theologie stehen mag: Es ist nicht von der Hand zu weisen, dass mit ihm die weitere dogmatische Diskussion um die Bedeutung und Relevanz der Kategorie der Stellvertretung beginnt.

Sölle weist auf die Gefahr hin, dass der Mensch nicht mehr vertreten, sondern durch das exklusive Denken ersetzt wird. Dagegen plädiert sie für eine aktive Beteiligung des Menschen, die darin ermöglicht ist, dass Stellvertretung als ein vorläufiges Geschehen verstanden wird, das dem Menschen Zeit gibt, um in der Welt nun seinerseits für Gott zu handeln: »Als die Zeit erfüllt war, hatte Gott lange genug etwas für uns getan. [...] Es ist nunmehr an der Zeit, etwas für Gott zu tun«[15] – so die provozierende Formulierung Sölles.

Die sich an dem Gegenüber von christozentrischer und anthropozentrischer Profilierung von Stellvertretung entzündende neue Frage nach der Heilsbedeutung des Todes Jesu zeigt einerseits, dass es sich um einen Schlüsselbegriff christlichen Lebens und um eine theologische Grundkategorie[16] handelt, andererseits gilt, was Jörg Frey für die neutestamentliche Forschung festhält für den theologischen Diskurs überhaupt: »In der Diskussion um den Begriff ›Stellvertretung‹ ist fast alles strittig«[17].

Der Streit und die Diskussion reichen von der Frage danach, ob Stellvertretung überhaupt eine adäquate Größe ist, mit der das »Für-uns« des Todes

---

[12] A.a.O., 573 (§ 61 Des Menschen Rechtfertigung).

[13] A.a.O., 234.

[14] A.a.O., 252.

[15] Dorothee Sölle, Stellvertretung, Stuttgart 1982 (um ein Nachwort erweiterte Neuauflage von 1965), 173.

[16] Karl-Heinz Menke, Stellvertretung. Schlüsselbegriff christlichen Lebens und theologische Grundkategorie, Einsiedeln/Freiburg 1991.

[17] Jörg Frey, Die Deutung des Todes Jesu als Stellvertretung. Neutestamentliche Perspektiven, in: Janowski u.a. (Hg.), Stellvertretung (s. Anm. 9), 87.

Jesu erfasst werden kann, bis zu Abgrenzungen gegenüber dem Opfer- und Sühnegedanken und der Ausdifferenzierung der Stellvertretungsvorgänge im Fragen nach der Handlungsdimension (Was wird für jemanden getan?), der personalen Dimension (Wer tut etwas für wen?) und der lokalen Dimension (Wo wird etwas von wem für wen getan?). Vor allem die lokale Dimension, die nach der Stelle fragt, die vertreten wird, ist bis dahin allerdings vernachlässigt. Sie schließt, wie die damit verbundene Frage zeigt (Wo wird etwas *von wem* für wen *getan*?) die aktuale und personale Dimension mit ein.

Ob es zur Befriedung des dogmatisch wie exegetisch geführten Streits um die adäquate Begrifflichkeit zur Deutung des Todes Jesu grundlegend beitragen kann, wenn Stellvertretung nicht allein als Interaktion zwischen Personen verstanden wird, sondern als Eröffnung bzw. Freihalten eines Raumes und damit einer Ortsgebundenheit, soll hier nicht entschieden werden. Allerdings stellt sich die Frage nach der soteriologischen Relevanz von Stellvertretung noch einmal neu, wenn nach der ›Stelle‹ gefragt wird, die hier vertreten wird. Wird nach der ›Stelle‹ gefragt, auf die sich Stellvertretung bezieht, zeigt sich, dass dem existentiellen Bezug eine räumliche Dimension eignet.

Sprachlich ist das bei Karl Barth in der Übertragung des *pro nobis* als »an unserer Stelle« erfasst, andeutungsweise auch theologisch geltend gemacht, wenn er sagt: »*Deus pro nobis* heißt [...] zunächst einfach dies: daß Gott in Jesus Christus an unseren Ort getreten ist, wo wir zu Sündern, zu seinen Feinden werden [...]«[18]. Das hermeneutische Problem einer exklusiven Kategorie des Ersetzens ist in der Kritik Sölles erkannt und in den begriffsgeschichtlichen und religionsphilosophischen Studien von Christoph Gestrich und Stephan Schaede inzwischen hinreichend vertieft, d.h. im Blick auf die von Barth betonte Endgültigkeit des Heilsgeschehens ist der Begriff »Stellvertretung« mindestens missverständlich. Stellvertretung versteht sich, so insbesondere begriffsgeschichtlich belegt, als ein Geschehen auf Zeit. Sie ist eben nicht das Endgültige, sondern hat Gültigkeit auf Zeit.

Was nun Stellvertretung bezogen auf die Stelle zu verstehen gibt, ist die Angewiesenheit auf einen Ort zum Leben. Individuen, die »gar keine Stelle haben, sind Verlorene«[19]. Das bedeutet: Der Mensch lebt in der dauernden Sorge, seinen Platz im und zum Leben zu verlieren. Dagegen setzt der christliche Glaube die Vorstellung, dass Gott in Jesus Christus an unsere Stelle tritt, damit der Platz gesichert, die Stelle des Menschseins erhalten bleibt bzw. neu geschaffen wird.[20] Im Vorrang der Stelle liegt der Vorrang des Lebens gegen den in der Konsequenz der Sündhaftigkeit des Menschen liegenden Tod, der den endgültigen Stellenverlust markiert.

---

[18] Barth, KD IV/1 (s. Anm. 11), 237.

[19] Gestrich, Fundament (s. Anm. 9), 158.

[20] Vgl. Christof Gestrich, Christentum und Stellvertretung. Religionsphilosophische Untersuchungen zum Heilsverständnis und zur Grundlegung der Theologie, Tübingen 2001, 236.

Die Deutung des Todes Jesu »für uns« zielt somit auf die Durchbrechung der Endgültigkeit des Todes in der Ermöglichung von Lebensraum. Die Vorläufigkeit dieses in Jesus Christus ermöglichten Lebens zeigt sich in der Ambivalenz des *simul iustus et peccator*, dem das Wissen um den irdischen Stellenverlust inhärent ist. Der ermöglichte Lebensraum birgt jedoch die Wirklichkeit des Lebens: Am Ende steht der Mensch für sich selbst vor Gott, vertreten durch Christus, in dem die Macht des Todes überwunden ist.

Es wäre lohnend, die von Gestrich vornehmlich religionsphilosophisch ausgearbeiteten Implikationen der Stellvertretung insbesondere hinsichtlich einer »Philosophie der Lokalität« noch einmal konsequent soteriologisch zu durchdenken. Sie würde vermutlich auch dort überzeugen, wo gegen die Stellvertretungskategorie polemisiert wird, weil mit ihr Jesus Christus als – so Ingolf Dalferth – »Produzent eines Heilswerkes« ausgesagt wird, anstatt in Jesus Christus den »geschöpfliche[n] Ort der sich selbst erschließenden Gegenwart der schöpferischen und Neues schaffenden Liebe Gottes« zu erkennen, mit der sich die »letztgültige, eschatologische Wirklichkeit allen Lebens« zeigt.[21] Wenn die ›Stelle‹, von der soteriologisch die Rede ist, als ermöglichter Lebensraum qualifiziert ist, kann Stellvertretung auch in ihrer neuschaffenden Wirklichkeit benannt werden, denn Stellvertretung stellt nicht fest, sondern gibt Raum.

Für unsere Diskussion dient diese lokalisierende Perspektive auf den *locus classicus* der Soteriologie als Ansatz, auch die folgenden, ethischen und ekklesiologischen Dimensionen unter dem Aspekt der Stellenbeschreibung in den Blick zu nehmen.

2. »Für andere« – Stellvertretung als Ermöglichung von Handlungsraum/Freiraum

In der soteriologisch reflektierten Ermöglichung von Lebensraum liegt ein Potential, das die Kategorie der Stellvertretung in die Ethik verweist. Weil der Mensch nicht ersetzt wird, weil ihm seine Stelle frei gehalten wird, ist er selbst nicht stillgestellt, sondern befreit. Freiraum ist jedoch zugleich Handlungsraum. Stellvertretung gewährt eine dem Stellvertreter gegenüber zu verantwortende Freiheit des Handelns, wobei sich das Handeln selbst wieder als Akt des Vertretens erweist. Dem »Für-uns« korrespondiert ein »Für-andere«. Auch hier wird zunächst auf die personale Interaktion abgezielt, in provozierender Konsequenz so formuliert: »auch wir können nun Gott füreinander spielen«[22]. Hinter dem von Dorothee Sölle so pointiert zum Ausdruck gebrachten »Füreinander« steht die radikale Hinwendung zur Welt als Zu-

---

[21] Alle Zitate aus Ingolf U. Dalferth, Der auferweckte Gekreuzigte. Zur Grammatik der Christologie, Tübingen 1994, 306.

[22] Sölle, Stellvertretung (s. Anm. 15), 162.

wendung zum Anderen. Nicht zu Unrecht beruft sich Dorothee Sölle dabei auf Dietrich Bonhoeffer.

Für Bonhoeffer wird das Stellvertretungsmotiv zum zentralen Aspekt kirchlichen Handelns. Geradezu notwendig bedingt bei Bonhoeffer das »Für-uns« des Christusgeschehens das »Für-andere« im Handeln christlicher Gemeinde. Die zunächst ekklesiologische Konsequenz aus der Soteriologie ist dabei von allgemein-gesellschaftlicher Relevanz. Deshalb erhebt Bonhoeffer die Soziologie zur Begleitwissenschaft der Theologie. In seiner Dissertation *Sanctorum Communio* von 1927 (im Druck: 1930) beschreibt er die soziale Wirklichkeit von Kirche, die in der nun wiederum christologisch verfassten Intersubjektivität der Menschen *coram Deo* verankert ist – oder mit Bonhoeffers bekannter Formulierung gesagt: »Jesus Christus als Gemeinde existierend«[23].

In diesem Frühwerk geht es Bonhoeffer zentral auch um den Ort der Ekklesiologie innerhalb der christlichen Dogmatik. Er verleiht der Reflexion auf Kirche ein fundamentaltheologisches Gewicht, wenn er fordert: »Es wäre gut, eine Dogmatik einmal nicht mit der Gotteslehre, sondern mit der Lehre von der Kirche zu beginnen, um über die innere Logik des dogmatischen Aufbaus Klarheit zu stiften«[24]. Diese ekklesiologische Klarheit fördert das Motiv der Stellvertretung als Leitprinzip, denn indem das »Für-uns« des Christusgeschehens für das neue Leben steht, »kann das Prinzip der Stellvertretung grundlegend für die Gemeinde Gottes in und durch Christus werden«[25].

Diese innere Logik und überkreuzte Referenz von Soteriologie und Ekklesiologie wird nun allerdings von Bonhoeffer nicht als Strukturprinzip der Dogmatik entfaltet. Er arbeitet sie in der *Ethik* weiter aus. Dort wird mittels des Stellvertretungsmotivs die dogmatische Basis einer Verantwortungsethik geschaffen. Kirche wird von Bonhoeffer als Mandatsträgerin definiert. Sie ist von Gott zur Verkündigung seines Wortes in der Welt beauftragt, ermächtigt und legitimiert. Kirche wird damit zum Schauplatz eines wechselseitigen Vertretungsgeschehens von Gemeinde und Welt vor Gott, wobei die begriffliche Differenzierung von Gemeinde und Welt im Begriff von Kirche als Gemeinwesen vereinigt ist. In welcher Weise der vor Gott zu verantwortende Auftrag der Kirche verwirklicht wird, formuliert Bonhoeffer in dem viel zitierten Satz von der doppelten Stellvertretung: »Die christliche Gemeinde steht an der Stelle, an der die ganze Welt stehen sollte; insofern dient sie stellvertretend der Welt, ist sie um der Welt willen da. Andererseits kommt die Welt dort zu ihrer eigenen Erfüllung, wo die Gemeinde steht, die Gemeinde ist die ›neue Schöpfung‹, die ›neue Kreatur‹, das Ziel der Wege Gottes auf Erden.«[26]

---

23 Dietrich Bonhoeffer, Sanctorum Communio, DBW 1, 87.

24 A.a.O., 85.

25 A.a.O., 86.

26 Dietrich Bonhoeffer, Ethik, DBW 6, 408.

Man könnte dieses proexistente Wechselverhältnis von Kirche und Welt als eine Art ekklesiologische Zwei-Naturen-Lehre bezeichnen, insofern das weltliche Sein von Kirche mit dem göttlichen Werden weltlicher Neuschöpfung im Horizont der Kirche korrespondiert. In *Sanctorum Communio* wird diese Doppelperspektive des Vertretungsgeschehens in eine eindeutig eschatologische Dimension gestellt, denn die Zeit der geschichtlichen Kirche geht vorüber und »das Reich Gottes, das über alle Welt geht, ist hier Wirklichkeit geworden«[27].

Bonhoeffers auf Stellvertretung basierendes Kirchenverständnis findet seine gemeindetheologische Breitenwirkung dann allerdings nicht aufgrund seiner soziologischen und dogmatischen Implikationen. Vielmehr finden vor allem seine Überlegungen in *Widerstand und Ergebung* Anklang, wo er die Frage nach dem Ort der Kirche in einer entkirchlichten Welt stellt und nach einer Antwort sucht, die jenseits einer apologetischen Klage liegt, die Bonhoeffer auch der Bekennenden Kirche unterstellt. Kirche wird dort, wo sie sich nicht auf sich selbst bezieht, zu einem »Wagnis für andere«[28]. Sein Plädoyer lautet deshalb: »Die Kirche ist nur Kirche, wenn sie für andere da ist«[29]. Dieses Programm wird von Bonhoeffer gleich in einer radikalen Handlungsperspektive konkretisiert. Er schlägt vor: »Um einen Anfang zu machen, muss sie [die Kirche] alles Eigentum den Notleidenden schenken.«[30] Sowohl in seinem Verständnis vom Kirchesein in der Welt, als auch in der daraus folgenden Konsequenz des Kircheseins für andere, erklärt Bonhoeffer das stellvertretende Handeln zur Aufgabe von Kirche.

Auch hier stellt sich die Frage nach der ethischen Relevanz der Stellvertretungskategorie noch einmal neu, wenn die interaktive Struktur in Beziehung zur lokalen Struktur gesetzt wird, denn auch hier eignet dem existentiellen Bezug eine räumliche Dimension. Diese räumlich erweiterte Fragestellung nimmt auch eine wesentliche Kritik an Bonhoeffers Programmformel »Kirche für andere« auf. Die Kritik zielt auf die mit dieser Formel einhergehende funktionale Reduzierung des Kirchenverständnisses. Kirche sei hier nur handelnde Vermittlerin der Botschaft von Gottes freier Gnade, nicht aber selbst als Adressatin dieser Botschaft verstanden.

Wenn dagegen die ›Stelle‹, von der ethisch die Rede ist, als gewährter Freiraum qualifiziert ist, umfasst Stellvertretung auch das kirchliche Handeln, insofern Kirche zunächst als – so Wolfgang Huber[31] – Kirche mit anderen zu verstehen ist, bevor sie Kirche für andere ist.

---

[27] Bonhoeffer, Sanctorum Communio (s. Anm. 23), 199.

[28] Dietrich Bonhoeffer, Widerstand und Ergebung, DBW 8, 558.

[29] A.a.O., 560.

[30] Ebd.

[31] Wolfgang Huber, Auftrag und Freiheit der Kirche in der pluralistischen Gesellschaft, in: Rudolf Weth (Hg.), Was hat die Kirche heute zu sagen?, Neukirchen-Vluyn 1998, 20.

Es handelt sich dabei, folgt man Martin Luthers Freiheitsschrift, um eine geradezu paradiesische Stelle, weil der Christenmensch, um frei handeln zu können, »durch seinen Glauben ins Paradies gesetzt und von neuem geschaffen ist«[32]. Dieser gewährte Freiraum ist von sozialer Bedeutung, denn – so fährt Luther fort – »der Mensch lebt nicht allein in seinem Leib, sondern auch unter anderen Menschen auf Erden«[33]. So wie Christus getan hat, was Not tut, sollen auch wir den Nächsten zu Christen werden, indem »alle Werke dem Nächsten zugute ausgerichtet sein sollen«[34].

Mit diesen Grundsätzen einer Freiheitsethik eignet dem Prinzip der Stellvertretung, handlungsorientiert als Tun zugunsten von jemandem gefasst, die Ermöglichung von Freiraum. Bereits Luthers Schrift macht dabei das gegenseitige Aufeinanderbezogensein des soteriologischen und des ethischen »Für« deutlich, mit dem Bonhoeffer dann doch auch die Stelle beschreibt, die es zu vertreten gilt: »Nicht der Mensch sucht die Gnade an ihrem Orte auf [...], sondern die Gnade sucht und findet den Menschen an seinem Ort [...] und nimmt ihn ebenhier in Anspruch«[35]. Dieses In-Anspruch-Genommensein des Menschen im Freiraum ermöglichenden Sein für andere, ist der »Ort, an dem dem Ruf Christi geantwortet und so verantwortlich gelebt wird«[36].

Die anspruchsvolle und verantwortete Verschränkung von Lebensraum und Freiraum deutet bereits auf jene Stelle, die nun explizit von der Kirche zu vertreten ist. Sie ist, wie abschließend zu zeigen sein wird, mit der durch Anspruch und Verantwortung bereits angezeigten kommunikativen Dimension der Stellvertretung verbunden.

3. »Für Christus« – Stellvertretung als Ermöglichung von Sprachraum

Auch wenn mit der soteriologisch-ethischen Perspektive des Lebens- und Handlungsraums die theologische Bedeutung des Stellvertretungsgeschehens umfassend beschrieben ist, bleibt die ekklesiologische Grunddimension noch offen. Dass diese Stelle ekklesiologisch so schwer zu vertreten ist, mag damit begründet sein, dass die biblischen Metaphern, die für die Gemeinschaft der Glaubenden stehen, nicht vordringlich das Motiv der Stellvertretung anbieten. Vielmehr sind von dort her die Bilder vom Hirten und seiner Herde (Joh 10), vom Leib und dem Haupt (1 Kor 12/Eph 4), vom Tempel (1 Pt 2) oder dem Gottesvolk (Hebr) vertraut.

---

[32] Martin Luther, Von der Freiheit eines Christenmenschen (1520), WA 7, 20–38 (Zum zweiundzwanzigsten).
[33] A.a.O., (Zum sechsundzwanzigsten).
[34] Ebd.
[35] Bonhoeffer, Ethik (s. Anm. 26), 290.
[36] A.a.O., 291f.

Allerdings ist mit diesen Bildern von Kirche die Beauftragung aus dem Blick geraten, die Paulus im Anschluss an die Heilsbedeutung des Todes Jesu formuliert, in Luthers Übersetzung: »Denn Gott war in Christus und versöhnte die Welt mit sich selber und rechnete ihnen ihre Sünden nicht zu und hat unter uns aufgerichtet das Wort von der Versöhnung. So sind wir nun Botschafter an Christi Statt: Lasst euch versöhnen mit Gott« (2 Kor 5,19+20).

Dass und wie ausgehend von dieser Beauftragung Stellvertretung zur ekklesiologischen Deutungskategorie erweitert werden kann, soll im Folgenden gezeigt werden. Dazu sind zunächst ein paar wenige exegetisch-hermeneutische Notizen notwendig, denn ebenso wie die soteriologischen Deutungen des »für uns« ist das Verständnis des »für Christus/an Christi Statt« einheitlich oder gar eindeutig. So warnt Stephan Schaede sogleich davor, aus diesem »für Christus« in 2 Kor 5,20 eine ekklesiologische Konsequenz in Parallelisierung zum soteriologischen »für euch« zu ziehen: »Der Apostel« – so Schaede – »versteht sich hier mitnichten in einer Art ekklesiologischer Entsprechung des soteriologischen Eintretens Christi als Stellvertreter Christi«[37]. Schaede bezieht sich dabei auf die Erwägungen zur paulinischen Soteriologie bei Otfried Hofius, der 2 Kor 5,20 ebenfalls nicht so interpretiert wissen will, als wollten »die Apostel als Stellvertreter und Repräsentanten Christi wirken und reden«[38].

Doch selbst wenn man, wie der Berliner Neutestamentler Christian Wolff, eine ekklesiologische, weil am Apostolat orientierte Interpretation vorschlagen will, ist damit noch nicht geklärt, von wem hier im 2 Korintherbrief tatsächlich die Rede ist bzw. auf wen die jeweiligen Pluralbildungen zu beziehen sind. Wolff begründet seine Annahme der apostolischen Repräsentanzfunktion damit, dass das in V. 17–20a verwendete »wir« allein auf Paulus zu beziehen sei.[39] Erst in V. 20b – »Lasst euch versöhnen mit Gott!« – ist mit dem Plural die ganze Gemeinde angesprochen.

Lassen wir einmal die exegetische Irritation der Möglichkeit eines innerhalb eines Satzes mit derselben Pluralformulierung wechselnden personalen Bezugs beiseite, die sich vor allem mit Blick auf 2 Kor 5,18 anfragen lässt, denn dort wird mit der 1. Person Plural (»uns«) sowohl die Versöhnung, die allen gilt, als auch die Berufung in das Amt bzw. den Dienst zur Predigt der Versöhnung ausgesagt: »Das alles von Gott, der uns mit sich selber versöhnt hat durch Christus und uns das Amt gegeben, das die Versöhnung predigt«.

Exegetisch wird dann doch auch in Erwägung gezogen, dass es sich im Gebrauch der 1. Person Plural im 2 Korintherbrief »um ein allgemeinchristliches Wir« handeln kann, auch wenn die Beziehung auf Paulus allein

---

[37] Stephan Schaede, Jes 53, 2Kor 5 und die Aufgabe systematischer Theologie, von Stellvertretung zu reden, in: Janowski u.a. (Hg.), Stellvertretung (s. Anm. 9), 142.

[38] Otfried Hofius, Paulusstudien, WUNT 51, Tübingen 1989, 22.

[39] Christian Wolff, Der zweite Brief des Paulus an die Korinther, ThHKNT VIII, Berlin 1989, 131.

im Sinne eines Plurals der Bescheidenheit (pluralis modestiae) als die weitaus häufigste Verwendung angenommen wird und diese eben auch für die fragliche Stelle in 2 Kor 5,20a geboten scheint. Vor allem aber Rudolf Bultmann weist für den fraglichen Abschnitt im 2 Korintherbrief darauf hin, »daß Paulus von den Aussagen über sich als Apostel übergleitet zu Sätzen, die für alle Christen gelten«. Dies gilt auch für das Amt, das die Versöhnung predigt, das »vielleicht wieder auf Paulus und etwa die Apostel überhaupt geht, aber doch wohl besser auf die christliche Gemeinde bezogen wird [...]«[40].

Es ist also in der Deutung des Textes durchaus möglich, in diesem »für Christus« die Gemeinde als Bezugsgröße zu sehen. Selbst wenn man als wesentlichen Inhalt des 2 Korintherbriefes die apologetische Situation des Paulus annehmen muss, der genötigt ist, sein Apostelamt zu verteidigen, muss die plurale Redeweise nicht singularisch-existentiell aufgelöst werden. Abgesehen davon, dass Paulus auch sonst in der Lage ist, in der Verteidigungssituation »Ich« zu sagen, kann – will man in 2 Kor 5,20 eine Legitimation seines Apostelamts sehen – diese Legitimation durchaus exemplarisch gedeutet werden. Gemeint ist dann allerdings entsprechend der Aussage des Textes nicht ausschließlich das Apostelamt, sondern das Amt der Verkündigung, das allen in Christus Versöhnten aufgetragen ist.

Damit sind auch Befürchtungen unbegründet, die in einer ekklesiologischen Deutung dieser Stelle eine Tendenz zum stellvertretenden Apostolat entsprechend des römisch-katholisch interpretierten Petrusdienstes vermuten. Weder sieht Paulus selbst eine ekklesiologische Entsprechung hinsichtlich des Versöhnungsgeschehens, noch wird dieses Geschehen durch die Apostel oder die Gemeinde bzw. Kirche repräsentiert. Was allerdings repräsentiert wird und dann auch zu vertreten ist, ist das *Wort* von der Versöhnung. Der Apostel und die zur Versöhnung gerufene Gemeinde treten also nicht an die Stelle des *Versöhnungs*geschehens, sondern an die Stelle des *Verkündigungs*geschehens.

Es ist somit gerade nicht »irreführend, an dieser Stelle von Stellvertretung zu reden«[41], wie Schaede behauptet. Vielmehr wird ein wesentliches Merkmal des Stellvertretungsgeschehens, wie es Schaede in seiner begriffsgeschichtlichen Studie selbst herausarbeitet, erfüllt. Es bedarf der subordinierten Beauftragung, d.h. der Vertreter ist dem Vertretenen untergeordnet, wenn er ihn während einer Zeit der Abwesenheit vertritt. Sowohl unter exegetischen, als auch unter begriffsgeschichtlichen Gesichtspunkten kann also von einem auf die Verkündigung zielenden Vertretungsgeschehen »für Christus« gesprochen werden.

Somit entscheidet sich die ekklesiologische Relevanz der Stellvertretungs-Kategorie nicht an der Frage, ob ekklesiologisch überhaupt von Stellvertre-

---

[40] Rudolf Bultmann, Exegetische Probleme des 2. Korintherbriefs, KEK Sonderband, in: Ders., Exegetica, Tübingen 1967, 298ff.

[41] Schaede, Jes 53 (s. Anm. 37), 142.

tung geredet werden kann, sondern eben auch hier an der Frage, an welche Stelle die christliche Gemeinde tritt, wenn sie »für Christus« steht. Orientiert man diese Frage an den Funktionen des dreifachen Amtes, mit der sich zunächst die soteriologische Rede von Stellvertretung ausgehend vom priesterlichen Amt verbindet, kommt man zu einer überraschenden Erkenntnis.

Das in den lutherischen Bekenntnisschriften festgehaltene Priestertum aller Gläubigen suggeriert eine Vertretung des *priesterlichen* Amtes durch die Gläubigen, denen die Botschaft von der Rechtfertigung durch Gott gilt. Zwar wird die Einzigartigkeit des priesterlichen Werkes der Selbsthingabe Christi »für uns« erkannt. Sie wird allerdings in ein Sukzessionsmodell eingebunden, die das »für Christus« im Horizont des *priesterlichen* Amtes interpretiert, so jedenfalls auch bei Eberhard Jüngel in seinen ›Thesen zum Amt der Kirche nach evangelischem Verständnis‹:

> »Kirchliche Lehre vom Amt bzw. von den Ämtern in der Kirche hat davon auszugehen, dass Jesus Christus der eine und einzige Hohepriester ist, der sein priesterliches Werk der Selbsthingabe ohne jede menschliche Mitwirkung vollbracht hat und daraufhin sein priesterliches Amt so vollzieht, dass er durch sein Wort die an ihn Glaubenden zu solchen Priestern macht, die allen Menschen sein vollbrachtes priesterliches Werk bezeugen und ihnen das durch dieses Werk bewirkte Heil zusprechen und darbieten.«[42]

Insbesondere die hier genannten Aufgaben des Bezeugens und Zusprechens verbinden sich nun allerdings gerade nicht primär mit dem *priesterlichen Amt*, sondern mit dem Amt, das die kommunikative Dimension des stellvertretenden Tuns hervorhebt. Wer bezeugen und zusprechen soll und auch wer das Wort von der Versöhnung darbieten soll, der handelt als Botschafter und steht damit an der Stelle des *prophetischen* Amtes. Ihm hat Luther nun seinerseits keine Bedeutung beigemessen. Es ist aber in der Lehre vom dreifachen Amt, wie Johannes Calvin sie versteht, das einzige Amt, das nicht ausschließlich auf Christus bezogen ist, sondern die Gemeinde in die Verantwortung nimmt: »Christus empfing diese Salbung [i.e. zum Propheten] nicht für sich allein [...], sondern für seinen ganzen Leib (die Gemeinde), damit in der immerwährenden Verkündigung des Evangeliums die Kraft des Geistes sich entsprechend auswirke«[43].

Nur um der dogmatischen Tradition Genüge zu tun: In der Lehrbildung der altprotestantischen Orthodoxie findet sich der Auftrag der kirchlichen Verkündigung ebenfalls verbunden mit dem *officium propheticum* als Verkündigung des göttlichen Willens durch den erhöhten Christus im Raum der Kirche.

Leitend ist also der Auftrag der Verkündigung, der Bezeugung des Versöhnungsgeschehens und die Vermittlung des Wortes vom Kreuz. Dieser Auf-

---

[42] Eberhard Jüngel, Thesen zum Amt der Kirche nach evangelischem Verständnis (These 2), in: Ders., Indikative der Gnade – Imperative der Freiheit, Theologische Erörterungen IV, Tübingen 2000, 373–380.

[43] Johannes Calvin, Institutio II,15,2.

trag ist, in der Weiterführung des Amtes, das die Versöhnung predigt (2 Kor 5,18), als Dienst am Wort vom Kreuz gebunden an die irdische Gestalt der Kirche, an die christliche Gemeinde.

Mit dem Verweis auf die dogmatische Tradition und der biblischen Orientierung an 2 Kor 5,17–20 tritt die kommunikative Dimension des Stellvertretungsgeschehens hervor. An Christi Statt – »für Christus« – wird ein Sprachraum geöffnet, in dem das Wort von der Versöhnung gehört und vielfältig kommuniziert wird. Wenn also die ›Stelle‹, von der ekklesiologisch die Rede sein soll, als offen gehaltener Sprachraum qualifiziert ist, hat das Wort von der Versöhnung einen zusprechenden und ansprechenden Ort in der Welt. In welchen Dimensionen sich dieser Raum öffnet, soll abschließend mindestens skizziert werden.

4. Die ekklesiologischen Dimensionen von Stellvertretung

Die Grund- und Ausgangsfrage der bisherigen Überlegungen war, was im Zusammenhang des theologisch bedeutsamen Begriffs der Stellvertretung die ›Stelle‹ meint. In der Erarbeitung des Stellenprofils hat sich gezeigt, dass mit der ›Stelle‹ nichts Statisches ausgesagt wird, sondern jeweils ein handlungsintensiver Beziehungs- und Sprachraum ausgewiesen ist. In der dreifachen Für-Struktur des Vertretens – für uns, für andere, für Christus – tritt ein lebensdienliches, freiheitliches und kommunikatives Beziehungsgeflecht zwischen Gott, Welt und Mensch hervor. Damit zeigt sich auch, dass im theologisch qualifizierten Stellvertretungsgeschehen die christologisch-soteriologischen, die ethischen und die ekklesiologischen Bezüge zwar zu unterscheiden sind, jedoch nicht voneinander getrennt werden können. In der dreifachen Für-Struktur des Vertretens werden somit nicht drei Räume geöffnet, sondern ein Raum, dessen Fundament in Jesus Christus gelegt ist und dessen drei Dimensionen in seiner Predigt vom Reich Gottes erschlossen sind.

Manifest ist dieser dreidimensionale Raum in der Welt als Kirche. Hier konkretisiert sich der raumzeitliche Ort des Reiches Gottes, dessen Nähe in der Verkündigung des Evangeliums durch Christus angesagt ist. Wo Kirche zur Stelle ist, steht sie für diese Predigt vom Reich Gottes ein. Damit tritt Kirche an die Stelle des in Jesus Christus eröffneten Kommunikationsraums von Gott und Welt/Mensch, indem sie einerseits von diesem Kommunikationsraum umfasst ist und ihn andererseits selbst ermöglicht. Die ekklesiologischen Dimensionen des Auftrags zur Stellvertretung lassen sich deshalb als mehrdimensionales Sprachgeschehen erfassen. Der Kommunikationsraum, für den die Kirche eintritt, ist konkret im Hören, Beten und Erzählen qualifiziert.

Um überhaupt Botschafter an Christi Statt sein zu können, muss Kirche zunächst und zuerst eine hörende Kirche sein. Als Sachwalterin in der Predigt des Evangeliums muss sie sich von Gottes Wort selbst angesprochen wissen.

Weil das Wort Gottes im Wort vom Kreuz Gestalt gewinnt, tritt zunächst Christus für die in der Kirche versammelten Gläubigen ein. Die hörende Kirche erwächst aus dem »Für-uns« des Christusgeschehens.

Als hörende Kirche ist sie zugleich antwortende und für die Welt verantwortliche Kirche. Die Verkündigung des Wortes Gottes als Wort vom Kreuz schließt den Auftrag zur Bitte an Christi Statt ein. Es ist die werbende Bitte im Zuspruch der Vergebung, die im von Gott her aufgerichteten Wort von der Versöhnung ermöglicht ist. In fürbittender Haltung tritt die Kirche für andere hervor, wobei im Gebet zugleich ein Handlungsraum geöffnet ist. Im Gebet konzentriert sich der Anspruch, im Dasein für andere entsprechend des Wortes von der Versöhnung zu handeln und die Teilhabe aller an der Gerechtigkeit, die vor Gott gilt, zu ermöglichen.

Das im Wort Gottes begründete Hören und das im Gebet begründete Handeln schließen sich noch einmal zusammen im Sprachgeschehen des Erzählens. Insbesondere als Erzählgemeinschaft ist Kirche Botschafterin an Christi Statt. Im Erzählen der Gottesgeschichte wird sie ihrem Auftrag der Stellvertretung insofern gerecht, als sie die Predigt des Evangeliums in Raum und Zeit realisiert. Kirche hält im Erzählen die Zukunft Gottes offen, weil sie sein Handeln in Jesus Christus erinnernd vergegenwärtigt und in seiner bleibenden Gültigkeit zur Geltung bringt – so lange bis das Wort von der Versöhnung keinen irdischen Ort mehr braucht.

So lange aber wird, metaphorisch gesprochen, gelten: »Lasst die Kirche im Dorf!« – In diesem Ruf nach einer stabilen und zugleich beziehungsreichen Verortung von Kirche im Raum der Welt, der am Anfang unserer Überlegungen stand, verbergen sich die ekklesiologischen Dimensionen eines stellvertretenden Handelns, die dogmatisch und kirchentheoretisch weiter offen zu legen sind.

Die Autoren

Gerber, Christine, Dr. theol., geb. 1963,

lehrt seit 2005 als Professorin für Neues Testament am Fachbereich Evangelische Theologie der Universität Hamburg. Studium der evangelischen Theologie und zeitweise Philosophie in Tübingen, Jerusalem und München; Promotion 1996 an der LMU München, Habilitation 2005 an der HU Berlin.

Veröffentlichungen (Auswahl): Ein Bild des Judentums für Nichtjuden von Flavius Josephus. Untersuchungen zu seiner Schrift Contra Apionem, AGJU 40, Leiden 1997; Paulus und seine ›Kinder‹. Studien zur Beziehungsmetaphorik der paulinischen Briefe, BZNW 136, Berlin 2005; Paulus, Apostolat und Autorität, oder: Vom Lesen fremder Briefe, Theologische Studien 6, Zürich 2012; Die alte Braut und Christi Leib. Zum ekklesiologischen Entwurf des Epheserbriefs, in: NTS 59 (2013) 1, 192–221.

Grosshans, Hans-Peter, Dr. theol, geb. 1958,

Universitätsprofessor für Systematische Theologie und Direktor des Instituts für Ökumenische Theologie an der Evangelisch-Theologischen Fakultät der Westfälischen Wilhelms-Universität Münster. Studium der Evangelischen Theologie und Philosophie an den Universitäten Tübingen und Oxford. Ordination ins Pfarramt der Evangelischen Landeskirche in Württemberg 1989. Promotion 1995 und 2002 Habilitation an der Eberhard Karls-Universität Tübingen.

Veröffentlichungen (in Auswahl): Theologischer Realismus. Ein sprachphilosophischer Beitrag zu einer theologischen Sprachlehre, Tübingen 1996; Luther, London 1997 (indonesische Übersetzung: Luther, Yogyakarta [Penerbit Kanisius] 2001); Die Kirche – irdischer Raum der Wahrheit des Evangeliums, Leipzig 2003; One Holy, Catholic and Apostolic Church. Some Lutheran and Ecumenical Perspectives, ed. by Hans-Peter Grosshans on behalf of The Lutheran World Federation, Geneva/Minneapolis 2009; gem. m. Malte D. Krüger (Hg.), In der Gegenwart Gottes. Beiträge zur Theologie des Gottesdienstes, Frankfurt a.M. 2009; gem. m. Martin L. Sinaga (ed.), »Like Living Stones«. Lutheran Reflections on the One Holy, Catholic, and Apostolic Church, Geneva/Minneapolis 2010; Die Kirche – »unsere freie

Mutter«, in: Mutterkonzepte/motherhood, hg. von Gesine Palmer, figurationen 7,1, Köln 2006, 19-30; »Verstehst Du auch, was Du liest?« (Apg. 8,30). Lutherische Hermeneutik im Überblick, in: »Du hast Worte des ewigen Lebens«. Transformative Auslegungen des Johannesevangeliums aus lutherischer Sicht, hg. von Kenneth Mtata, Leipzig 2013, 27-53; Sola Scriptura - Kirchenreform aus der Treue zum Evangelium, in: Reform oder Reformation? Kirchen in der Pflicht, hg. von Peter Klasvogt und Burghard Neumann, Paderborn/Leipzig 2014, 118-144; Gottesdienst und Abendmahl - in evangelischem Verständnis, in: Kontinuität und Brüche. Trienter Konzil und Zweites Vatikanisches Konzil im Gespräch, hg. von B. Schmidt, Aachener Beiträge zu Pastoral- und Bildungsfragen 37, Aachen 2015, 313-341.

Hiller, Doris, Dr. theol., geb. 1968,
seit 2013 Seminardirektorin des Predigerseminars Petersstift in Heidelberg mit Fachdozentur für Homiletik und Pastorallehre. Davor Gemeindepfarrerin in der Evangelischen Landeskirche in Baden. Privatdozentin für Systematische Theologie an der Theologischen Fakultät in Heidelberg.

Schwerpunkte: Theologische Hermeneutik, theologische Reflexion in praktischer Konkretion, narrativ-kritische Dogmatik.

Landmesser, Christof, Dr. theol., geb. 1959,
seit Oktober 2006 Universitätsprofessor für Neues Testament an der Evangelisch-theologischen Fakultät der Eberhard Karls-Universität Tübingen. Studium der ev. Theologie und Philosophie in München und Tübingen. 1988–1990 Vikariat in Tübingen, anschließend Assistentenzeit in Tübingen. Promotion 1998 und 2000 Habilitation an der Evangelisch-theologischen Fakultät in Tübingen. 2003–2006 Professor für Neues Testament an der Johannes-Gutenberg-Universität Mainz. Seit 2008 Vorsitzender des Vorstands der Rudolf-Bultmann-Gesellschaft für Hermeneutische Theologie.

Veröffentlichungen (Auswahl): Wahrheit als Grundbegriff neutestamentlicher Wissenschaft, WUNT 113, Tübingen 1999; Jüngerberufung und Zuwendung zu Gott. Ein exegetischer Beitrag zum Konzept der matthäischen Soteriologie im Anschluß an Mt 9,9-13, WUNT 133, Tübingen 2001; gem. m. Hans-Joachim Eckstein u. Hermann Lichtenberger (Hg.), Jesus Christus als die Mitte der Schrift. Studien zur Hermeneutik des Evangeliums, BZNW 86, Berlin 1997; gem. m. Christine Helmer (Hg.), One Scripture or Many? Canon from Biblical, Theological, and Philosophical Perspectives, Oxford/New York 2004; gem. m. Andreas Grossmann (Hg.), Rudolf Bultmann – Martin Heidegger, Briefwechsel 1925–1975, Frankfurt/Tübingen 2009; gem. m. Dorothee Dettinger (Hg.), Ehe – Familie – Gemeinde. Theologische und soziologische Perspektiven auf frühchristliche Lebenswelten, ABG 46, Leipzig 2014; gem. m. Martin Bauspiess u. David Lincicum (Hg.), Ferdinand Christian Baur und die Geschichte des frühen Christentums, WUNT 333, Tübingen 2014.

Lepp, Claudia, Dr. phil., geb. 1965,
seit 2000 Leiterin der Forschungsstelle für Kirchliche Zeitgeschichte der EKD und seit 2014 apl. Professorin am Historischen Seminar der Ludwig-Maximilians-Universität München. Studium der Geschichte und Germanistik in Freiburg i.Br., Promotion 1994 an der Albert Ludwigs-Universität in Freiburg i.Br.; Habilitation 2004 an der Universität Karlsruhe. Seit 2009 Mitglied des Internationalen Graduiertenkollegs »Religiöse Kulturen im Europa des 19. und 20. Jahrhunderts«, seit 2012 Mitglied der DFG-Forschergruppe »Der Protestantismus in den ethischen Debatten der Bundesrepublik 1949–1989« an der LMU München.

Veröffentlichungen (Auswahl): Protestantisch-liberaler Aufbruch in die Moderne. Der deutsche Protestantenverein in der Zeit der Reichsgründung und des Kulturkampfes, RKM 3, Gütersloh 1996; zusammen mit Kurt Nowak (Hg.), Evangelische Kirche im geteilten Deutschland (1949–1989), Göttingen 2001; Tabu der Einheit? Die Ost-West-Gemeinschaft der evangelischen Christen und die deutsche Teilung 1945–1969, AKiZ.B 42, Göttingen 2005; gem. m. Klaus Fitschen, Siegfried Hermle, Katharina Kunter und Antje Roggenkamp (Hg.), Die Politisierung des Protestantismus. Entwicklungen in der Bundesrepublik Deutschland während der 1960er und 70er Jahre, AKiZ.B 52, Göttingen 2011; gem. m. Siegfried Hermle und Harry Oelke (Hg.), Umbrüche. Der deutsche Protestantismus und die sozialen Bewegungen in den 1960er und 70er Jahren, AKiZ.B 47, Göttingen [2]2012; Wege in die DDR. West-Ost-Übersiedelungen im kirchlichen Bereich vor dem Mauerbau, Göttingen 2015.

Meyns, Christoph, Dr. theol., geb. 1962,
seit Juni 2014 Landesbischof der Evangelisch-lutherischen Landeskirche in Braunschweig. Studium der Evangelischen Theologie in Kiel und Tübingen, Promotion zum Dr. theol. im Fach Praktische Theologie an der Evangelisch-Theologischen Fakultät der Ruhr-Universität Bochum 2013.

Veröffentlichung: Kirchenreform und betriebswirtschaftliches Denken: Modelle, Erfahrungen, Alternativen, Gütersloh 2013.

Popkes, Enno Edzard, Dr. theol., geb. 1969,
seit April 2010 Universitätsprofessor für Geschichte und Archäologie des frühen Christentums an der Theologischen Fakultät der Christian-Albrechts-Universität zu Kiel. Studium der evangelischen Theologie und

Philosophie in Hamburg und Tübingen, Promotion 2004 an der Ludwig-Maximilians-Universität München; Habilitation 2007 an der Friedrich-Schiller-Universität Jena. Seit 2014 Mitglied des Vorstands der Rudolf-Bultmann-Gesellschaft für Hermeneutische Theologie.

Veröffentlichungen (Auswahl): Die Theologie der Liebe Gottes in den johanneischen Schriften. Studien zur Semantik der Liebe und zum Motivkreis des Dualismus, WUNT II 197, Tübingen 2005; Das Menschenbild des Thomasevangeliums. Untersuchungen zu seiner religionshistorischen und chronologischen Verortung, WUNT 206, Tübingen 2007; Der Krankenheilungsauftrag Jesu. Studien zu seiner ursprünglichen Gestalt und seiner frühchristlichen Interpretation, BThS 96, Neukirchen-Vluyn 2014; Das Herrenmahl. Ursprung und Kontexte/The Eucharist. Its Origins and contexts: Sacred Meal, Communal Meal, Table Fellowship, and the Eucharist: Late Antiquity, Early Judaism, and Early Christianity, 3 Bände, hg. von David Hellholm/Enno Edzard Popkes/Dieter Sänger/Tor Vegge/Felix John, WUNT, erscheint 2016.

Schulz, Claudia, Dr. phil., geb. 1968,

Sozialwissenschaftlerin und Theologin, seit März 2008 Professorin für Diakoniewissenschaft und Soziale Arbeit an der Evangelischen Hochschule Ludwigsburg. Studium der Evangelischen Theologie, Soziologie und Religionswissenschaften in Göttingen, Bonn, Amsterdam und Hamburg, Promotion 2001 und 2012 Habilitation an der Rheinischen Friedrich-Wilhelms-Universität Bonn.

Veröffentlichungen (Auswahl): Empirische Forschung als Praktische Theologie. Theoretische Grundlagen und sachgerechte Anwendung, APTh 76, Göttingen 2013; Warum evangelische Eltern ihre Kinder nicht zur Taufe bringen, in: Taufentscheidungen erkunden und verstehen, hg. von Folkert Fendler/Claudia Schulz, Hildesheim 2013, 8–28; Sprechen wir über Religion? Eine Annäherung an religiöse Kommunikation als theoretischer und forschungspraktischer Zugang zur Religion, in: Umbrüche und Übergänge. Evangelische Hochschulperspektiven 10, hg. von Alexa Köhler-Offierski/Heike Stammer, Freiburg i.B. 2014, 143–154; Professionalität im kirchlichen Amt als Konstruktionsleistung. Analysen praxisbegleitender Tagebucharbeit, in: Diakonat für die Kirche der Zukunft, hg. von Werner Baur u.a., Stuttgart 2015, 96–112.

Weyel, Birgit, Dr. theol., geb. 1964,

seit 2007 Professorin für Praktische Theologie mit den Schwerpunkten Pastoraltheologie und Seelsorgelehre an der Evangelisch-Theologischen Fakultät der Eberhard Karls-Universität Tübingen. Promotion 1997 und 2004 Habilitation an der HU Berlin. Ruf nach München (2006) und Berlin (2014) abgelehnt. Mitglied im Beirat für die 5. Kirchenmitgliedschaftsuntersuchung der EKD. Voritzende des Arbeitskreises Empirische Religionsfoschung e.V.

Veröffentlichungen (Auswahl): Practical Theology as a hermeneutical science of lived religion, in: IJPT 18 (2014), 150–159; Kirchentheorie. Praktisch-theologische Perspektiven auf die Kirche, VWGTh 41, Leipzig 2014 (hg. mit Peter Bubmann); gem. m. Wilhelm Gräb und Hans-Günter Heimbrock (Hg.), Praktische Theologie und empirische Religionsforschung, Leipzig 2013; gem. m. Wilhelm Gräb (Hg.), Handbuch Praktische Theologie, Gütersloh 2007; Praktische Bildung zum Pfarrberuf. Das Predigerseminar Wittenberg und die Entstehung einer zweiten Ausbildungsphase evangelischer Pfarrer in Preußen, BHTh 134, Tübingen 2006.